伝承の語り手から現代の語り手へ

黄地百合子著

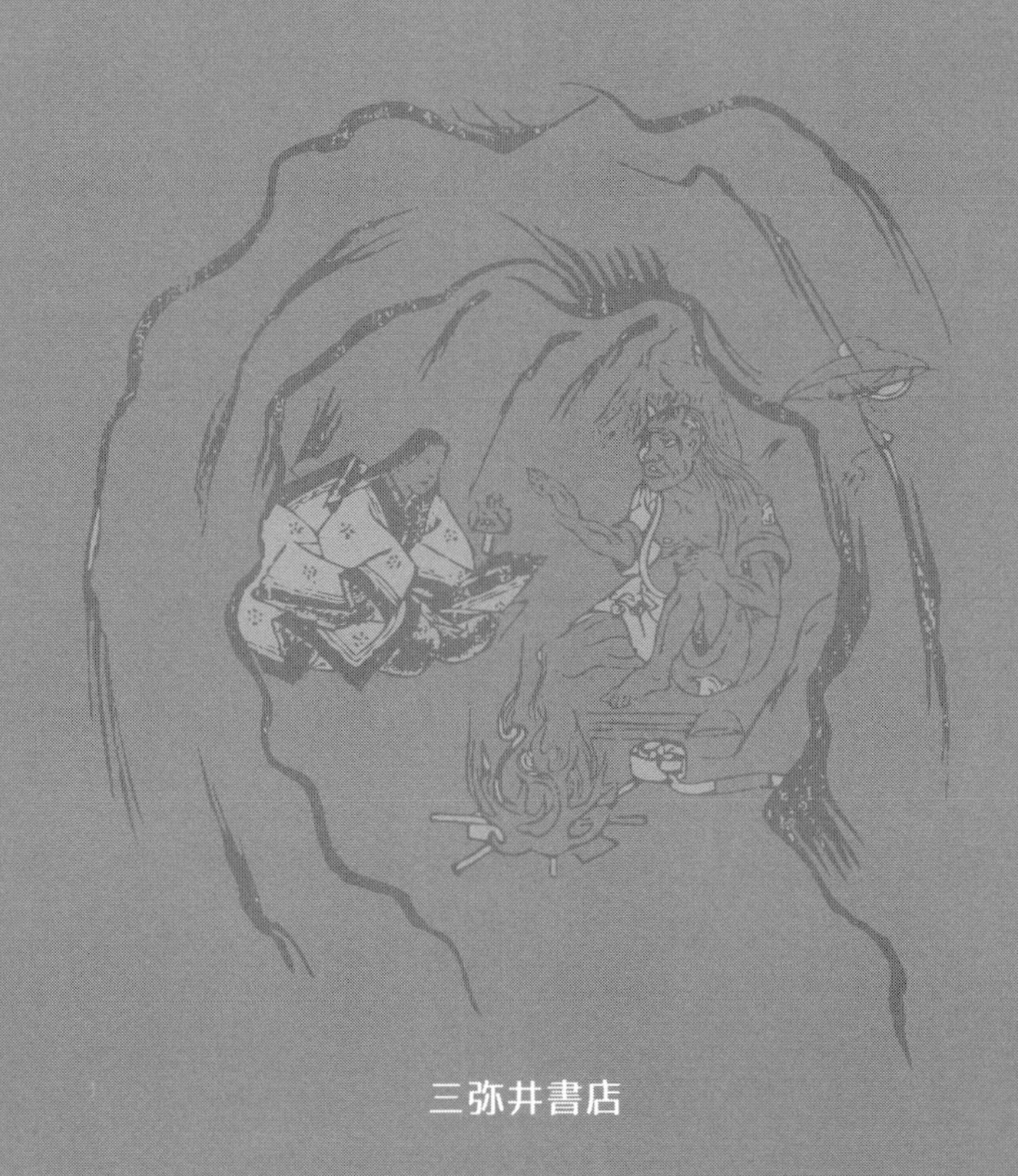

三弥井書店

『伝承の語り手から現代の語り手へ』目次

まえがき

昔話は、はるか昔より口伝えで伝承されてきたものである。そして、日本の昔話は、採録された話の総数、話型数、語りの内容、語り手の人数など、全てにおいて非常に豊かなことはよく知られている。私は、幸運にも祖母と母から昔話を聞いた経験があり、若い頃に訪れた村々で語り手の方々に出会えたこともあって、口伝えの昔話に惹かれ続けてきた。

しかし、社会全体と人々の生活の大きな変化によって、最近の五十年程の間に伝統的な語りを伝える語り手（いわゆる「伝承の語り手」）は急速に少なくなった。それは、どうしようもない事実である。一方、その伝統的な語り手が減少していった時期に並行して、都市を中心に新しい現代の語り手達の会が次々と生まれ、やがて全国各地で活発に活動されるようになっていった。それからは、図書館や保育園・幼稚園・小中学校、時には老人の方々の施設など様々な所で「おはなし会」を開き、日本だけでなく世界中の昔話を届け続けている。また昭和四十年代頃からは、多種多様な昔話の再話絵本が出版され、次いで日本の昔話を題材にしたテレビアニメが登場、さらに、昔話のモチーフがアニメ映画の素材になったこともある。私自身、自分の子供が幼いころに幾つもの昔話絵本を読み語りし、時々はアニメを楽しんだ一人である。

このような状況を振り返ると、かつて村々で昔話が持っていた社会的役割は無くなってしまったとしても、子供達はもちろん多くの人々にとって、昔話の魅力、面白さや必要性は無くならない、やはり昔話の生命力は強いと実感させられる。

二十年ほど前だろうか、精力的に活動する多数の新しい語り手の様子を知るにつけ、現代の語り手の方たちは、昔話のどんなところに惹き付けられて語っておられるのだろうと、思うようになった。実はそれは、その頃の私自身への問いでもあった。昔話の様々な魅力はよくわかっているつもりだったけれど、さて自分は、口伝えの昔話の、特にどういう点に最も心惹かれてきたのだろう、今一度そのことを考えてみたい、と思ったのだ。また、特別な練習をしたわけでもない伝承の語り手たちが、語りをつなげてこられたのはなぜだろう、という疑問が一層膨らんできた。

そのような折に、かつて記録された祖母の話と私が記録した母の昔話を見直して比べてみようと思い立ち、そこで考えられることや気づいたことを少しずつまとめたのが、本書の第一部の文章になる。二人の語りを見直して気づいた一番大きな点は、語りが持つ「声のことば」の力、その大切さであった。昔話は口伝え（声）で受け継がれてきたのだから、それが重要なのは当然であろう。ただ、日本の昔話の研究において「声のことば」そのものに注目した例は少数だと思われ、聞き手であった私さえ以前はあまり深く考えていなかった点である。だが、伝承の語り手が昔話を記憶し語れるのも、私自身が昔話の語りに惹かれるのも、そこに「声のことばによる表現」が存在するからではないかと、改めて思ったのだった。

ところが残念なことに、その声のことばによる表現の最もデリケートで肝心な部分は、語りが文字に移し替えられ昔話集としてまとめられると、ほとんど隠れてしまう。それでも、昔話集を読んでいる時に、文字の中から語り手の声が聞こえるように思えることがよくある。それは伝承の語り手たちが、文字になっても鮮やかなイメージが立ち上がってくるほどの声の表現をされていたからであり、また丁寧に話を聴き取り翻字をした方々のおかげでもあろう。そのような豊かな表現力を持つ声のことば（語り）の数々が、文字に移し替えられたまま昔話集の中に留まっているのは、語り手にとっても私たちにとっても、あまりに惜しいことと思える。しかし、多くの人が全国の村々を歩いて聴き取った膨大な録音資料に収められた声も、再び聞くことのできるものはごく僅かしかなく、昔ながらの語り手はますます少なくなっているのが現実だ。

そのように口伝えの語りにとって厳しい現実がある中で、昔話集の文字になった話から立ち上がってくる語りを、もう一度「声」に戻しているのが、現代の語り手なのではないだろうか。「おはなし会」では、「声の語り」を通して、そこに語り手と聞き手が一つの昔話世界を作り出す。それは、数十年前まで村々の語り手が子供や孫たちと共に作っていた「語りの場」と、基本的には同じであろう。どちらも「声のことば」によって、語るたびにその場でその昔話を新しく蘇らせている、と言えるからである。そしてそのことこそが、口承文芸としての昔話の、忘れてはならない点だと思う。

もちろん、昔話が村での暮らしと密接に関わっていた頃の語りと、現代の語りには、様々な違いもある。ただ、その両者を十分知った上で、自分の語りをしている方が幾人もおられる。さらに、長く活動を続けつつ、日々語りの姿を模索されている多くの方々のことも知っている。私は、祖母と母の語りを通して、昔話が長い年月「声のことば」をつないできた「文芸」であることを改めて確かめようとしたのだが、その過程で、現代の語りの実践から色々なことを教えられた。だからこそ、伝承の語りが未来に残せるのは「昔話集」（おはなしの原話）だけではない、と思うのである。そのためにも、口伝えの昔話の中に、今後の語りに受け継がれるようなものを新たに見出していきたいと考える。

すでに現代の語り手の声のことばが聞き手の世代へとつながり、かつての村々での伝承のあり様とは違う、昔話伝承の新しい形が様々な場で生まれていると聞く。そんな中で、もし私の文章が新しい語りを実践されている方々にとっても何か参考になるところがあるなら、何よりの幸いだと感じる。

第二部は、いずれも女性に関わる伝承についてまとめたものである。継子譚にはずっと興味を持ち続けているが、その他の昔話や伝説の中でも、女性がどのように描かれ語られているか、若い頃から気になっていたことであった。

また最近、インターネットの情報で、一般の人には日本の昔話で女性が主に登場する話はあまり無いと思われていると知り、少し残念な思いをしたのである。日本の昔話や伝説の中の女性は、実はグリムの話に負けないほど多様である。その女性の姿について、今までのイメージを超える様々な面を見つけて発信できたら、昔話が持つメッセージを新しい形で感じ取ってもらえるのではないだろうか。それゆえ、さらに色々な話について細やかに考えていきたいと思う。

第三部には、母・松本智恵子の最晩年の語りを紹介した。私が昔話から多くのことを学べるのは、頭の中で、五十年にわたって聴き続けた智恵子の語る声が聞こえるからかも知れない。智恵子の昔話を通しての考察が普遍的なものにつながるよう、これからもより深く学びたいと考えている。

第一部　昔話は語り手の頭と口で生きている

受け継がれる「声」の記憶 §§§「屁こき婆さん」

はじめに

幼い頃に聞いた祖母の話の思い出や、何十年も前に聞いた話を忘れずに語る母の存在、私がそれらから常々不思議に感じていたのは、なぜ祖母（イエ）は語れたのか、なぜ母（智恵子）は語れるのかということであった。またさらに、二人の間でいくつもの話が受け継がれたという事実も大変意味深いことと思われ、母は祖母の話の、何をどのように受け継いでいるのか、という点についても興味を感じるようになった。それは、日本各地の多くの語り手たちがなぜ語れるのかという疑問にもつながるものであり、連綿と続いてきた「口承」ということの秘密に迫りたいという思いでもあった。そこで、イエの話と智恵子の話を比較すれば、何かが見えてくるのではないかと考えた。

イエと智恵子の「屁こき婆さん」

まず、イエと智恵子の話の中から「屁こき婆さん」という鳥呑爺型の話を例に挙げ、二人の語りを詳細に比較検討することを通して、母から娘へ一つの昔話がどのように受け継がれたのか、できるだけ具体的に考察することを試みたい。特に「屁こき婆さん」を例に挙げるわけは、イエの話が『近畿民俗』第三十六号に松本俊吉によって発表された際(1)にテープに録音したそのままを文字に起こしているのは、この「屁こき婆さん」のみであるからだ。

イエの話と、智恵子の話の三回の記録、計四回の語りを対照しながら検討していくために、次にその四回の語りを四段に分けて記した。一段目Ⅰはイエの語り、二段目からは智恵子の語りで、上から順にⅡ五六歳、Ⅲ七六歳、Ⅳ八八歳の時期に採録したものである。Ⅰ～Ⅲには所々行の間隔が開いているところがあるが、四段目Ⅳの語りを基準とし、話の流れの中の区切りがほぼ一致するよう記したためであり、すべての段で省略はしていない。またストーリー展開は、わずかな違いはあるものの四回ともほぼ同じであり、時期が後になればなるほど話が長いのは表現内容が詳しくなっているからである。

「屁こき婆さん」対照資料

Ⅰ
語り手・松本イエ　当時六四歳
【昭和三九年松本俊吉採録】

むかしなあ、ⓐおぢいさんが山へしばかりにいかってん。

しょんべんしてやったらスズメがとんできてⒶチンポの先へとまりよったんで、つかまえてかえって

Ⅱ
語り手・松本智恵子　当時五六歳
【昭和五二年筆者採録】

《録音後、録音機操作のミスで冒頭の部分が欠ける》

お爺さん、山で柴刈りして小便しちゃったら、お爺さんのその小便したはる、Ⓐちんぽの先へ、雀止

Ⅲ
語り手・松本智恵子　当時七六歳
【平成九年筆者採録】

むかーし、むかーし、あるところーに、お爺さんとお婆さんとやはってぇ、ⓐお爺さんは、毎日山へ柴刈りに行てやってんとー。ほて、柴刈って、おしっこしとなっ

Ⅳ
語り手・松本智恵子　当時八八歳
【平成二一年筆者採録】

お爺さんとお婆さんと、住んでやったんやろ、あるところーにな。ⓐお爺ちゃんは、山へ柴刈りに行かはって、おしっこしとなったよってん、ちょっと隠れて、登ってお

「めずらしいスズメやなあ」
と、とってってなー、
ⓑ「ばあさんやわしが帰るまでⒷスズメ汁をたいといてやー」
というてまた山へ行かってんが。

　おばんがスズメ汁をたいてちょっとかげんみをしゃってん。
☆「一パイスーや、うーまいし、ⓒ二ハイスーやうーまいし、あんまりうまいのでみなスーテシモタロー」
というて汁をⓓすっきりすすってしまやった。

まりょってんて。ぽっとすかさずお爺さんその雀を押さえてほて家へ持って帰らってんて。ほて、
ⓑ「お婆さんや、珍し雀捕まえて来たよって、ほんでん、雀汁炊いといてんか。わし今度もっぺん帰って来るまでにⒷ雀汁炊いといてや」
言うて、お爺さんが山へまた柴刈りに行かはってんて。

　お婆さんが羽取って、ほて雀の汁を炊かはってんな。もうええかげんやろか思て加減見やったら、㋺ほんまに美味し、美味しねて。ほんでん、お婆さんは
☆「一杯吸うや、うーまいし、ⓒ二杯吸うやうーまいし、こんだけうまけりゃ、皆吸うてしⓓもたろ」
言うて、その汁をすっきり吸うてしまやってんて。


たでぇ、ちょっと山の横の方でおしっこしたはったら、どっからか雀が飛んできて、ちゅっとⒶお爺さんのちんぽの先い止まりょってんと。お爺さんはぱっと思て、ぱっと捕まえはってんと。ほいて、雀持って帰って、

ⓑ「お婆ちゃんやー、面白い雀捕ってきたでぇ。おしっこしてたら止まりょったで、捕まえて来たから、晩にはⒷ雀汁炊いといてや。もっぺん山へ柴刈りに行て来るからなあ」

そう言うて、また山へ柴刈りに行っきゃってんて。

　そしたらお婆さんは雀を料理して、ほいて鍋にお汁(つゆ)こしらえて、雀汁炊っきゃってんてぇ。お婆ちゃんが、

「雀汁でけた。ああちょっと㋑味見してみよか」

そう思て、お椀にお汁を盛って、
☆「一杯吸うやぁうーまいしぃ、二い杯吸うやぁうーまいしぃ」
そう言うてしてる間ーに、ⓓみぃー

しっこしたはったら、どっからか飛んできた雀がちょっとⒶおちんちんの先い止まぁりょったんや。パッとお爺さんがとっさに捕まえて、ほんで持って帰って、お婆さんに「今日はええ土産持って帰ったでえ。晩にのおかずやでぇ」

言うて、雀を料理して、ほて、

「わし、もっぺん山へ行てくるわ」

言うて、

「その間にⒷ雀汁たいといてやあ」

言うて、お爺さんがもっぺん山へ出かけはってん。

　その間に、お婆さんが雀汁やから、鍋に汁を炊いて作って、ほて雀を、料理した雀を、と一緒に雀汁炊いてしてはってんけど、匂いが大変おいしそうで、ちょっと㋑味見てみよと思て、シャモジですくって、つるつるーと雀汁吸うてみやはったら、㋺んまに美味しい美味しい雀汁になったってん。「こんなに雀汁て美味しいねなー」て思て、
☆「一杯吸うやぁうーまいしぃ、二い杯吸うやぁうーまいしぃ、三杯

それからなーちょっとしたらおばんのしりからおもしろいへがよってなー。

*「シュシューガラガラシュシュンポン」

てないよってん。

「ヤアーおもしろいへ、でよんなー」

とおもてたら、おぢいさんが山から帰ってきて
「さっきのスズメ汁たいといてくれたかやー」

とたずねやったよって、

「ハアたきましてん、けど一パイスーやうまいし、二ハイスーやうまいし、みなすーてしもた、ほたらなーみょうなへがでてきよってなー」

いうてたらしりから
*「シュシューガラガラシュシュン

ほた、さあお爺さん山から帰ってきて、

「おいしい雀汁できたるかなあ」

言わはったら、お婆さんが、

「いいやあ、もうみんなあ加減見たら、一杯吸うや、うーまいし、二杯吸うやうーまいし、皆吸うてしもたー」

て、お婆さん、言うちゃってんてそない言うてお爺さんと話しちゃったら、お婆さんの尻から
*「シュシューガラガラシュシュンポン」

て屁ぇが出てんて。

「あら、おもしろい屁ぇ出るわあ、おもしろい屁ぇやなあ」

て言うちゃったら
*「シュシューガラガラシュシュンポン」

んな吸うてしまやってんてぇ。
ほいたら、それと一緒に
*「シュシューガラガラシュシュンポン」
て屁ぇが出たんやてぇ。「ああ、面白い屁ぇ出たなあ」思てやったら、またぁ
*「シュシューガラガラシュシュンポン」
て屁ぇが出んねんてぇ。次から次からなんぼでも同(おんな)しように、
*「シュシューガラガラ、シュシュンポン」
て出んねてぇ。そこへお爺さんが
「お婆さんやぁ、雀汁炊いといてくれたかー」
そう言うて、山から帰って来ゃはってんてぇ。ほんだらお婆さんが
「ふーん、あの雀汁なー、飲んでみたらなぁ、美味しかったよってんなぁ、一杯吸うやぁうーまいし

吸うてーこーまーそ」

そない言うて、何遍(なんべん)も何遍も雀汁、鍋の中からお椀に盛って吸うてやったら、無いよんなってしもてんとー。

そこへお爺さんが山から帰ってきて、

「楽しんで帰(か)ってきたぞー。頼んどいた雀汁炊いたかー」

ちゅうて。ほんで、お婆さんが
「炊くことは炊いたけど、あんまり美味しかったよってん、もうみな食べてしもたー」

て、お婆さんが言わはって、ほぃていろいろその話してはったら、なんかお婆さんのお尻から、面白ーいオナラが出たんやとー。

*「シュシューガラガラシュシュンポン」「シュシューガラガラシュシュンポン」

ちゅて出たんやとー。ほんで、

「な、お爺さん、しっかり聞いててや。面白い屁(へえ)が出るわー」

言うて、ほいてしてやったらまた
*「シュシューガラガラシュシュン

ポン」「シュシューガラガラシュ
シュンポン」
となんぼでもでてくるよって、

しまいでお殿様にきこえて、おば
あさんがよばれやってなー
「わしの前で妙なへ、ⓗこいてみ
ー」
いわれて
*「シュシューガラガラシュシュン
ポン」「シュシューガラガラシュ
シュンポン」
とこきやったら、

て、また屁ぇ出んねて。
「へえー、あの雀の汁でこんなお
もしろい屁ぇ出んのかいな、まあ
まあほんまに」
言うてやったら、
*「シュシューガラガラシュシュン
ポン」てまた出んねて。

そいて、㊁だんだんだんだんと村
の評判になって、㋭お殿さんの耳に
入ってんて。ほた、お殿さん、
「そんなおもしろい屁ぇこく者や
ったら、俺の前でⓗこいてみぃー」
て言うて、お婆さんを呼び寄せは
ってんて。ほんでお婆さんが恐る
恐るお殿さんの前でまた
*「シュシューガラガラシュシュン
ポン」
て屁えこきゃってんて。何遍こき

い、二ぃ杯吸うやぁうーまいし
い、これやったら㋩皆吸うてこまそ
思て、ⓓすっーきり知らん間ぁに吸
うてしもたんや。せやけど、お爺
さん、ちょっと聞いてみぃ。ⓒ面白
い屁が出るんやでぇ」
言うてぇ、*「シュシューガラガ
ラ、シュシュンポン」てこきゃっ
てんてぇ。ほたらお爺さんも
「ああ面白い屁ぇ出んなあ、面白
い屁ぇ出んなあ、うちのお婆さん
面白い屁ぇこっきょるわあ」
言うて、隣近所触れ歩きゃってん
てぇ。

ほたそれが、㊁だんだんだんだん
と広まって、㋭お殿さんの耳に入っ
たんやてぇ。
「ほんだら、そんな面白い屁ぇこ
くお婆さん、一ぺん見ぃたい、聞
きたい」
お殿さん
「連れてこい」
言わはって、ほて連れに来ゃはっ
てんて。ほぃでお殿さんの前い行
て

ポン」「シュシューガラガラシュ
シュンポン」て出たらしい。隣の
お爺さんやお婆さん、隣の人来て、
「面白いオナラやなあー」
言うて、いろいろ、話(はなし)しゃあるよ
ってん、

いっぺん、㊁だんだんだんだんと
伝わって伝わって、そばの㋭お殿さ
んの耳にも入ったらしい。ほんだ
ら、
「そんな面白い屁えのこくお婆さ
んがいんのやったら、いっぺんわ
しの前で、その屁え、オナラ、聞
かしてほしい。」
「まあそんなん失礼になるから、
やめとけー」
てお爺さん言わはってんけど、係

やったかて、同(おんな)しように出んねんて。


「お前かあ、面白い屁ぇ出んのは」

「はい、雀汁食べたらこんな屁ぇ出まんね」

言うてぇ
「ほんだら、ⓗこいてみい」

言わったら、すっきり
*「シュシューガラガラシュシュシュンポン」

て出たんやてぇ。

「ほた、もっとこけ、ⓗこいてみい」

言わはったかて何遍でも出るんやてぇ。

の、「お殿さんの命令やー」言うて、来た侍さんが、お婆さん連れて行て、ほてお殿さんの前い座らして
「お前さんは面白い屁が出るらしいなあ。いっぺんわしも聞きたいねわぁ。んで、話も教(おせ)てんか」
言うて、お殿さんがやさしい言うてやらはったんでー、お婆さんは、
「お爺さんからこうこうでー、雀汁こしらえてくれぇ、わしはもっぺん山へ行てくる言うて、捕まえて帰らはった雀を料理して雀汁飲んだらぁ、☆一杯吸うやぁうーまいしぃ、二ぃ杯吸うやぁうーまいしい、㋩三杯吸うてーこーまーそーて言うてみんな飲んでしまいましてんがなー。ほんだらお爺さん帰ってきて雀汁、雀汁言わはってんけど、まあ、お鍋にちょっとしか無かったんで、もうかなんなあ思てたら、こんなオナラ出ましてん。」
言うてやる先から
*「シュシューガラガラシュシュシュンポン」
て、殿さんの前で出てきてんとー。

「こりゃおもしろい〳〵」

ⓘいうてほうびをたんともろてかいりやってなー。

その話きいてⓙとなりのよくばりばあさんかて
ⓚ「わしもへ、こいてほうびもろたろ」

と。

「せやええことや」

というて、タライに水をくんでその中に尻をつけて一日中そうしてからお殿様のところへいかってなー。

お殿さんは
「ほおー、珍しい屁えじゃのう、こんなおもしろい屁ぇ聞いたことも見たこともないわ。この者に㋬褒美つかわす」
て言うて、いろいろの㋣褒美もろて宝物もろて、お婆さん喜んで帰って来ゃってんて。
ほて、お爺さんと喜んでやったところが、ⓙ隣の欲張り婆さんが、それを見て、「へぇー、隣のお婆さん、あんなもんぐらいでえらい褒美もうてきゃった。わしもひとつ、それでは褒美もろてこまそ」そう思て、
㋠「どうしたらそういう屁ぇが出るやろう、そうや、そうや」
て言うて、盥に水いっぱい汲んで、ほてほんで、そこい尻浸けてじぃーと一日一晩そないしちゃってんて。ほた「ビリビリ」って屁ぇが

ほんならー、

「あぁ、面白い屁ぇこくお婆さんやなあ、なら、褒美を持たせぇ」

言うて、お婆さんⓘたんと殿さんから褒美もろて、帰って来ゃってんてぇ。

それをーまた隣のいじわる婆さんが、聞いててぇⓚ「わしも、なんど屁ぇこいてぇ褒美もうてこー」

そう思て、

㋠「どうしたらあんな屁ぇ出るやろなあ、せやせや、盥に水汲んで、そこいお尻浸けといたらええかなあ」

そう言うて、㋷盥に水汲んでじぃーとお尻浸けてやってんてぇ。ほんだら明くる日になってから、ビチュ、ブチュ、て屁ぇ出てんてぇ。

ほんだら、「ああこれでお殿さん

お婆さんは失礼やから、「もう怒られる、もう怒られる」と思て「どないなって帰らしてもらえるやろ」と思て心配してはったら、

「わしの言うことよう聞いてくれて、珍しい屁をちゃんと聞かしてもろて、㋬褒美をつかわす。」

て言うて、いろいろの褒美もろて、帰って、㋣喜んで帰ってきゃはってんと。

ほんで帰ってきて話しゃはったら、隣にいてたお婆さんが
「はぁー、屁ぇこいて褒美もうて来ゃはってんとー。ⓚわしかて、ほんなんやったら屁ぇこいて褒美もらいたいなー」

言うて、㋠「どうしたらそんな屁ぇ出んねやろ」と思て、「まあひょっとしたらあれかもわからん」というので㋷タライに水汲んでぇ、じぃーと一日中お尻浸けちゃってんとー。ほぃたら、おっかしいなってきてぇ、お尻から、ボコボコ、ボ

そんだらお殿様が
「お前もⓗへこいてみー」
といわはったよって、よくばりば
あさんがコかったら
「ビチビチ、ガラガラ」
とおっかしい音がでてⓛちびりやっ
たよって、

出てきてんて。
「ああ、これやこれや、これでよ
し」
言うて、またお殿さんの所(とこ)い、自
分からお殿さんの所(とこ)い行て、
「わたしも珍しい屁ぇをこきま
す」言うて、
「どうぞお聞き下さい」
言うて行きゃってんて。

ほんだ、
「そうか、お前も珍しい屁ぇをこ
くのか。それではⓗこいてみい」
言わはったら、ほたら、
「ビリビリビチビチ、ブチュー」
て、もうおもしろい屁ぇと一緒に
うんこもⓛちびりゃってんて。ほう

とこい行て褒美もうてこう」思て、
お殿さんとこい行て
㋦「わしも面白い屁ぇ出まんねえ」
言やってんてぇ。

「ほんだら、そのお婆さん俺の前
でⓗこいてみい」
お殿さんが言わはったら、そのお
婆さん
「ブチュビチュ、ビュー」と、も
うお殿さんの前でうんこまでこき
ゃってんて。ほんだらお殿さんは

コボコ、ボコボコってそんな、オ
ナラが出てきたんやと。そんだら、
「そんなあかん。」
ちゅうて、隣のお爺さんは止めて
やんのに、
「いやいやこんでええ、こんでえ
え、殿さんのとこ行たら、㋦わしも
面白い屁ぇ出まんね、ちゅうて聞
いてもうてこ。褒美もうてくる
わ。」
言うて、自分から行っきゃってん
て。
「こうしてこうして、隣のお婆さ
んは珍しい屁ぇ出て、殿さんから
褒美もらって帰らはったけど、わ
しかて同(おんな)しょなおもしろい屁ぇが
出まんね。聞いとくなはれ。」
言うて行っきゃってんて。
ほんだら、
「そうか、それなら、わしの前で
いっぺんそのオナラを聞かしてく
れ」
てまたお殿さんが言わはって、ほ
んでしばらくしたら、ボコボコ、
ボコボコ、ビチューと、まるで、

「これはにせのババや、ぶれいなやつ」

というてお殿様は尻を切らはったんや。

そんでよくばりばあは
▽「尻が切られて腹が立つ、尻が切られて腹が立つ」
といいながらいえへⓜ帰ってきやってんと。

たらお殿さんが、
㋸「こーれは偽者(もん)や。憎い奴や。わしの前でそーんなおもしろい屁ぇをこいて、ちびるとは。」
言うて、ブスーと尻切らはってんて。

そんでお婆さんは、
▽「尻が切られて腹が立つ、尻が切られて腹が立つ」
て言うて、欲張り婆さんは㋾泣きながらⓜ帰って来ゃってんと。

㋸「これは偽者(もん)や。このお婆さんは嘘に来た。尻を切れっ」
言わってんてぇ。

ほんだらもうそのお婆さん、褒美もらうどころか、
▽「尻が切られて腹が立つ、尻が切られて腹が立つ」
㋾泣きながらⓜ帰って来ゃってんと。


うんこの面白い、ほいてしまいに、お腰まで汚してしまいやってんてー。

「このお婆(ば)は嘘だ、嘘つきババアだ。このお婆(ばば)は、もう、わしはあかん。」

お殿さんが大変怒って、側にいてた侍に、

「もう尻切って、帰してしまえ」

言うて。

そらお殿さんの前で面白い音ならすどころか、自分のお腰まで汚して、お婆さんはもう逃げて帰りゃってんて。ほんだら、帰る時に
▽「尻が切られて腹が立つ、尻が切られて腹が立つ」
ちゅうて、帰ってきてからかて、隣の家行て、

「おまはんの真似したよってに、わしも行て、お殿さんの前でええ屁ぇここと思て行たら、おっかし屁ぇが出てしもて、▽尻が切られて腹が立つ、尻が切られて腹が立つ」

ちゅうて、みんなに笑われやってんと。

「屁こき婆さん」四回の語りの比較対照

ここで、比較対照を明確にするために付した、六種類の傍線部について説明しよう。

まず、☆—部・＊—部・▽—部は、いわゆる「決まり文句」の箇所で、イエと智恵子の話すべてにおいて「同じことば」で語られる。☆—部は「いっぱい吸うや、うーまいし、にぃはい吸うやうーまいし」という、婆が汁を飲みながら言う言葉。＊—部は、「シュシューガラガラシュシュンポン」という屁の音、▽—部は最後に出てくる「尻が切られて腹が立つ」の繰り返しである。智恵子は、これらの部分は何度語ってもいつもほぼ同じリズムで、独特の抑揚をつけて語る。ただ、「同じことば」とは言うものの、語る時によって一話の中での繰り返しの回数には違いがあり、いつも完全に同じというわけではない。

〰〰線部ABCは、イエの語りの中にある言葉が、智恵子の語りのすべての回でかなりよく似た表現で受け継がれている所である。特にAとBは話の冒頭部で現われ、言葉に微妙な差異はあるものの四回とも同じ展開の箇所に見られる。Cは、「おもしろいへ、でよんなー」という、お婆さんが不思議な屁の音を一人で初めて聞いたときの驚きの言葉であるが、Ⅱではお爺さんも一緒にいる場で最初の屁が出るので、そこで「おもしろい屁え出るわあ」という言葉になる。またⅢでは最初はお婆さん一人の時だが、後でお爺さんに屁の音を聞かそうとして言う場合と二ヶ所で出現していて、Ⅳでは後からお爺さんに言う言葉としてのみ使われている。

次いで、……線部a～mは、イエの語りの中にある言葉が、智恵子の語りのいずれかの回で、全く同じか、もしくは酷似した表現で受け継がれている所である。次に幾つかの例を示してみよう。

・b「ばあさんや」はⅡでは「お婆さんや」、Ⅲでは「お婆ちゃんやー」となるが、Ⅳにはそういう言葉は出てこない。

・cの「あんまりうまいのでみなスーテシモタロー」は、Ⅱでのみ「こんだけうまけりゃ、皆吸うてしもたろ」となり、後半は全く同じとさえ言える表現になっている。

・f「スズメ汁たいといてくれたかやー」については、Ⅲでは「雀汁炊いといてくれたかー」と、ほとんど同じ言葉が見られ、Ⅳでは「雀汁炊いたかー」となる。

・hの「こいてみー」というお殿様の言葉は、Ⅱでは二回、Ⅲでは三回繰り返されているものの、Ⅳには一回も使われていない。

・終わりの方のk「わしもへ、こいてほうびもろたろ」は、Ⅲでは「わしも、なんど屁ぇこいてぇ褒美もうてこー」・Ⅳでは「わしかて、ほんなんやったら屁ぇこいて褒美もらいたいなー」という風に、同じではないが近い表現となって出てくる。

他の……線部に関しても右の四段の本文で対照できる通りである。

最後に、＝線部イ～ヲは、イエの語りにはなく智恵子の語りにのみ見られる表現であるが、時期の違う語りの間において非常によく似た表現で繰り返し出現するものである。これも次に幾つかの例を示すこととする。

・イ「味見してみよ」とハ「吸うてこまそ」はⅢ・Ⅳで共通して出てくる。

・ロ「ほんまに美味し、美味し」はⅡとⅣの間で繰り返し使われる言葉。
・ニの「だんだんだんだん」やホの「お殿さんの耳に入ってん」、チの「どうしたらそういう屁ぇが出るやろう」などのようにⅡ・Ⅲ・Ⅳの回に共通する表現もある。

比較対照によってわかること

さて、このようにして印を付けた傍線部の集計をすると次のような結果となった。

Ⅰ
☆—部・2回
＊—部・3ヶ所5回
▽—部・1回
〰〰線部・3ヶ所
……線部・14ヶ所（13種）

Ⅱ
☆—部・2回
＊—部・4ヶ所4回
▽—部・1回
〰〰線部・3ヶ所
……線部・10ヶ所（9種）
＝線部・8ヶ所

Ⅲ
☆—部・2回
＊—部・5ヶ所5回
▽—部・1回
〰〰線部・4ヶ所
……線部・11ヶ所（8種）
＝線部・9ヶ所

Ⅳ
☆—部・2回
＊—部・3ヶ所5回
▽—部・2回
〰〰線部・3ヶ所
……線部・4ヶ所（4種）
＝線部・11ヶ所（10種）

次いで、……線部と＝線部の出現状況の比較をするため左のような表を作成した。上の表は……線部の出現を示し、下の表は＝線部のそれを示している。また、どちらの表も、横の段が先に記した語りの各段に対応しており、a～mは……線部に付した記号と、そしてイ～ヲは═線部に付した記号と対応する。なお、空欄はその段の語りに縦の列と同じ記号を付した表現が無いことを示し、同じ欄に記号が複数記してあるのはその言葉が複数回出てくることを意味している。

以上のようにイエと智恵子の語り計四回を対照し、その間で見られる共通表現や類似表現を抽出、比較検討をすることによって、幾つかの事実が見えてきたと思われる。

その第一の点は、智恵子はイエに話を聞いてから約五十年後、七十年後、さらに八十年ほどの歳月が経った後でも、決まり文句はもちろんのこと、それ以外の多くの言葉をもイエから受け継ぎ語っているということである。☆・＊・▽の —部で示された決まり文句を初め、〰線部や……線部のイエの言葉は、智恵子の語りの中で脈々と生き続けていると言ってもよい。

しかし、第二の点として、……線部のイエの言葉が智恵子の語りの中で繰り返されるのは、智恵子が年齢を重ねるごとに減っていることも見逃すことはできない。

そして、第三の点として注目したいのが═線部の存在である。═線部の表現は、智恵子が語るたびにイエの語りには無かった言葉を次々と作り出し、その言葉を後で語る機会に再び使っているということをはっきり示している。しか

……部の出現状況

	a	b	c	d	e	f	g	hh	i	j	k	l	m
Ⅰ	a	b	c	d	e	f	g	hh	i	j	k	l	m
Ⅱ		b	c	d	e		g	hh		j		l	m
Ⅲ	a	b		dd		f		hhh	i		k		m
Ⅳ	a				e	f					k		

═部の出現状況

	イ	ロ	ハ	ニ	ホ	ヘ	ト	チ	リ	ヌ	ル	ヲ
Ⅱ		ロ		ニ	ホ	ヘ	ト	チ			ル	ヲ
Ⅲ	イ		ハ	ニ	ホ			チ	リ	ヌ	ル	ヲ
Ⅳ	イ	ロ	ハハ	ニ	ホ	ヘ	ト	チ	リ	ヌ		

も、その再利用（?）は年齢が高くなるほど明らかに多くなり、……線部が減っていくのと対照的なのである。この事実は大変興味深いことであり、それは昔話が「声としてのことば[2]」によって伝えられることと関係があると思われるが、その点についての考察は次の「まとめ」で述べることとしよう。

また、イエの語りの採録はたった一回きりであり、昭和三十九年当時まだテープレコーダーに慣れていなかったイエは相当緊張して録音に応じたと想像できる。とすれば、イエが═線部のような言葉を使って語る機会があったという可能性も考えられるのではあるが、現在検討できる資料からは先に述べた事実が確認できるものとしたい[3]。

まとめ―声の記憶

智恵子は、自分が語っている時、イエやツギが語ってくれた「声」を思い出すと言い、自分の語りの調子がイエやツギとは少し違うと言う。イエやツギは、「もっとゆっくり」語ったらしい。その証言から、語り手（智恵子）は、昔話を語る時、自分に語ってくれた人の「声」を頭の中で蘇らせていると考えられる。同様のことは他の語り手についても既に指摘されていることであり[4]、語り手はその「声の記憶」によって、話を聞いてから何年もたってからでも語ることができるのであろう。特に、いわゆる「決まり文句」などをほぼ聞いた通りに（文言だけでなく語りの調子まで）再現して語ることができるのは、従来から言われるように「決まり文句」は音楽的要素が強く記憶に残りやすいという点も合わせ、「声の記憶」によるところが大きいと思われる。

しかも、今回の「屁こき婆さん」の対照によると、「決まり文句」以外の表現においても、多くの箇所〈〰〰

線や……線部〉で、聞いた話とかなり似通ったことばで語ることがあることが確認できたのだ。それもやはり「声の記憶」（つまり「声としてのことば」の記憶）が呼び覚まされるからであろうと考えたい。智恵子は、昔話を語り始める前には、「決まり文句」と「大体の話の流れ」を思い出すだけで、語り始めると次々言葉が出てくる感じだと言う。つまり、ことばそのものを意識的に記憶しているのはわずかな部分で、話の流れに沿ってイメージが次々と浮かび、そのイメージを表現する言葉がその場その場で語られていくということであろう。[5]そして、そのイメージを「ことば」に変換する際に「声の記憶」が関わっていると思われるのだ。イメージが「声としてのことば」となって外に向かって表出される時、「自分の語る声」が「自分に語ってくれた人の声」として聞こえるような感じがあると想像されるのであり、そこで蘇る「声の記憶」がさらに次々と（ストーリーも含めた）イメージの記憶を呼ぶことになるとは言えないだろうか。[6]ただ、意識的に語りを記憶することを訓練したわけではない語り手にとっては、「声としてのことばの記憶」は当然不安定な部分も多く、少しずつ揺らぎ変形してゆくのが自然であろう。何度も語るうちに「自分に語ってくれた人の声の記憶」と「自分の語った声の記憶」が混然としてくることも十分あり得る。

そこで、先の比較対照によって確認できたことに基づき、語っているまさにその時に起こっていることを類推してみると、語り手は自分に語ってくれた人の「声（としてのことば）」の記憶を思い出しながら、自分が前に語った時の「声（としてのことば）」の記憶をも蘇らせ、同時に新しい表現を口頭で作り出していると考えられるのである。つまり語り手は、語りながら頭の中で自分に語ってくれた人の声と、過去に語った自分の声を聞き、耳で今まさに語っている自分の声を聞いていると言える。そして、その重層的な「声の記憶」が次回に語るときの語りの内容につながっていくこととなるのだ。

このように重層的に繰り返され、繰り返されつつ変化する「声の記憶」が核となり[7]、語る時・語る場・聞き手等の様々な条件のもとで、語り手は語る度に新たな表現を生み出しているものと考えられる。それは、言わば「口承」の現場における「創造」であり、またそれは、「伝承」と「創造」が同時進行で現われる姿の一つとも言えるのではないだろうか。

以上、たった二人の、しかもたった一つの話を例に進めた考察ではあるが、語り手がどのように「語り」を受け継いできたのかという疑問の解明に、少しは接近できたのではないかと考えるのである。

【注】

(1) 本書第一部「昔話は語り手の頭と口で生きている」及び第三部「あの頃、昔話と知らずに昔話を聞いた」を参照。なお、「屁こき婆さん」の『近畿民俗』でのタイトルは「すずめの汁」となっている。

(2) ウォルター・J・オング著(桜井直文・林正寛・糟谷啓介訳)『声の文化と文字の文化』〈一九九一年・藤原書店〉の第一章のタイトルが「声としてのことば」であり、その表現を借りた。なお、『声の文化と文字の文化』からは多くの示唆を与えられた。

(3) 傍線を付して比較対照を明確にしたところ以外にも、四回の語りの間で似通った表現をしているところは随所に見られる。

(4) 福田晃著『伝承の「ふるさと」を歩く―日本文化の原風景―』〈一九九七年・おうふう〉第三部の「西日本から」(二一〇〜二一二頁)や、松本孝三著『民間説話〈伝承〉の研究』〈二〇〇七年・三弥井書店〉第一編・第一章「昔話のフィールドワーク」(一二一〜一三三頁)に同様の指摘がある。

(5) イメージと昔話の記憶との関わりについては、拙著『御伽草子と昔話　日本の継子話の深層』〈二〇〇五年・三弥井書店〉所収の「記憶としての昔話」でも考察した。

(6) 音声言語とイメージの関わりについては、月本洋・上原泉著『想像　心と身体の接点』〈二〇〇三年・ナカニシヤ出版〉第Ⅰ部「想像と言語―身体運動意味論―」に教えられるところが多かった。

（7）文字に変換できる「ことば」だけでなく、語り全体から醸し出され、「語り」という表現行為にとって重要な様々なもの（声の高さ、スピード、リズム、方言独特の言い回し等々）も、もちろん「声の記憶」が支えているであろう。

本文および【注】に記したもの以外の参考文献

川田順造著『口頭伝承論』上・下〈二〇〇一年・平凡社〉・『聲』〈一九八八年・筑摩書房〉
兵藤裕己編著『思想の身体　声の巻』〈二〇〇七年・春秋社〉
山本吉左右著『くつわの音がざざめいて』〈一九八八年・平凡社〉
稲田浩二著『昔話は生きている』〈一九七〇年・三省堂〉
小澤俊夫著『改訂　昔話とは何か』〈二〇〇九年・小澤昔ばなし研究所〉
アン・カープ著（梶山あゆみ訳）『「声」の秘密』〈二〇〇八年・草思社〉

伝承を支えた「決まり文句」§§§「鳥食い婆」と「鳥呑み爺」

はじめに

イエから智恵子に伝えられた昔話「屁こき婆さん」は、ある意味で不思議な話である。私にとって幼いころ祖母・イエから聞いた話の中で大好きな話の一つだったが、昔話について様々なことを知るようになって、不思議な話だなあ…と気づいた。それは、「屁こき婆さん」のストーリーは基本的に「鳥呑み爺」型であるのに、主人公は「爺」ではなく「婆」だからである。『日本昔話通観　第15巻』でも、奈良県の広陵町で伝承されていたイエの話を「鳥飲み爺」の例話として紹介しながら、「内容は鳥飲み婆だが普及している話型名の「爺」をとる。」[1]と注書きしている。屁をこく主人公は「爺」であるはず、ということであろう。

では、なぜこのようなストーリーの話がイエに伝わったのだろうか。イエはこの話を元は「雀の汁」と呼んでいたようだが、話の流れはごく自然で、イエ、もしくはイエに話を語ったという和裁の師匠が、自分で勝手に主人公を「爺」から「婆」に変えたとは考えられない。

「屁こき婆さん」冒頭と「鳥食い婆」前半

ただ、よく見直してみると、「鳥食い婆」（または「婆の鳥料理」）という昔話の前半が、「屁こき婆さん」の冒頭とかなり似ているのである。その冒頭部分を、智恵子の七十六歳の時の語りで次に紹介しよう。(2)

むかーし、むかーし、あるところーに、お爺さんとお婆さんとやはってぇ、お爺さんは毎日山へ柴刈りに行てやってんとー。ほて、柴刈って、おしっこしとなったでぇ、ちょっと山の横の方でおしっこしたはったら、どっからか雀が飛んできて、ちゅっとお爺さんのちんぽの先に止まりょってんと。お爺さんはぱっと思て、ぱっと捕まえはってんと。ほいて雀持って帰って、「お婆ちゃんやー、面白い雀捕ってきたでぇ。おしっこしてたら止まりょったで、捕まえて来たでぇ、晩には雀汁炊いといてや。もっぺん山へ柴刈りに行て来るからなあ」。そう言うて、また山へ柴刈りに行っきゃってんて。

そしたらお婆さんは雀を料理して、鍋にお汁こしらえて、雀汁炊っきゃってんてぇ。お婆ちゃんがぁ「雀汁でけた。ああちょっと味見してみよか」、そう思てお椀にお汁を盛って、

「一杯吸うやぁうーまいしぃ、二ぃ杯吸うやぁうーまいしぃ」

そう言うてしてる間に、みぃーんな吸うてしまやってんてぇ。

ほいたら、それと一緒に

「シュシューガラガラシュシュンポン」

て屁ぇが出たんやてぇ。（採録・翻字は黄地百合子）

ということで、この後は、屁をこくのがお婆さんではあるものの、隣の爺型「鳥呑み爺」と同じ展開をすることになる。

さて、「鳥食い婆」（「婆の鳥料理」）は、『日本昔話通観　第28巻　昔話タイプ・インデックス』では「笑い話」に分類されている話である。(3) 私は、文末の一覧表にまとめたように、『日本昔話通観』に入っているものも含め、全国で七十五話を確認したが、それらを基にこの話の基本形を次のように整理してみた。

(1) 爺が小鳥を捕まえて、その鳥の料理を婆に頼む。
(2) 婆が鳥の料理を作り味見をすると美味しくて、つい全部食べてしまう。
(3) 爺の分が無くなったので、婆は自分の陰部（尻の肉やモモなど）を切って鳥の代わりに料理する。
(4) 爺が帰ってきて婆の作った料理を食べ「美味いが小便臭いな（固い、すい、臭い等）」と言う。
(5) 婆が「鳥が古かったからだ」等の言い訳をする。（その他、鳥が鳴いて真相を告げる、婆が切った所に紙を貼ったため夜の寝床で爺に咎められる、など）

ストーリーはちょっと現実にはあり得ない内容の、いわゆる「艶笑譚」で、伝わっているものの多くは短い話である。伝承地は本州では近畿より東の地域に偏り、主に東北地方と奄美・沖縄で多数の報告がある。

この話の基本形(1)(2)の部分と「屁こき婆さん」の冒頭との類似はすぐにわかる。おそらく「屁こき婆さん」

は、和裁の師匠が誰かから聞いた時に、すでに「鳥食い婆」と「鳥呑み爺」が結合して語られていた話であろうと考えられる。しかし、それで不思議さの秘密が解明されたかというと、そうでもないように思えるのだ。話全体としては「鳥呑み爺」型の話が、主人公が「婆」に変わってしまうのに、あえて「鳥食い婆」の話と結びついた理由は何なのか、やはり気になる。

艶笑譚としての「鳥食い婆」

「鳥食い婆」の話については、稲田浩二氏が『日本昔話事典』の「婆の鳥料理」の項[4]で次のように解説しておられる。

爺と婆を登場者とする笑話。（中略）この話で特に注目されるのは話の役割（機能）である。たとえば鹿児島県大島郡徳之島町母間では、普請の後の飲み食いや田植えじまいの祝いの席で隣近所集まったとき、話好きがまずこの話を持ち出し一座がどっと笑う。これを合図に各人が気ままにさまざまな昔話を語ってきかせる。つまりムラ共同体で話の座がもたれるとき、この話はいわば三番叟の役割を果たすのである。このような機能は東北地方でも同じようであったところをみると、かつてムラ共同体でさかんに話の席がもたれたとき、全国的にこの話はかかる役割をもっていたのではないかと思われる。これに類似したものに東北地方のいわゆる豆子話がある。いずれもたあいない開けっぴろげの笑い話であるが、そのためにその席の人々の気持はずいぶん自由に何でも話せるようになることができたかと思われる。これに類似した昔話に「鳥呑み爺」がある。その発端のモチーフで爺が小鳥を呑みこむ部分と展開して鳥声の屁を放つところは、この話と

（傍線部・黄地）

の関連を思わせる。この話は人と鳥との関係をいっそう誇張し、単純化した趣きがある。

「屁こき婆さん」の不思議について考える時、右の説明の中に述べられている「鳥食い婆（婆の鳥料理）」の二つの特徴に注目したい。一つは前半で傍線を付した事柄で、「鳥食い婆」がかつての共同体での話の座において持っていたと考えられる役割である。もう一つは最後の傍線部、「鳥呑み爺」との類似だ。「屁こき婆さん」の話において二つの話が結びついた事情は、この二つの特徴が関係しているのではないかと思われる。

そこで、一つ目の特徴、話の座における役割についてだが、稲田氏も指摘しているように、「鳥食い婆」との共通点が多いのは「豆子話」であろう。どちらも爺と婆が登場し、食べ物に関わる艶笑譚で、かつ話の座で最初に語られる話だというのだ。その「豆子話」について松本孝三氏は次のように述べておられる。

> （前略）野村純一氏のご研究によれば、「豆こ話」というのは、共同体社会において昔話が語られる時、まずは語りの場の雰囲気を盛り上げるために「最初に語る話」としての機能を担っていたとのことである。「豆こ」とは女性の隠し所を指す隠語でもある。（中略）収穫を終え、人々が一年のうちで最も寛げる時期には、神に収穫を感謝し大いに昔話が語られたということであるし、そんな日は「ハレの日」でもあった。そのような時に、来たる年の豊かな実りを願う気持ちを込めて、直会のような語りの場を盛り上げるために、まず「豆こ話」などといった特定の昔話を語ることが求められたということのようである。（中略）
>
> そこには当然のごとく、「性的な笑い」が生殖・繁栄に繋がるものとして象徴的に期待されていたはずなのである。そんな笑いに打ち興じつつ人々は、ささやかな豊かさへの思いを託していたと言えるのかもしれぬ。しかも登場人物としては「爺と婆」であることがめでたくもあり、その場に最もふさわしい存在であったと考えられるのである。(5)
>
> （「若狭路の民間説話」〈『北陸の民俗伝承　豊饒と笑いの時空』所収〉より）

引用が長くなったが、右の「豆こ話」についての説明はそのまま「鳥食い婆」にも当てはまると言って良く、かつての共同体の口頭伝承の場において、二つの話はよく似た位置付けをされていたのではないかと考えられる。さらに、福田晃氏が『日本昔話事典』の「河童火やろう」の項[6]の最後に記した次の言葉に、大きな示唆を与えていただける。

婆の尻を笑いの中心にするものに、「婆の鳥料理」があるが、これを奄美徳之島方面では「最初に語る昔話」とし、（中略）今日では、性をテーマにする「最初に語る昔話」は、昔語りのくつろいだ雰囲気をつくるためと説明されるが、その始原は、男女の性の交りの物語を語って、穀物の豊穣を期待した祭の庭の語りごとに求められるものであり、この「河童火やろう」の昔話も、その語りごとの一流と認めうるものであろう。

つまり、艶笑譚の「性的な笑い」の原初的な力を内包している「鳥食い婆」は、かつての共同体の語りの場において重要な役割を担っていた話だということになる。そのような話が「屁こき婆さん」の冒頭に入り込んで語られ続けてきたのには、どういう事情があったのだろうか。

奈良県吉野郡下北山村の「鳥食い婆」伝承

ところで、「屁こき婆さん」が伝承されてきたのと同じ奈良県で、興味深い「鳥食い婆」の話が報告されていた。次に紹介する話がそれで、國學院大學説話研究会編『奈良県吉野郡昔話集』[7]によると、採録地は吉野郡下北山村、語り手は和田利作さん。原題は「雀汁」とされ、イエが言っていた題名とほぼ同じである。

婆さんと爺さんと、桃太郎みたいな話やけども、爺さんと婆さんとはね、畑で一所懸命に耕しておったらしいね。そして、当って一服しよっとったところが今でいう雀が飛んできて、雀がその爺さんの鍬の上にちょこっと止る。それで、こうすると、婆さんの鍬の上にすっとすがる。あちこちしおって、とうとう雀を獲ったらしいですわ。もう晩方やったし、

婆さんやい　婆さんやい。この雀を皮むいて汁炊けと。雀汁はうまいんで汁炊けと。それで、早速婆ちゃんが家へ持っていって、炊いたんらしい、なにか入れてね。これは一杯味をみようと思ったら、これがうまいらしいですな。昔話やから、うまかったんかうまくなかったんやか知らないけれど。そして、

〽一杯吸うやうまし　二杯吸うやうまし　三杯吸うやうまし

もう、みんな吸いよったらしいですわ。さあ爺さんになんとしてお礼せんにゃらんと思うて、自分の女のシンボル切ったんらしいわ、自分の。まあ、それもうそやろう。引っ切ったらしい。そいつで煮たらしい。それから、爺ちゃん

「婆ちゃん、婆ちゃん、汁はできたか」

「ああ、できましたよ。どうぞ早うお上り」

食べたところが、うまいんやけどどこかしら臭いんや。

「これ、婆ちゃん。どうしたんや。これはしわ臭いんやないかいな。どうしたんだ。これは雀が臭かったんか。」

実はこうこうこれでって、叱られたんという話。（傍線部・黄地）

また、京都女子大学説話文学研究会編『紀伊半島の昔話』には、同じ下北山村に伝わる次のような「鳥食い

婆」が掲載されている。[8]語り手は西脇実之介さんである。

爺が山で鍬持って仕事しとったらなあ、雀がとんできて、

「爺やの鍬へとまれ、爺やの鍬へとまれ」というて笑うたて。爺はぴょういっとたたき落として、家へ持って帰って、婆に、

「雀汁こさえておくれ」いうた。婆は一ぱいすうやうまし、二はいすうやうまし、三ばいすうやうまし、みいんなすうてしもたん。しかたないもんで、自分のおそそを切って炊いたんやて。爺が帰ってきて、

「えらいくさいやね」いうたちゅうはなし。（傍線部・黄地）

右の二話で注目したいのは、お婆さんが雀汁の味見をする時の言葉（傍線を付したところ）だ。それが、「屁こき婆さん」で婆が味見をする時の言葉と非常によく似ているのである。しかも、前者の『奈良県吉野郡昔話集』の話には、その言葉の上に「〽」というマークが記されており、「一杯吸うやうまし…」の部分は音楽的なリズムのある語り方をしていることがわかる。イエや智恵子も、この言葉のところはわらべ唄を歌うように語ったものであった。さらに下北山村の伝承としては、岡節三氏他の編集発行『下北山村の昔話』にも五話の「鳥食い婆」が「婆の雀汁」というタイトルで報告されているが、[9]その内の四例に、やはり「一杯吸うやうまし…」の言葉が語られているのである。

しかし、奈良県内の他の地域では、私の調べた限りでは今のところ「鳥食い婆」の伝承は確認できていない。そして、次頁の地図でわかるように、祖母イエが住まいした広陵町と昔話を聞いた斑鳩町は奈良県北西部、下北山村は県の最南東部で、同じ県内とは言え、かなり離れており、その間に直接的な伝承を考えられる資料もない。しかも、文末の一覧表から分かるように、近畿では他に滋賀県北部の伝承[10]が確かめられるのみで、下北山村

の七話が本州で最も西の報告例ということになる。

ただ、大変興味深いことに、下北山村のすぐ南隣に当たる三重県南牟婁郡紀和町（現・熊野市、下の地図参照）で報告された「勝々山」[11]の中に「一杯吸うや…」とよく似た言葉を含む話が伝承されていたのだ。お爺さんが狸にだまされ狸汁と信じて婆さんを食べてしまう場面で、

〽一杯飲みゃおいし（中略）

二ぃ杯飲みゃあ、おいしい。

三杯飲―みゃあ、おいしい

ってのの。何杯も飲んで。

とある。奈良県の伝承と比べると、「鳥食い婆」ではなく「勝々山」の話の中での言葉であり、しかも「吸うやうまし」が「飲みゃおいし」となっていて、少し違うが、やはり「〽」のマークが記され、リズムのある語り方であったことがわかる。この言葉が、よく似た場面で使われる、印象的なものであったことは確かであろう。

そこで、以上の少数ながら様々な資料から、かつては近畿地方で、少なくとも紀伊半島で、「一杯吸うやうま

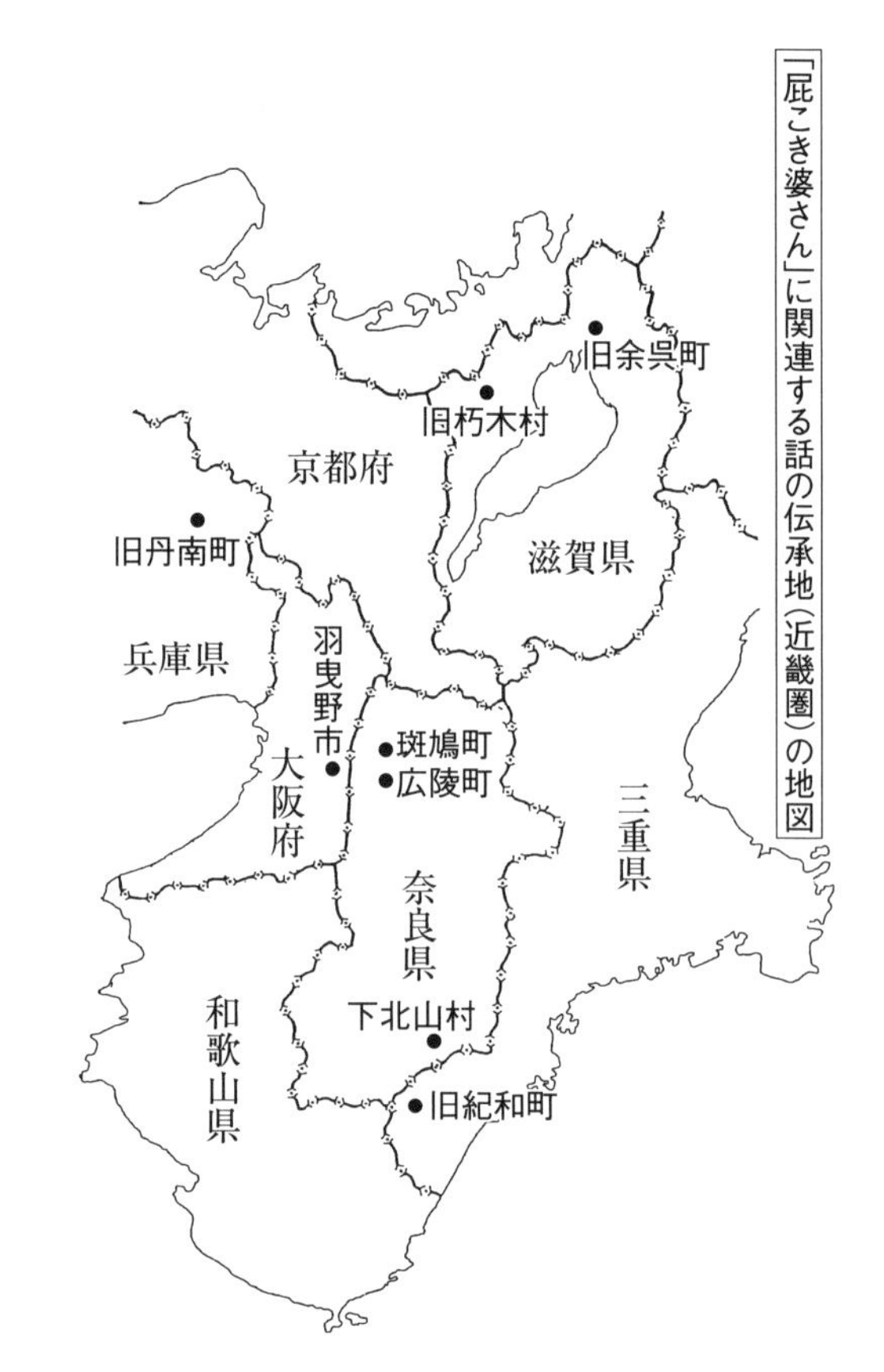

「屁こき婆さん」に関連する話の伝承地（近畿圏）の地図

し…」の言葉を含む「鳥食い婆」の話が広く伝承されていたのでないかと推測される。ところが、近畿地方では（京都府の日本海側や兵庫県の北部などを除き）多くの地域で、早くに昔話全体の豊かな伝承が衰退し、限られた地域や一部の語り手のみの伝承になっていったと考えられる。そんな中で艶笑譚である「鳥食い婆」の話も、先に確かめたような村の中での機能を失い、少しずつ語られなくなっていったのであろう。ただ、そのごく一部・下北山村では長い間多くの人が知る話として語り継がれ、またその僅かな名残が「屁こき婆さん」の話の冒頭として姿を留めたのではないだろうか。

「鳥食い婆」と「鳥呑み爺」の結びつき

さて次に、このような「鳥食い婆」の前半が、途中から「鳥呑み爺」と結びつき「屁こき婆さん」の話になった事情について考えてみたい。ちなみに、『日本昔話通観28　昔話タイプ・インデックス』では「鳥呑み爺」の基本形を次のように整理している。

(1)　爺が山畑でうっかり鳥を飲みこみ、腹から出たその尾を引くと、鳥の歌の屁が出る。
(2)　爺は殿様に屁の歌を聞かせ、ほうびをもらう。
(3)　隣の爺がわざと鳥を飲み殿様に屁の歌を聞かせようとするが、糞が出て尻を切られる。

「鳥呑み爺」は全国に広く伝わり報告例の豊富な昔話だが、先に紹介した稲田浩二氏の指摘にもあるように、基本型(1)で爺が鳥を飲みこむ（または食べる）までの所に注目したいと思う。様々な話を見ると、この場面では、爺と鳥の駆け引きを詳しく語っているものが結構見受けられる。その内容の梗概をいくつか例として挙げると、

「爺が持参していた弁当や団子を鳥が先に食べてしまったので、爺は腹を立てて鳥を捕まえる」、または「近くで鳥が良い声で鳴くので、爺が鍬の柄・肩・舌等と順に鳥を誘い最後は飲み込む」などというのが、全国的に多く伝承されているものである。

一方「鳥食い婆」も、先に紹介した下北山村の話のように、爺が鳥を捕まえるまでの鳥とのやりとりを語るものが見られる。ただ、その場面の描写は、「鳥呑み爺」に比べると全国に広く分布するようなタイプは少なく、地方ごとの特徴があるのだ。例えば、岩手県の伝承で多いのは、「爺が団子を持って山に行くと鳥が来てしつこく団子を欲しがる、投げてやると鳥に当たって死んでしまう」というもので、[12]秋田県では冒頭が「雁取り爺」になる話[13]の率が高くなる。そして、岐阜県では「爺が畑で鼻をかみ、木に鼻水をつけておくと鳥が引っ付いたので捕まえる」という始まり方をするのが、後の一覧表に挙げた七例のうち五例[14]ある。しかも、「鳥食い婆」の伝承が多く残る岐阜県北部では、「鳥呑み爺」でも同じような語り方をする話が数話報告されており、[15]「鳥食い婆」と「鳥呑み爺」の冒頭部分の近さを感じさせ、大変興味深いと言える。

そこで、奈良県やその周辺地域はどうかということだが、現在のところ、奈良県内では北部の「屁こき婆さん」以外に「鳥呑み爺」型の話を見つけることができない。その上、近隣の地域でも整った報告例が少ないため、僅かな資料から類推するしかないという状況なのだ。そんな中、かつて奈良県やその周辺で伝承されていた「鳥呑み爺」の冒頭がどのように語られていたのかを考えるヒントとなるのが、『昔話研究』第二巻第一号に掲載された、山口康雄氏による報告[16]である。録音機のない頃の採録であるため語りのままではないが、大阪府の旧南河内郡高鷲村（現・羽曳野市）出身の松村まささんが語った話で、その始まりは次のようである。

昔或時、お爺さんが畑で仕事をしてゐた。疲れたので一服喫ひ乍ら、鍬を立てゝその先に鼻糞を丸めてつけて居た。すると何處からともなくひゆうがらといふ鳥が飛んで來て、柄にとまつて鼻糞を食べ出した。お爺さんはひゆうがらを捕へて家へ歸つてから燒いて食べた。暫らくするとお腹が妙な具合になり屁が出て仕方がない。

ここから後は隣の爺型「鳥呑み爺」の展開になるが、「お爺さんが立てておいた鍬に止まった鳥を捕まえる」というのは、他の地方の「鳥呑み爺」にも時々見られるものの、下北山村の「鳥食い婆」の冒頭と基本的に共通していると言えるだろう。そこで、岐阜県北部の例などのように、かつて関西や紀伊半島で伝承された「鳥呑み爺」は、同地域の「鳥食い婆」の始まりに近い語り方をしたのではないかと想像する。そうだとすれば、爺と鳥との出会いの場面の描写が似通っていたために、或る時、或る語り手によって、「鳥食い婆」から「鳥呑み爺」へとつながってしまうことがあり得たのではないだろうか。

さらに、「屁こき婆さん」の場合、冒頭で爺が雀を捕まえるきっかけは「鍬に止まる」ことではないのが気になるのだが、別のところに、大阪府の「鳥呑み爺」との関連を見つけることができた。それは最後の場面、真似をした隣の婆さんが殿さんの前で粗相をしてしまった後、智恵子が次のように語るところである。

ほんだらお殿さんは

「これは偽者や。このお婆さんは嘘に来た。尻を切れっ。」

言わってんてぇ。ほんだらそのお婆さん、褒美もらうどころか、

「尻が切られて腹が立つ、尻が切られて腹が立つ。」

泣きながら帰って来ゃってんと。(17)

この最後の「尻が切られて腹が立つ…」という言葉を、イエと智恵子はいつも少し歌うように同じ調子で語った

が、それとほぼ同じ言葉が、先の大阪府の話の終わりにも、次のように出てくる。

家ではもうお爺さんが褒美を貰って歸る時分だと、孫達が迎へに行くとお爺さんが歸って來た。よろこんで、お金を貰うて來たかと聞くと「お金どころか尻を斬られて腹が立つ」と云うた。（傍線・黄地）

そして、この話の伝承地である旧南河内郡高鷲村（現・羽曳野市）は、イエが「屁こき婆さん」等の昔話を聞いた奈良県斑鳩町と県境の生駒山脈を挟んで隣り合っている所だということ（38頁の地図を参照）にも、大いに注目したいと思う。さらに、笠井典子編『浪速の昔話』に掲載されている兵庫県多紀郡丹南町（現・丹波篠山市、38頁の地図を参照）の「屁こきのじょろり」という話[18]（語り手・酒井まさえさん）でも、最後に「尻を切られてはーらがたつ、はーらがたって」とあり、これにはリズムのある語り方であったことを示すマークが付いている。

関西ではわずかな資料しかなく、また他の地方の「鳥呑み爺」で最後にこの言葉が付く例の存在は詳細には確かめられていないが、少なくとも奈良県と近隣の地域では、「尻を切られてはらがたつ」というリズムのある言葉が、「鳥呑み爺」の最後を引き締める「オチ」のような決まり文句であったのでないだろうか。

これらのことから類推して、「屁こき婆さん」の後半部分は、かつて奈良県やその周辺で広く伝承されていた「鳥呑み爺」の話を土台として語られたものと考えられる。冒頭で「鳥食い婆」の話と結びつき、主人公が「婆」に変わったものの、その豊かな語り描写は、かつて関西地方で「鳥呑み爺」がどのように語られていたかを推測させてくれるものである。

さらに想像をたくましくするならば、〈婆の尻から屁が出る、最後に隣の婆が尻を切られる〉という「屁こき婆さん」の面白さは、「鳥食い婆」の、婆が自分の陰部や尻を切るという艶笑譚的展開に、深層で繋がっているとも感じられる。つまり、先に紹介した福田晃氏の言葉を借りると、「婆の尻を笑いの中心にする」ことで、「鳥食い婆」と「鳥呑み爺」のストーリーが繋がり、スムーズな流れの話となったのかも知れない。

まとめ―声の言葉と伝承の記憶

さて、以上のことから、奈良県の一隅に伝わった、特異で不思議な存在のように思われた話「屁こき婆さん」が、実は近隣地域の伝承と同じ水脈に根を張っていたことが推測できたと言えるだろう。その水脈を探すきっかけとなったのは、前半では「いっぱい吸うやうまし…」であり、後半では「尻が切られて腹が立つ」という、いずれも音楽的なリズムのある言葉であった。こういう「決まり文句」とも言える、童歌のような調子のある言葉は、語り手が昔話を記憶する際の鍵になることが今や定説となっているが、記憶の連鎖でもある昔話の伝承にとっても、そういう言葉がやはり大きな働きをすることが再認識できたのではないかと考える。

他の多くの地方でまだまだ豊富な昔語りを確認できた昭和四十年代においてさえ、関西では、一部を除きすでに伝承の糸が切れかけていた。そのため、少ない資料をもとにした考察となり、仮説や想像に頼る部分が多くなってしまったと言える。しかし、丁寧に一つ一つの話をたどることによって、それぞれの話には伝承の記憶が秘められていることを実感したのである。おそらくかつては、関西の各地でも豊かな昔話の数々が花開いていて、村々で、あるいは町中や各家々で、多くの話が息づいていたことであろう。「屁こき婆さん」のルーツを辿ることを通して、改めて昔話伝承の奥深さを想像することができたと感じる。

【注】

（1）稲田浩二・小沢俊夫責任編集『日本昔話通観　第15巻　三重・滋賀・大阪・奈良・和歌山』〈一九七七年・同朋舎〉六一頁。
（2）黄地百合子編『九二歳の語り手　松本智恵子の昔話』〈二〇一三年・自刊〉による。なお、話の全体は本書「受け継がれる「声」の記憶」で比較対照した際のⅢの話を参照のこと。
（3）西村正身氏より、日本の「鳥食い婆」と同じモチーフの話は諸外国にも伝承されており、ATU（『国際昔話話型カタログ』）1373「重さを量られた猫」が最も近いというご教示をいただいた〈アジア民間説話学会日本支部発行「AFNS NEWS LETTER」No.25〉。特にATU1373B「娘が父親に自分の肉を勧める」が「鳥食い婆」によく似た展開と言える。
（4）稲田浩二他編『日本昔話事典』〈一九七七年・弘文堂〉
（5）松本孝三著『北陸の民俗伝承　豊饒と笑いの時空』〈二〇一六年・三弥井書店〉一五五～一五六頁。
（6）注（4）参照。
（7）國學院大學説話研究会編・発行『奈良県吉野郡昔話集』〈一九八三年〉六五頁。
（8）京都女子大学説話文学研究会編『紀伊半島の昔話』〈一九七五年・日本放送出版協会〉二二六～二二七頁。
（9）岡節三他編集・発行『下北山村の昔話』〈一九八一年・自刊〉一〇二～一〇六頁
（10）文末の一覧表で滋賀県の二話（49、50）を参照のこと。また、その伝承地の場所は三八頁の地図に示した。
（11）國學院大學説話研究会編・発行『三重県南昔話集・上』〈一九八四年〉八二頁。
（12）文末の一覧表で1、2、5、6、7、8、9、10、11の九話。ただし、1、2、5、10、11の話は、『日本昔話通観　第3巻　岩手』の六五五～六五六頁「鳥食い婆」の類話の梗概に拠った。
（13）文末の一覧表で17、18、19の三話。
（14）文末の一覧表で40～44の五話。また、岐阜県の伝承の内、一覧表で39は、短い話ではあるが、鳥を食べた婆のヘソから鳥の尾が出て鳴るというもので、「鳥食い婆」と「鳥呑み爺」の複合型の話と言える。
（15）稲田浩二・小沢俊夫責任編集『日本昔話通観　第13巻』〈一九八〇年・同朋舎〉
（16）『昔話研究』第二巻第一号〈一九三六年五月・壬生書院〉三九頁。

(17) 注(2)参照。
(18) 笠井典子編『浪速の昔話』〈一九七七年・日本放送出版協会〉二二一頁。この「屁こきのじょろり」は、隣の爺のモチーフを持つ「鳥呑み爺」型の話だが、最初の鳥を呑む場面は語られず、爺が屁を売り歩くところから始まる。

本文および【注】に記したもの以外の参考文献

関敬吾著『日本昔話大成　第4巻　本格昔話三』〈一九七八年・角川書店〉
稲田浩二編『日本の昔話　下』〈一九九九年・筑摩書房〉
野村純一著『昔話伝承の研究〈上〉』〈二〇一〇年・清文堂〉
赤坂憲雄著『性食考』〈二〇一七年・岩波書店〉
ハンス＝イェルク・ウター著、加藤耕義訳、小澤俊夫日本語版監修『国際昔話話型カタログ』〈二〇一六年・小澤昔ばなし研究所〉

「鳥食い婆」の話を確認した資料（伝承一覧表は最後に添付）

『旅と伝説』第七巻一二月号〈一九三四年・三元社〉
『旅と伝説』第十四巻五月号〈一九四一年・三元社〉
『旅と伝説』第十四巻六月号〈一九四一年・三元社〉
平野直著『すねこ・たんぱこ』〈一九四三年・有光社〉
佐々木喜善著『聴耳草紙』〈一九六四年・筑摩書房〉
稲田浩二編『若狭の昔話』〈一九七二年・日本放送出版協会〉
笠井典子編『近江の昔話』〈一九七三年・日本放送出版協会〉
武田正編『飯豊山麓の昔話』〈一九七三年・三弥井書店〉
山下欣一・有馬英子編『久永ナオマツ嫗の昔話』〈一九七三年・日本放送出版協会〉
田畑英勝編『奄美諸島の昔話』〈一九七四年・日本放送出版協会〉

佐久間惇一編『北蒲原昔話集』（全國昔話資料集成2）〈一九七四年・岩崎美術社〉
京都女子大学説話文学研究会編『紀伊半島の昔話』〈一九七五年・日本放送出版協会〉
鈴木棠三・及川清次編『しゃみしゃっきり』〈一九七五年・未来社〉
稲田浩二・小澤俊夫責任編集『日本昔話通観』第3、4、5、6、7、10、11、13、15、25、26、28巻〈一九七七〜一九八八年・同朋舎〉
笠井典子編『浪速の昔話』〈一九七七年・日本放送出版協会〉
丸谷彰他編『朽木村昔話記録』〈一九七七年・京都精華短期大学美術科〉
稲田浩二編『美濃の昔話』〈一九七七年・日本放送出版協会〉
佐々木徳夫編『陸前昔話集』（全國昔話資料集成29）〈一九七八年・岩崎美術社〉
加能昔話研究会編『加賀の昔話』〈一九七九年・日本放送出版協会〉
佐々木徳夫著『みちのく艶笑譚』〈一九七九年・ひかり書房〉
昔話研究懇話会編『昔話—研究と資料—9号』〈一九八〇年・三弥井書店〉
山本節・永田典子・山田八千代編『西三河の昔話』〈一九八一年・三弥井書店〉
岡節三他編集・発行『下北山村の昔話』〈一九八一年・自刊〉
國學院大學説話研究会編集・発行『奈良県吉野郡昔話集』〈一九八三年・自刊〉
登山修編著『瀬戸内町の昔話』〈一九八三年・同朋舎〉
福田晃・岩瀬博・松山光秀・徳富重成・編著『奄美諸島　徳之島の昔話』〈一九八四年・同朋舎〉
佐久間惇一編『しばたの昔話』〈一九八六年・新発田市古地図等刊行会〉
立命館大学説話文学研究会編・発行『奄美・笠利町昔話集』〈一九八六年・自刊〉
小澤俊夫・荒木田隆子・遠藤篤編『鈴木サツ全昔話集』〈一九九三年・鈴木サツ全昔話集刊行会〉
小池ゆみ子・小林美佐子・田中浩子・丸田雅子編『正部家ミヤ昔話集』〈二〇〇二年・古今社〉
鵜野祐介著『昔話の人間学』〈二〇一五年・ナカニシヤ出版〉

「鳥食い婆（婆の鳥料理）」の伝承一覧

	伝承地	食べる鳥	代わりのもの	結末・その他の特記事項	資料
1	岩手県一関市弥栄	鳥	尻の片方	言い訳する	『日本昔話通観』第3巻
2	一関市（旧西磐井郡真滝村）	鳥	尻の片方	言い訳する	同右
3	北上市（旧和賀郡更木村）	山鳥	耳たぶ	鳥が告げ口、爺が酷い目に遭う。	『すねこ・たんぱこ』
4	遠野市（旧上閉伊郡土淵村）	鳥	ペチャコ	鳥を田楽にする。ペチャコが泣く。	『聴耳草紙』
5	遠野市綾織町	鳥	尻の肉	鳥は味噌を付けて焼く。	『日本昔話通観』第3巻
6	同右	鳥	大事なとこ半分	鳥は味噌を付けて焼く。	『みちのく艶笑譚』
7	同右	鳥	大事なとこ半分	鳥は味噌を付けて焼く。	『正部家ミヤ昔話集』
8	遠野市遠野町	鳥	大事なとこ半分	鳥は味噌を付けて焼く。	『鈴木サツ全昔話集』
9	西磐井郡花泉町（旧油島村）	鳥	尻の片方	言い訳する	『日本昔話通観』第3巻
10	西磐井郡花泉町（旧日形村）	鳥	尻の片方	言い訳する。	同右
11	東磐井郡室根村（旧矢越村）	鳥	馬の尻の肉	鳥焼きにする。	同右
12	宮城県登米郡迫町	カラス	モモの肉	隣の婆と二人で食べる。	『日本昔話通観』第4巻
13	登米郡南方町	鳥	自分の品物	隣の婆と二人で食べる。言い訳する。	『みちのく艶笑譚』
14	栗原郡一迫町	鳥	大事な所の片側	言い訳。爺に聞かれ鼠にかじられたという。	『陸前昔話集』
15	栗原郡若柳町	鳥	女陰	隣の婆と二人で食べる。	『日本昔話通観』第4巻
16	秋田県仙北郡角館町	雉子	大腿	鴉が告げる。	『旅と伝説』14巻6号
17	同右	雁	臀部	「犬むかし（雁取り爺型）」の一部	『旅と伝説』14巻5号
18	鹿角市（旧鹿角郡宮川村）	雁	糞と小便	「雁取り爺」との複合	『旅と伝説』7巻12号
19	北秋田郡森吉町	雁		「雁取り爺」との複合、汁を飲むだけ。	『日本昔話通観』第5巻
20	山形県西置賜郡小国町	山鳥	ぺった	猫のふぐりも煮る。鳥が告げ爺が叱る。	『日本昔話通観』第6巻

21	同右	山鳥	ペッタ半分	猫のチンコも。鳥が唄で告げ婆が謝ると爺は許す。	『飯豊山麓の昔話』
22	西置賜郡飯豊町	山鳥	お尻半分	鳥が唄で告げる。	同右
23	同右	山鳥	チンコ半分	猫のチンコも。鳥が唄で告げる。	同右
24	同右	山鳥	ぺっタコ	鳥が唄で告げる。	『日本昔話通観』第6巻
25	東田川郡朝日村	雉	膝かぶら	言い訳する。	同右
26	米沢市大白布	雉		冒頭は豆子話。全部食べ爺に叱られる。	同右
27	米沢市窪田町	雉	カイコ	冒頭は豆子話。鳥が告げ、爺が叱る。	同右
28	米沢市広幡町	雉	陰部	前半は豆子話。	同右
29	新庄市	雉	自分の大事な所	婆は言い訳。爺は真相を知り婆の方が大事と言う。	『昔話の人間学』
30	福島県耶麻郡西会津町	山鳥	もも	鳥が告げる。	『日本昔話通観』第7巻
31	同右	山鳥	尻の肉	雀が告げる。	同右
32	新潟県新発田市（旧北蒲原郡）	鳥	まんじょ	イタチが告げ、爺が怒る。	『北蒲原昔話集』
33	同右	鳶	べっちょう	鳶が告げ、爺は婆を追い出す。	同右
34	新発田市小戸	雉	べっちょ	婆は切なくて寝ているが、言い訳する。	『しばたの昔話』
35	石川県石川郡尾口村	雉子	だんべ（陰部）	言い訳する。	『加賀の昔話』
36	福井県鯖江市神明町	雉子	ももた	爺は少し吸ってやめる。	『日本昔話通観』第11巻
37	遠敷郡名田庄村	狸	ぼぼ（陰部）	婆が切った所に紙を貼り、爺が気付く。	『若狭の昔話』
38	岐阜県大野郡丹生川村	鳩	シバ	シバに紙を貼る。夜爺に聞かれ言い訳。	『日本昔話通観』第13巻
39	加茂郡白川町	ひとと		婆が食べ、ヘソから鳥の尾が出て鳴る。	『美濃の昔話』
40	高山市桐生町（旧灘村）	雀	尻べた	尻に紙を貼る。夜、爺に聞かれ言い訳。	『日本昔話通観』第13巻

41	高山市	雀		婆が全部食べるだけ。	同右
42	吉城郡上宝村	雀	尻	尻に紙を貼る。夜、爺に聞かれ言い訳。	『しゃみしゃっきり』
43	吉城郡河合村	鳶	尻	尻に紙を貼る。夜爺に聞かれ言い訳して泣く。	同右
44	郡上郡和良村	雀		婆が全部食べるだけ。	『日本昔話通観』第13巻
45	愛知県北設楽郡設楽町	鳩	尻の肉		同右
46	岡崎市大柳町	山鳩	尻の肉	婆が白状する。	『西三河の昔話』
47	西尾市平原町	鳩	自分の下	婆が白状する。（同市に類話4話）	同右
48	幡豆郡吉良町	鳩	自分の下	婆が爺に殴られ泣く。	同右
49	滋賀県伊香郡余呉町	鳥	自分の道具	婆は痛くて呻いて寝ている。	『近江の昔話』
50	高島郡朽木村	鳩	尻べた	最後の爺の言葉はない。	『朽木村昔話記録』
51	奈良県吉野郡下北山村	雀	おそそ		『紀伊半島の昔話』
52	同右	雀	女のシンボル	訳を話すと爺が叱る。	『奈良県吉野郡昔話集』
53	同右	雀	自分のおまんこ	訳を話すと爺が叱る。	『下北山村の昔話』
54	同右	雀	自分の道具	婆が訳を話す。	同右
55	同右	雀		爺は婆が汁を全部吸ったことを怒る。	同右
56	同右	雀	あがのつび	婆が訳を話す。	同右
57	同右	雀	婆のちんちん	（断片的）	同右
58	鹿児島県大島郡宇検村	鳩	へそ	言い訳する。	『久永ナオマツ嫗の昔話』
59	大島郡瀬戸内町	鳩	陰部の片方		『瀬戸内町の昔話』
60	大島郡龍郷村	しぎゃくわ	陰部	言い訳する。	『奄美諸島の昔話』
61	大島郡知名町（旧知名村）	唐鳩	鼠	爺が怒り、汁を婆の顔にかける。	『日本昔話通観』第25巻
62	大島郡和泊町（旧和泊村）	唐鳩		骨だけ残す。	同右

63	同右	唐鳩	糞と小便	爺が怒り火吹き竹で吹くと婆は蛙になる。	同右
64	大島郡徳之島町	山鳥	陰部		『奄美諸島　徳之島の昔話』
65	同右	鷺鳥	豚の油粕	途中片腿を流して探す（舌切雀のモチーフあり）	同右
66	大島郡伊仙町	鳥	陰所	言い訳する。	『日本昔話通観』第25巻
67	同右	鳩	陰部	爺が鳩ではないと言う。	『奄美諸島　徳之島の昔話』
68	同右	鳩	お尻		同右
69	大島郡天城町	鳥	ほと	生鯉だと言い訳。	同右
70	同右	鳥	陰部		同右
71	大島郡笠利町	鳩	自分のあれ（ヒ）	鳥が鳴いて告げる。（少し崩れた話）	『奄美・笠利町昔話集』
72	沖縄県国頭郡国頭村	鳩	陰部	切るのは片方だけ。	『日本昔話通観』第26巻
73	同右	鳩	自分の肉		同右
74	国頭郡大宜味村	鳩	ほと		同右
75	同右	鳩	陰部	爺はこんなものかと言うが腹一杯食べる。	『昔話—研究と資料—』9号

【注・伝承地の地名は、採録当時または資料集発行当時のものである。】

昔話伝承における会話表現の働き §§§「ヒチコとハチコの伊勢参り」

はじめに

様々な昔話集を繙き、時にはその語りに耳を傾けていると、一般に「良い語り手」とされる方の語る昔話では、「会話部分（せりふ）」が多いことに気づかされる。さらに、登場人物の独り言や心の中で思っていることを直接話法的に表したものも含めると、「会話表現の部分」[1]の頻度は非常に高くなる。会話が少ない語りは粗筋を話すような印象のものとなり、多くは「良い語り」とは思えないものである。それに対して伝説や世間話は、同じ口承文芸であり昔話と共に「民話」として総称されることもよくあるが、会話部分は比較的少ない。

また、周知のように、昔話の語りにおいては登場人物の人柄や感情・心理等の内面が「地」の部分で説明されることは少なく、[2]会話や行為を通して暗に示されることが多いと言える。それらを考えあわせると、会話表現は伝説や世間話に比して昔話において特徴的で、かつ昔話の表現全体の中で重要な役割を担っているのではないか、と推測されるのである。

そこで本稿では、昔話の中の会話表現（せりふ）に関して、それが個々の語りの中で果たす役割と、語り手から聞き手へと伝承される際に果たす役割という、二つの観点からの考察を試みたいと考える。

会話表現と登場人物の内面

まず、本格昔話において会話表現が登場人物の内面を如実に表しているものとして、鳥取県旧東伯町の山下寿子さんの「馬子と山ん婆」(3)を例に挙げてみたい。山下さんの語りは非常に会話部分が多く、しかも臨場感あふれる会話のやりとりは聞く者をたちまち語りの世界に引き込んでしまう。その話は次のように語り出される。

> 馬子が、作州の人形仙に、チリンチリンといって鈴を鳴らして、上がりよりましたら、山ん婆が出てきて、「馬子殿、馬子殿、その鯖あ一さし嘗めさせっされの」「こりゃ、我や鯖だないわ。津山の殿さんに持って行かにゃあならん鯖だ」「そがんこと言わずに、一さし嘗めさせっされの」「そらっ」って一さし抜いて投げてやったら、すぐにケソッケソッと嘗めてしまって、「馬子殿、馬子殿、もう一さし嘗めさせっされのう」「そがいにわれへやってしまやあ、殿さんに持って行く鯖、無うなってしまうわい、やられぬわい」「そぎゃんなこと言わんはっと、こなさんも馬もみんな噛んでしまって進ぜるぞ」。

右の―線部は馬子の言葉で〜線部は山ん婆の言葉であるが、馬子がいくら拒否しても山ん婆がしつこく要求を続け、徐々にその恐ろしさがエスカレートしていく様は、この会話によってみごとに表現されている。またこの後の話の中盤、その恐ろしい山ん婆が、馬子から鯖や馬を強奪した後自分の住処に戻り、馬子が隠れているとも知らずリラックスして隙だらけの姿をさらす様子は、次のように山ん婆の独り言（―線部）として語られている。

> 「ああ、腹太や喉乾きや。馬あ一匹噛み、鯖あ一駄なあ、ついでのことにあの馬子めも噛んでしまったらあ良かったに。ああ腹太や喉乾きや。茶なと沸きゃあて飲まあかい」。囲炉裏に火い焚きつけて、お茶、コ

トコトコト沸かいて、「ああ、茶がよう沸いた。茶口に餅なと焼いて食わあかい」。餅取りい行って、餅あぶって、プウーッと餅がふくれて、「ああ、餅が焼けた。醤油う取ってきて、醤油つけて食わあかい」。醤油取り立った間に、馬子が屋根裏の竹抜いて、ちょういとその、餅を取ってしまった。

その後結局馬子に殺されてしまうまで、最初の恐ろしさとは打って変わって全く警戒心をなくした山ん婆の様子は、（引用は省略させていただくが）引き続き独り言を通して語られるのである。

さて、次の鈴木サツさんの「お月お星」[4]においても、同様のことを確認できる。鈴木サツさんは遠野の語り手としてよく知られた方であるが、その語り口は山下さんに比べると淡々としていて奥に秘めたものを感じさせられる。次は「お月お星」の冒頭の部分である。

むかす、あったずもな。

あるとこに、お月にお星って、とっても仲のいい姉妹同士あったったずもな。お月の方ァ先の母の子で、お星の方ァわれの子で、どれえも美すかったずもな。

いっつもその母、朝間早あく起きで、囲炉裏さ火焚えて、そしてあたってれからに、「お月、お星、起きろいえー」って、そういえば、「はあい」って、二人、つぉろっ、つぉろっと起きてきたずもな。その後家母、それ見て、「お月も美すす、お星も美すが、お月せ（さえ）なかったら、このお星、なんぼめぐくす（かわいがる）にいかんべ」と思ったずもな。

当初お月もお星もほぼ同じように可愛がっていながら、ある時実子のお星可愛さのあまり、継子のお月を亡きものにしようと考える継母の心の変化が、―線部のように直接話法的な言葉で語られる。そして、その母の企みを知った後のお星の考えは、次のような会話（～線部）によって表されている。

そしてば、お星ァ、「姉っこ、姉っこ。今夜、お母のけるまんじゅう、食うなよ」って言ったずもな。「おれ、けっから、おれのまんじゅう食えよ」って。そして、その母のこさえた毒まんじゅう、食せねずもな。
そんでも、次の朝間の、朝んなれば、後家母のことにせばハ、「お月ァ」死んですまったもんだと思って、いつものよに囲炉裏さ火焚えて、そして、知ぁねえふりして、「お月、お星、起きろいえー」ってば、「はあい」って、また二人、つぉろっ、つぉろっと起きてきたずもな。その後家母、「ややあ、この童子ァなんぼすたって、毒まんじゅう食せてもわがんねが（だめだな）」と思ったずもな。

右の━線部はやはり継母の心の声で、その後継母の企ては手段を変えて繰り返されることとなる。一方、お星がお月を助ける方法を話す言葉も繰り返されるが、お月をかばうお星の純粋な優しさと賢明さが地の部分において説明的な言葉で述べられることはなく、主に会話表現とお星の行動を通して描かれているのである。

また、動物昔話においてもテンポの良い会話表現が見られることが多い。その一つとして、石川県旧山中町の元谷藤子さんの「雀の仇討ち[5]」の冒頭部分を例に挙げよう。

ある所に、雀と、雀がね、田んぼつくったんやといね。ほして、まあ一所懸命に、雀あ田んぼつくって、ほしてえ、いいのになったんやといね。ほして、いまだ刈んに行けるかなあと思て刈んに行ったら、ほた猿があ、あのう、雀が刈ろと思たら、「ああ、ええのになったなあ」ちゅうて、ほのう、「ひとつくれ」ちゅうたんやて。「親にも子にも見せん先に」って、雀が言うたんやて。ほいったら猿あ怒ってもて、「つらたつう」ったんやといね。ほうしたら、「はあ、恐ろしや、恐ろしや」ちゅて、まあ一穂やったんやて。ほいったら、雀あ、まあ、また一所懸命でこうして刈っとったらしいんや。ほしたら、今度猿はまた、「もう一穂くれ」ちゅたといね。「まあ、親にも子にも見せん先にい」ったこ。また、「つらたつう」ったとい。「はああ、恐(おと)ろっしゃ」ちゅて、また一つやる。

―線を付した所は猿の言葉で〜〜〜線部は雀の言葉だが、真面目で気の弱い雀と横暴な猿の対照的なキャラクターが、その会話によって如実に表されていると言える。「つらたつう」とはこの地方の方言で「腹の立つ」という意味だが、この言葉を聞くやいなや雀は「はあ、恐ろしや」と言って猿の言いなりになってしまう。「つらたつう」が会話の中で相手を言い負かす決定的な言葉であるとわかるやりとりであり、会話表現でなくては表現しきれない雰囲気が感じ取れる場面なのである。

次いで、同じ石川県旧山中町の中島すぎさんの「牡丹餅は化物(6)」の語りを例に、笑話における会話表現を見てみよう。中島さんの語り方は他の話では概して穏やかでゆったりとした感じなのだが、この愚か聟型の話は話すうちに自分でも笑いがこみ上げてきたのか、後半は半分笑いながら軽やかに語られている。次は、その前半部分である。

むかし、だらな聟さんがあったんやて。ほたら、親の家(うち)へ遊(あす)びに行ったんやって。ほったら、親の家(うち)にや、「長いこって来たんにゃに、牡丹餅でもして食べさしょか」て言(ゆ)うたんや。(中略)ほしたらその子どん共が、せん先から取って食べよっていうさかい、「あっぽが食い付く」って親たちゃ言うたんやって。そしたら、「あっぽあ食い付くさかい、僕はもう食わん」て、そう言うたんじゃって。(中略)

「お前食わんしい、このあっぽをほんなら家(うち)持ってって嫁さんにやってくれ」ちゅうて、その婆、包んでくれたんやって。たら、「あっぽが食い付くさかえ、この杖の先に括(くく)ってくれにゃ担(かた)ねて行けん」て言う。

(中略)

道にけっこうな江川みたいな川があったんやて。そこを、「やあとこせっ」とまたいだんやて。そしたらその杖に括ってあったのがやわんこなったんか、どんなんや知らんけど、するするっとずってきたんやって。「ああ、さあさ、あっぽが食い付く」ってそこにほっかっといて家(うち)帰ったんやって。

―線部が聟の言葉で、「あっぽ」を牡丹餅のことと知らず、子どもをおどすために大人（親）が言った言葉を勘違いし、「あっぽ」に食い付かれては困ると怖がる聟（息子）が描かれている。そして、その愚かぶりが聞く者の笑いを誘うのは、絶妙な会話ゆえであろう。この話は引用部分の後も地の部分での説明は実に簡潔で、だらな聟の思い違いとその微笑ましい人柄が会話表現によって余す所なく語られる。

会話表現と具体的イメージ

さて、以上四例を見てきたにすぎないが、伝統的な伝承の語りの場合、聞き手が「良い語り」だと感じる話であれば、これら四例のようなことは決して珍しくはないだろう。一方、会話が少ない場合は詳しい粗筋を話すような感じになり、多くは「良い語り」とは思えない。つまり、会話表現（直接話法の独り言や心の声も含む）によって、聞き手は登場人物の人柄・心理・感情などの内面を理解し、説明的な言葉は無くとも具体的なイメージを抱くことができるということになる。

さらに、内面ばかりでなく時には登場人物の行動も会話表現で示される。例えば、「馬子と山ん婆」における馬子に向けた山ん婆の言葉と後半の山ん婆の独り言、「お月お星」における継母の心の声は、自らの次の行動を言葉にしているものである。また、お星がお月に話す言葉によって、聞き手は二人の行動を知ることができる。牡丹餅を怖がる「愚か聟」の行動も、その子どもっぽい言葉遣いを通して目に見えるように想像される。

　そしてもちろん登場人物間の関係は、両者の間で交わされる会話によって明らかになってくる。日常生活の中でも、会話の内容が会話をかわす者たちの関係の在り様を示すことは、誰もが経験していることだが、先に例に挙げた話の中の登場人物―馬子と山ん婆、お月とお星、雀と猿等の関係も、会話によってリアルに理解できるということは明白であろう。

　つまり、昔話のストーリー展開にとって重要な様々な事柄を、聞き手に対して具体的にわかりやすく示すのが会話表現の役割だと考えられるが、実はそれは昔話が語られてきた環境を考慮すれば必然的なものであるのかも知れない。

　なぜなら、昔話の主な聞き手である子供達は、まだ文字を自由に読み書きできないことが多く、たとえある程度文字を読み書きできても、書かれた文章に十分慣れているとは言えない小学校低学年くらいまでの年齢であるからだ。そういう聞き手にとっては「言葉」とはイコール「日常の話し言葉」、つまり「会話の言葉」であり、さらに言えば「方言」・「母語」であり、「声としての言葉」でもあろう。そんな聞き手たちは、本来文章語であある抽象的、概念的な言葉を使った説明によって具体的なイメージを想像することは困難であると考えられる。彼らは、ふだん自分たちが話したり聞いたりする方言（生活言語）の会話表現によって、話の登場人物の内面や人柄、また行動や人間関係等、その人物に関わる話の内容のあれこれを具体的にイメージし[7]、話に入り込み話を楽しむことができるのだ。

　しかもかつては、大人の多くも、読み書きができないか十分慣れてはいなかったと思われ、聞き手たちだけでなく語り手自身も、抽象的・概念的な言葉を使いこなせるということは少なかったと考えられる。（ずっと以前、大人も聞き手であった時代に、同じ事情が存在したことは想像に難くない。）だから語り手は、声の言葉である方言と文字になったら消えてしまう声の表情によって会話表現を豊かに彩り、時には顔の表情や手の動きも加えて、語り手と聞き手の双方にとっての具体的イメージを語ったのであろう。

今回例にあげた四人の語り手の話については全て音声資料によって元の語りそのものを確認した。[8] 映像はないため顔の表情などは確かめられなかったものの、いずれも声の表現力が豊かで、特に会話部分では登場人物に次々と変身してゆかれる様が聞いていてよくわかる。そして、会話部分（せりふ）は語り手にとって語りの表現力（声の表現力）を存分に発揮できる場面であるという印象を、一層強くしたのである。

「ヒチコとハチコの伊勢参り」の会話表現

さて、このように、昔話が語られる際に、語り手は会話部分で語りの表現力を発揮し、聞き手は会話部分を通して具体的なイメージを膨らましていくのだとすれば、昔話が語り手から聞き手へと受け継がれ、聞き手がやがて語り手へと成長する過程、つまり伝承そのものにとって、会話表現部分が何らかの働きをしているのではないかと想像できる。

そこで、伝承に関わっての会話部分の働きについて考えるヒントを与えてくれる一つの例として、祖母・イエから母・智恵子へと伝承された「ヒチコとハチコの伊勢参り」を取り上げてみたい。すでに述べてきたように、私も幼い頃祖母にこの話を聞いたことがあるが、数々の話の中で大好きなものの一つであった。

後に示したのは、昭和四十年に『近畿民俗』第三十六号に松本俊吉によって紹介されたイエの話と、筆者が採録した智恵子の話の二回分の語り（五十六歳時のものと七十九歳時のもの）を三段に分けて対照したもの[9]である。ただ、イエの話は当初テープに録音されたのだが、『近畿民俗』に発表された際に再話され、会話以外の部分が共通語になっている。また、智恵子の話は、中盤にイエの話と少し順序の違うところがある。しかし基本的に二人の話のストーリーはほぼ同じと言える。そして、智恵子の話の方が表現が詳しく全体として長い。特に七十九歳時の語りは長く、対照する際に複雑になるため、やむを得ず後半の一部分を省略した。

「ヒチコとハチコの伊勢参り」対照資料

語り手・松本イエ（昭和三九年松本俊吉採録、再話・当時六四歳）	語り手・松本智恵子（昭和五二年黄地百合子採録・当時五六歳）	語り手・松本智恵子（平成十二年黄地百合子採録・当時七九歳）
昔あるところに空をとぶことができるヒチコとハチコという二人づれがいました。	むかしむかしな、ヒチコとハチコとな二人がおってな、空を飛ぶことができたんやて。でー、ある日ーな	むかーし、むかーしなぁ、あるところーに、ヒチコとハチコという青年が住んじゃあったんやと。ほんで、二人ともな、あっち行て遊んだり、こっち行て遊んだり、
①「一ぺん伊勢まいりしようやないか」	「伊勢参りしょうか、①一ぺん伊勢参りしょうやんか」	「まあ毎日毎日こんなん、ぶらぶらしてんので、①いっぺん伊勢参りしーたいなあ」ヒチコが言うたら、ハチコも「うん、そうや、いっぺん伊勢参り行こかあ」言うて。
と相談して	そう言うてな、相談まとまってんけども、二人とも汚い着物着て、これではみっともないよってん、どうしょうかぁ言うて、⑬「一、二の三」で飛っぴょってんて。ほんで一番初めやっぱり着物買わんなんよって、	二人とも、空飛ぶことができたんやて。ほんでに、
*②「ゴフク屋ノカドヘト、ヘチャラカチャンノオドルイノルイ」	②「呉服屋の門（かど）ーへと、ほちゃらかちゃ	

といって呉服屋の前へおりたちました。

「③一番上等の着物と羽織とじゅばんにばっち、④はぶたえのへこおびからたびまで、二通りそろえてだしとくなはれ」

と注文しました。呉服屋の亭主は、よいお客さんがついたものやと思って、

「ヘイヘイよろしゃはす」

といってさっそくそろえてだしました。

二人はさっそくそれを着て、

「どうだすよろしゃはっかヨウニツキマッカ・・」

といってから
「アーエライコッチャ、⑤ションベンしとなりましたがな、⑥はばかりおしえておくんなはれ」

といってシコをふむので二人を便所へ案内しました。


んのおどるいのるい」

呉服屋の門へぽっと降っりょってんて。

「こんにちはー」

「はいはい」

「③一番上等の着物と羽織と、④へこ帯と、足袋までそろえて、二人分出しとくなはれなぁ」

そう言うて入っりょってんて。そんでに、ええお客さん付いたと思て、呉服屋の亭主は奥から着物と羽織と、へこ帯もそろえて、足袋もそろえて、出してきゃってんて。

「ちょっと着てみまっさあ」

言うて、二人が着物と羽織と着て、へこ帯締めてほいて、あの、足袋もはいてから、

「ああ、あああ、⑤小便（しょんべん）しとなった、小便しとなった」

言おってんて。ほんでに
「⑥はばかり、どこだっと」

言おったよってん、

「あ、ちょっとそこ出て、裏へ回った、

「せやけど、こんな風してみっとみないし、お伊勢参りすんねやったら、もうちょっとましな風せんなあかん」。ほんだら、

「そうやなー一番初めどうしょー」言うてえ、

「②呉服屋の門（かど）へと、ほちゃらかちゃんのおどるいのるい」て、二人が言うて、ぽーっと飛び上がったら、ひとりでにフーワフーワフーワと、飛べたんやて。ほて、呉服屋の門へ、店先い、ちょんと降りよったらしいわ。そうして、

「こんにちはー」言うて入ってぇ、

「ああ、なんかご用事でっかー」言うて番頭はん出てきゃあって、

「ふーん、ええ着物ー欲しねんけどなー、帯、あの三尺帯も欲しなあ、ほんでまあ、③一緒に羽織とぉ着物とぉ三尺帯とぉ、ほいて兵児帯か、④兵児帯まで揃えて出してんかー」こう言うて、ほんだら番頭はん、みっとみなぁい体、あの着物着て、こんな人なあて思ててんけど、あ

なんぼたっても二人がもどってこないので、呉服屋の主人が見に行くともう便所にはだれもいません。「エライコッチャ」といってそこらたしをさがすと二人は空をとんでいきました。

「⑦アノーオ客サンー、今の呉服代⑧とこぎり高いのに、はよはろとくなはれんか」と大声でさけぶと

*⑨「アトハシリクライカンノンヤ、ポー」

といいながら飛んで行ってしまいました。主人はどもしゃない、ヌスットにでもおうたと思ってあきらめました。

そこだんね」

言うて番頭はんが案内しゃあてんて。ほいたら二人がそっちの方へたあーと小便しに行っきょうな格好して行て、ほんで番頭はんがもうあっちへ去んでしまやったの見計ろうて、

「もうこの辺でええなあ」

言うて、「⑬一、二の三」て飛っぽってんて。ほぃて、しばらくしても帰ってきょらんよってに、呉服屋の大将が「ちょっと見て来い」言うて番頭はんに見んにやらしゃってんて。ほぃたらもう便所にみたいな二人ともおらへんで、ほぃて、ちょっと上向きゃったら空の上、着物と羽織と新しの着て、飛んどんねて。

「⑦おーい、お客さん、その着物と羽織と、一番上等のだっせ、⑧高い高いのだっせえ。早払とくなはれやー」て言うて、番頭はんが一生懸命に言やってんて。ところが、二人は

「⑨あとは尻くらい観音やあー」

って飛んでいってんて。

のーそういう風に二人が揃うて

「二つずつ、二人やさかいに、二枚ずつまありしてやー」て言うて、奥い入って、着物出してきゃる間あるよってん、ほんでー、その辺まあ色々見てやったらしいわ。ほいでー今度めー、着物と羽織と兵児帯とー持って来て、ちゃんとしゃったら、

「そうだんなあ、ええのやなあ、やっぱりーさらのはええわ。いっぺん着てみよか」

「うん、いっぺん着てみなはれ」言うて、着せやってんと。ほんだら、ちゃんと足袋もはかしてしゃった時に、

「あああ、ちょっとう⑤小便しとなりましたー」言うて、

「どこに、厠ありまっとー」言うて、

「お手水行かしとくなはれ」て、二人が言うもんやから、あの、そこ、昔やったら、やっぱりー、外に皆、あの便所がこしらえたったで、

「ちょっとそこ出て横向いたら向こう

*⑩しばらくいって、こんどは
「ゲタ屋ノカドヘト、ヘチャラカチャンノオドルイノルイ」
といって下駄屋の門口へおりたちました。そして
⑪「一番上等のキリゲタ二足だしてんか」
といって下駄をはいて見て、また
⑫「アーションベンしとなった、はばかりおせてんか」といいますので下駄屋の主人が案内しますと
⑬「一、二の三」
で飛びたちました。

「うまいこといたなあ。今度は、下駄買わんなあかん、こんな草鞋ではあかんよってに」言うて、
⑩「下駄屋のー門(かど)へと、ほちゃらかちゃんのおどるいのるい」
て、下駄屋の門へ降っりょってんて。

「こんにちはー、桐の、⑪桐下駄の一番上等の二足出しとくなはれなあー」

ほんで、下駄屋の大将が、ええ着物着たお客さんやさかいに、とびきり上等の桐下駄二足出してきゃってんて。ほんでえ、そこでヒチコとハチコがまたその桐下駄履いて、「履いてみまっさ」言うて、履いてみてから、また、
⑫「あー、小便しとなりましたわ。はばかりどこだっと」
て言うて、ほいて
「そこ出て右い曲がって、裏のその辺へ行とくなはったらわかります」

ちゅうて大将言うてあんのを、「はいはい」言うて裏行っきょな格好して、おしっこ行くような格好して、裏行て、しばにありまっしゃろ」言うて、

「ああすんまへんなー、あこへちょっと行て来まっさー」て言うて、ほてーその外の厠へ小便しに行くような格好して、

「もう、この辺でええやろかのー」二人がそう言うて、

「今度はどこにしょう」言うて、

「うーん、こんなん、足袋まではいたけど下駄があらへん。じょうり、草鞋ではなぁ。⑩下駄屋の門(かど)へとほちゃらかちゃんのおどるいのるい」言うて、ぴぁーとまた、手ぇ上げよったら、二人とも着物着たままで、ふわぁーふわぁーと上へ上(のぼ)って行っこってんと。

ほんでに、番頭はんが「ちょっとおしっこて言うて小便て言うて行て、えらい遅いなあ」と思て、ほてー便所の方へ行て、見てみやったら、もう上の方、ふぁーと飛んどんねと。ほんでぇ
⑦「あの、お客さん、ああ着物も羽織もなぁ、あの兵児帯も、なぁ、足袋まで揃えて、⑧いつ払てくだはるかなー、どっさ

気がついて主人が、

「⑭タカイ下駄ヤノニ、ハヨ、ハロトクナーレ」

と、どやぎましたが
「⑨アトはシリクライカンノンシヤ、ポー」

といって飛んでいってしまいました。

こんどは＊⑮「ボーシヤのカドへとヘチャラカチャンのオドルイノルイ」

といっておりました。

「一番上等のボウシを出してんか」

といってシャッポンをかぶってから、また
「⑯ションベンシトナリマシテン、ハバカリオセトクナハレ」

といって便所へ案内してもらいました。


らぁくしたら、また「⑬一、二の三」て、飛っぽってんて。ほれ、大将が、下駄屋の大将がなかなか帰ってきょらんよって、またこれも案じて、はばかり見に行かはったら、もうそんな便所みたいな誰もおらへんで、上見やあったら、ぴゃーあと飛んどんねて。

「おーい、お客さん、⑭はよー、その桐下駄高いの、払とくなはれやー、そんなあ履いて逃げてもうたら困りまっせー」

て言うて、言やったら
「⑨あとは尻くらい観音や、ぽー」

てまた、飛んで行っきょんねて。

「今度は帽子、買わなあかんな。中折れ帽子のええの一つ頼もかあ」言うて、

「⑮帽子屋のー門（かど）へと、ほちゃらかちゃんのおどるいのるい」

て降っりょってんて。ほて
「ええしゃっぽん出しとくなはれな、中折れ帽子の、ええしゃっぽん出しとくなはれな、二人分だっせえ」

て言うて、帽子出してもうて、ちょんと

りお金かかったんのにー」ていうて言やってんてー。ほたら、

「⑨あとは尻くらい観音やー」ちゅうて、ふぁーふぁーと飛んで行っきょったんやて。ほんで、

「⑩下駄屋の門（かど）へとほちゃらかちゃんのおどるいのるい」て、またー下駄屋の門へぽっと降っりょったんやと。ほた、

「こんにちはー」ちゅうて入って、

「ああ、お客さんや、お客さんや」言うて、下駄屋の大将が主人が出て来て、

「何かご用事でっか」、

「うーん、ええ着物買うてんけどな、あのー⑪桐の下駄二つ出してんか。それ履かんと似合わんしなー」言うて。ほんでー見れば、着物も羽織も立派な着てあるよってん、まあ、立派な桐の下駄、奥い入ってみつくろうてきてやる間に、また
「⑫ああちょっと小便しとなりましたよってんなー」言うて、ほて、裏の小便、便所へ行て、

「⑬一、二の三」ちゅてまた飛び上がっ

亭主があっちへ行ってから
「⑬一、二の三」で飛びたちました。ぼうし屋の主人がやいやいいっていると
「⑨アトハシリクライカンノンヤ」
といってしまいました。

なにもかもしょうぞくがそろうたので、おいせさんにまいりました。(鏡どころ)と書いてあるのを、「カカミドコロ」と読んで
「コラオモシロイ。⑰ハイロヤナイカ」
といって入って一寸行くと(琴シャミセン)と書いてありました。二人は「コトシャ見セン」と読んで
「⑱今年しゃ見せよらひんねとー」
といってもどってくると「⑲イタチーイタチー」とよんでいるので見にいくと板に赤い色粉を流してあっただけでした。

その帽子着て、

「⑯あー、小便しとなりましたわ。ちょっとはばかり教(おせ)とくなはらんか」

言うて、ほてまた、おしっこに行っきょな格好して、ほてまた裏からぽーっと飛んで行っこってんて。

あーこれで頭の先から足の先まで新(さら)になったよってぇ、もうお伊勢はん行こやないかぁいうことで、ヒチコとハイコが、やっとのことでお伊勢はん着っこってんて。ほぃたら、お伊勢はんの道すがら、いろいろの店屋が出てやんねて。

「⑲いたちぃー、いたちぃー」て言うちゃあてんて。

「へぇーイタチ売ってあんのか、イタチの皮いうたらええらしい。イタチィ買おかあ」

言うて二人見に行っこったら、板に赤ぁい血ぃみたいな赤ぁい粉ぉ流して、ほて
「⑲いたちー、いたちぃ」

ちゅうて見せちゃんねて。「ああ、あんなんやな」言うて、もうちょっと行っこりょってんと。ほてふぁー、ふぁーと、なにしとんの下駄屋の大将が見て、

「⑭桐の下駄二つー、ええの履いてもうてぇ、早うお金はろとくなはれやー」言うて、ほっと上見やったら桐の下駄履いて飛んどるさかいに、

「⑭早よ、はろとくなはれや、お金高いのにー」て言やったら、

「⑨後は尻くらい観音や」言うて。


—中略—【次に帽子屋へ行くところから、伊勢参りをして、あちこちの店屋に寄り天狗の団扇の店に行くところまで、五十六歳時の話と同じ展開だが、表現が詳しく長い。】

「その団扇どないしまんのー」言うたら、ほんだら、

大きなてんぐのうちわを買って帰りました。途中でよその娘さんがレンジの窓から二人を見つけて

⑳「ヤアあんなとこ、人が飛んでやるー」

と大きな声でどやいだので

「あんなとこに娘さんがのぞいとる。

㉑コノウチワひとつためしたろ」

といって

＊㉒「あの娘はんの鼻、高うなれ、鼻たこ

ったら、「かかみどころ」て書いたってんて。

「へぇー、どんなかか見せよんねやろ、⑰ちょっと入って見よやないか」

言うて、幕あけてちょっと向（むこ）い行っこったら、「ことしゃみせん」て書いたってんて、

「あっ⑱『ことしゃみせん』と書いたるわ。もう今年は見せよらんらしい、こらあかん」

言うて出てきて、ほてもうちょっと行たら、天狗のうちわ売っとってんて。ほんで

「あれ一つ土産に買うて帰ろか」

言うて、その天狗のうちわ、二人が一本大きな買うて、ほぃて、たぁーとまた空飛んで帰ってきょってんて。ほぃたら下から見てやった、田舎の娘はんが、連子から空見て、

⑳「あやーあんなとこへ人飛んで行きゃるわぁー、あんな面白いのみぃー、空人飛んでやるわあ」

「この団扇なー買うてもろたらな、なぁーんでも言うこと聞いてくれはる。これであぶったらなぁーんでも言うこと聞いてくれはる。この団扇一本持ってたらよろしでー。」

「せやけど、二人やさかい二本要（い）んねけどなー」言うて、ほて二本包んでもらおったらしいわ。ほて、【中略】

⑨「あとは尻くらい観音やー」て、だんだんだんだん、だんだんと飛んで、遠いとこへ行てしまやったんやと。

ほてーしたら

⑳「ああ、あんなとこ人飛んでやるそー。人間でも飛べんねそー」言うて、「去（い）のやないか」て言うて二人が飛んどんのを連子の窓からきれいな娘はんが、大っきな家の娘はんが、「あんなとこ飛んでやる、飛んでやる」言うて見ちゃったんやと。ほんだー、㉑「この団扇ちょっと試してみよやんか。あの娘はんのーこと、いっぺんどないしょうどー」言うたら、

㉒「あの娘はんの鼻高なれ、娘はんの鼻

なれ」

とうちわであうちました。

するとの娘さんの鼻がずんずん高こうなってレンジから外へとびだしてしまいました。どうすることもできないので、娘さんは泣くし、家の人たちも心配してやいやいいっていました。そして空へむかって
「モシモシーどうか㉓たすけてやっとくなはれ。㉔なんぼでもお礼しまっさかいたのむまっさー」
といってどやぎました。
*㉕「娘サンノカドヘトヘチャラカチャンのオドルイノルイ」
といって二人はおりたちました。そして
*㉖「娘サンノ鼻ヒクナレ、娘サンノ鼻ヒクナレ」

て言うて、えろ娘はんが見てやったらしい。そんで
「あ、あんなとこで娘はん、えろ上見とるわ。㉑ちょっとこのうちわ試してみよか」
て言うて、二人が
㉒「あの娘はんの鼻高(たこ)なれ、あの娘はんの鼻高なれ」
てうちわであうちょってんて。ほた娘はんの鼻がずんずんずん高なって、連子から外へとんで出て、天狗の鼻より高なってんて。さあえらいこっちゃ、娘はん、もう、あんあんあんあん泣きゃるし、家の人とんで来てみたら鼻が高なって、天狗の鼻よりまだ高なった、「難儀やあ」言うて、みんなやいそれ言うて、ほて娘はんの話聞いて、

「どうぞどうぞ、空飛んではるお客さん、この鼻直しとくなはれ。直しとくなはったら、㉔たんまりとお礼しまっしょってん」

ちゅうて、家の親ももう一生懸命に拝む

高なれ」て、ヒチコが団扇を上下にしょったんやと。ほんだら、ちょっとずつちょっとずつ、高なったんや。またハチコも、同(おんな)っしょに
㉒「娘はんの鼻高なれ、娘はんの鼻高なれ」てしょったら、またとっとこととっとこ天狗みたいに鼻、連子から高なってしもたんやと。ほんだら娘はんが、
「やー、知らん間ーにこんなんなったー」言うて泣いちゃあんねて。家の人もヤイヤイヤイヤイ言うて、

【中略】

「あの空飛んでる人らがどないやらしゃった、どないやらしゃった」て娘はんが言やったで、

「どうぞ㉓助けておくんなはれ、助けてもーたらな、㉔お礼たーんとさしてもらいまっしょってんな、㉓助けておくんなはれ」て言うて、あの、頼みゃったらしい、みんなよって。ほんだら、

「あー、ええこっちゃなー、やっぱこの辺で助けたらなあかんわ」言うて、

といってあうちましたら、だんだんひくくなって鼻はもとどおりになりました。娘さんも、家の人たちも大変よろこんで、ごちそうしたりお礼のお金をたくさんだしました。

ように頼まってんて。ほんで、あんまりかわいそうやさかい、また

「㉖娘はんの鼻低なれ、娘はんの鼻低なれ」

て言うて、あうっちょってんて。へたらずんずんずんずん鼻低なって、また元の鼻になってんて。ほんでに、

「㉕娘はんの門へと、ほちゃらかちゃんのおどるいのるい」

ちゅうて降りて、ほて、たんまりとお礼もろて帰ってきょってんと。

「㉕娘はんの門へと、ほちゃらかちゃんのおどるいのるい」て降っりょったんやて。

「どうぞすんませんな、こんな、あんなになってしもて、お嫁にも行かれへんし大変やから、お金はちゃんと払います」ちゅうて、

「ほんだらー、ああー、そうやなー、難しいけど、まあやってみよか」言うて、二人が一生懸命に

「㉖娘はんの鼻低なれ、娘はんの鼻低なれ」て両方からあぶちょったんやて。ほんなら、ゴットゴットとだんだん鼻低なって、娘はんの鼻が元通りになったんやて。ほんだら、そこの親は喜んで喜んで、たんとお金、礼持って来ゃったんやて。ほんで、

「ああー良かったなー、良かったなー」て言うて、「⑬一、二の三」でポンと飛んで

「⑨後は尻くらい観音や」ちゅうて帰ってきょってんと。

「ヒチコとハチコの伊勢参り」三回の語りの比較対照

このように三段で示した語りのそれぞれを対照しながらよく見ていくと、イエの話の会話表現と智恵子の話の会話表現がかなり似通っていることがわかる。

例えば、イエの傍線①「一ぺん伊勢まいりしようやないか」は智恵子の五十六歳時・傍線①「一ぺん伊勢参りしょうやんか」、同七十九歳時・傍線①「いっぺん伊勢参りしーたいなあ」に対応するが、同様に、智恵子の話の会話部分でイエの話の会話の言葉とよく似ているものに傍線を付し、三段に共通の番号を記してみた。すると、その傍線部分は二十六番までとなり、中でも＊印を付けた②⑨⑩⑮㉒㉕㉖の七カ所の会話表現は細部までほぼ同じであることがわかった。この七カ所は音楽的なリズムのあるところであり、いわば「決まり文句」と言える。智恵子はこの部分についてはいつ語っても同じ抑揚をつけて、ほとんど同じ言葉で語るが、イエも同じように語っていたのを記憶している。

さて、傍線部の会話表現に関して今ひとつ重要なのは、これらの会話はいずれもこの話のストーリーにとって大切な事柄を述べているということであろう。まず、先に記した傍線①は主人公たちの一連の行動の出発点であり、次いで傍線②「ゴフク屋ノカドヘト、ヘチャラカチャンノオドルイノルイ」や類似表現の傍線⑩⑮は、空を飛べるというヒチコとハチコの超現実的なイメージを強く印象づけるものである。

また、傍線③④「一番上等の着物と羽織とじゅばんにばっち、はぶたえのへこおびからたびまで、二通りそろえてだしとくなはれ」や傍線⑤⑥「ションベンしとなりましたがな、はばかりおしえておくんなはれ」は、彼らが呉服屋をだまして上等の着物一式を手に入れる企みを実行に移すための言葉となる。そして、後の傍線⑫⑯にあるように下駄屋や帽子屋の時もほぼ同じ会話が繰り返され、同じ行動をとるわけである。傍線⑨「アトハシリクライカンノンヤ」は、代金を請求して大声を張り上げる呉服屋（傍線⑦⑧）を尻目に悠々と空を飛ぶ二人の無責任な明るさが感じ取れるところだ。この言葉も後二回繰り返される。

終盤、二人が空を飛んでいくのを見て「ヤアあんなとこ、人が飛んでやるー」（傍線⑳）と大声を出す娘に向かって、「コノウチワひとつためしたろ」（傍線㉑）と「あの娘はんの鼻、高うなれ、鼻たこなれ」（傍線㉒）と言いながら団扇をあおぐところも、最後の理不尽な大儲けという結末につながる、欠くことのできない会話と言えよう。

こうして一つ一つ確認してみると、傍線部の会話表現は、この話の現実離れした奇想天外なストーリーと、ヒチコとハチコのトリックスター的な性格を語るのに、必要欠くべからざるものと言ってよいだろう。そして、柔らかくかつテンポの良い関西弁の会話とリズム感あふれる繰り返しのフレーズも相まって、聞き手を実に痛快で楽しい語りの世界に導いてくれるのである。

会話表現は昔話の記憶の核

さて再度、イエと智恵子の二回の語りを、傍線を付した会話表現に注目して見直してみよう。イエの話では会話を示す「　」が二十九カ所あるが、その内二十五カ所に智恵子の語りと共通することを示す傍線を付したことになる。それはつまり、智恵子の話にはイエの話に見られた会話の八十六パーセントが受け継がれていることを意味している。しかも、智恵子の話はイエの話に比べて長く、特に七十九歳時の語りはイエの二倍以上あるが、この時も智恵子はイエの話に見られた会話表現をほとんど削らず、他の会話を付け加えるか細部を膨らますことで長くしている。

それは、先に確認したように、イエの話の会話表現のほとんどがこの話のストーリーにとって重要なものであれば、当然のことかも知れない。しかし、智恵子がイエから話を聞いたのは十歳頃までのことだという。つまり智恵子の二回の語りは話を聞いてから四十数年後、および約七十年後のものであるということだ。それを考慮に入れれば、イエの話の会話部分がいかに強い印象を伴って智恵子の話に受け継がれているか、驚くほどなのである。

本書の拙論「受け継がれる「声」の記憶」においても、やはりイエの話と智恵子の話（「屁こき婆さん」）を比較対照して、語り手が子ども時代に聞いた昔話をどのように記憶して伝承しているかということについて考察した。そして、語り手は自らが聞いた語りを声として記憶しており、その話を語る度に「声としてのことば」の記憶を核として次々とストーリーを思い出し、思い出しながら自分の語りを再創造しているのではないかと推察した。

今回は会話表現に限ってイエの話を智恵子がどのように受け継いだかを見てきたのだが、やはり智恵子はイエの話の会話表現を「声のことば」として記憶しているのではないだろうか。この話では、会話部分に繰り返しや決まり文句、一定のリズムのある言葉などもふんだんに盛り込まれ、より「声」として記憶しやすいであろう。そうであれば、智恵子は、語る度に「声のことば」として記憶した会話表現を核として話全体のイメージと話の流れを蘇らせ、さらに場面場面に関する自分のイメージを膨らませて様々な表現を付け加え語っていると考えられる。だからこそ、語る時期の間隔が開いても、またイエの話に比べて随分詳しく長くなっても、イエの話の会話表現をほとんど削らずに語ることができるのである。

先に、私は、「語り手は会話部分で語りの表現力（声による表現力）を発揮し、聞き手は会話表現（日常耳にする声のことば）によって登場人物の具体的イメージを抱くことができる」と述べた。そのこととイエから智恵子に伝承された「ヒチコとハチコの伊勢参り」を考えあわせてみると、イエの語った話の会話表現は、かつて聞き手であった智恵子に具体的なイメージを伴って確実に受け継がれ、さらに豊かなイメージを表現する語りの核となって再現されていると言えよう。

まとめ―会話表現の働き

かつて昔話について学び始めた頃、私は、昔話がその内部に持っている伝承の力は、主にそれぞれの話型（ストーリー）の持つ魅力にあると考えていた。いわゆる「モチーフの整った話が良い語り」という見方と言える。しかしやがて、語り手が昔話を好んで聞き記憶し語ってきたのは、話型（ストーリー）に対する興味からだけではなく、口頭伝承ならではの、一回一回の「声による表現の魅力」が伴わなければ、その話が語り継がれることはなかったであろうと考えるようになった。なぜなら筆者は、昔話を声でのみ記憶し語ることができた祖母と、その祖母から受け継いだ話を八十年以上も覚えていて語れる母を持ち、祖母や母がなぜ昔話を記憶し語ることができたのか、不思議に思うとともに、その理由を考え続けてきたからである。[10]

もともと「声のことば」の表現作品である昔話は、祖母や母のように名も知れない無数の人々によって連綿と語り継がれてきたものである。その一人一人の一回一回の語りの中に、毎回ほぼ変わらず語られ伝えられる部分と、一方その時その時語り手によって変更され、また新たな表現が加えられるところがある。そして、「変わらない部分」が話のイメージの記憶の核となって「新しい表現」を支え、相互の影響の中で語りが引き継がれてきたのだと考えたい。それは、「声による語りの伝承と創造」の姿ではないだろうか[11]とも思う。

今回は、「ヒチコとハチコの伊勢参り」について祖母と母の語りを比較した際、あまりに会話の言葉が似ていることに気づいたのをきっかけとして、「会話表現」という観点から考察を進めてみた。そして、今まであまり注目されることのなかった会話表現が、その「変わらない部分」であり[12]、話全体の具体的イメージを支える柱としての働きと、伝承の際の記憶の核としての働きを担っていると考えた[13]のである。

昔話を記憶し語るということ、その声による表現行為の不思議な魅力に、これからも惹き付けられ続けるに違いない。

【注】

（1）本稿では「会話部分」や「会話表現」に、「独り言」や「心の声」まで含めて考察することとした。

（2）田中瑩一氏は、『口承文芸の表現研究』〈二〇〇五年・和泉書院〉の序章で「自然の状況や社会状況あるいは心理状況についての描写や説明は民話にとって必須のものではない。（中略）心理についても自分が理解可能なレベルで想像しておいてよいのである。」（八頁）と述べている。

（3）稲田浩二・福田晃編『大山北麓の昔話』〈一九七〇年・三弥井書店〉（三五一〜三五三頁）による。また、音声資料は稲田浩二監修『現地録音　日本の昔話』〈二〇〇〇年・バンダイ・ミュージックエンタテインメント〉により確認した。

（4）小澤俊夫・荒木田隆子・遠藤篤編『鈴木サツ全昔話集』〈一九九三年・鈴木サツ全昔話集刊行会〉（六八〜七三頁）による。音声資料は、小澤俊夫著『昔話の語法』〈一九九九年・福音館書店〉添付のCDで確認した。また、小澤俊夫氏は同著でサッさんの「お月お星」について詳しい分析と解説をしている。

（5）黄地百合子・大森益雄・堀内洋子・松本孝三・森田宗男・山田志津子編『南加賀の昔話』〈一九七九年・三弥井書店〉（一〇一～一〇四頁）による。音声資料は筆者蔵。

（6）注（5）に同じ（二九五～二九八頁）。

（7）当然、伝承の語り手の場合は、「地」の部分もほとんど方言で語られるが、注（2）に引用した田中氏の言葉にもあるように、「地」の部分でも具体的なイメージは聞き手の想像にまかされているといって良い。また、文字言語に比べ音声言語の方が具体的なイメージを作ることに密接な関係があるとされ、そのことは、月本洋著『日本人の脳に主語はいらない』〈二〇〇八年・講談社〉および月本洋・上原泉著『想像』〈二〇〇三年・ナカニシヤ出版〉の「第Ⅰ部　想像と言語―身体運動意味論―」等に詳しく述べられている。

（8）参考にした音声資料は注（3）～（6）に記した。

（9）イエの話については、本書第一部「昔話は語り手の頭と口で生きている」及び第三部「あの頃、昔話と知らずに昔話を聞いた」を参照。なお、対照する際に基準としたのは、中段の智恵子五十六歳時の語りである。上段のイエの話は展開が一致するよう中段に合わせたため空白の行があるが、全く省略していない。

（10）拙論「記憶としての昔話」（『日本の継子話の深層』〈二〇〇五年・三弥井書店〉）等。

（11）この「変わらない部分」と「新しい表現」は、柳田國男が提示した「保存部分と自由部分」【「昔話覚書」（『定本柳田國男集第六巻』〈一九六八年・筑摩書房〉より）】というカテゴリーに含まれると言える。また、川田順造氏の「発話における反復と変差―「かたり」の生理学のための覚え書き」（『口頭伝承論上』〈二〇〇一年・平凡社〉）から、多くの示唆を与えていただいた。川田氏は、その中で「語りのことばづかいのレベルにおける多彩、多様な即興表現は、「かたる」という行為が元来孕んでいる二面性を如実に示している。すでにあるものを「かたどり」ながら、そこに絶対に新しいものを付け加えてゆく―（中略）反復と、その中における変差、あるいは創造の探求は、小論の冒頭にも述べたような意味での、言語行為の成立自体がもつ二面性でもある。」（三五四頁）と述べている。

（12）最初に紹介した山下寿子さんの「馬方と山ん婆」の二回の語りが『大山北麓の昔話』（注3に前掲）の解説頁に掲載されており（一二〇～一二三頁）、「語りの中核になることばが会話部に多く見出され、まるでわらべ唄でもきくような、快い音楽性をもってきている。」（一三九頁）とある。また、稲田浩二氏は山下さんのこの「馬方と山ん婆」の二回の語りを『昔話は生きている』〈一九七〇年・三省堂〉で紹介し、「二回の語りをくらべると、だいたいくつわを並べて進んでいる。とくに会話は、ほとんど一致しているところが多い。」（一三〇頁）と指摘している。つまり、一人の語り手が同じ話柄の話を、時間を置いて語った場合（山下さんは5ヶ月後に二回目）会話表現はあまり変化しないということ、しかも会話部に話の柱になる表現が多いということであり、智恵子の語りと同じような例と言える。

（13）近藤雅尚氏は「昔話とその管理者―小林トシ―」（野村純一編『昔話の語り手』〈一九八三年・法政大学出版局〉所収）において、「トシ媼の語りの豊かさは、話の中の、会話、歌文句、擬態語擬声語などのリズムに支えられている。そして、そのリズムは、会話を例にとってもわかる通り、違った昔話の中にあっても、場面が共通していることによって一定したものになってくる」（五八頁）と述べ、トシさんの語りの具体例を挙げている。そして、「この場面における基本的な会話のやりとりは、ほぼ同じ語り口で語られている」（六十頁）との指摘の後、「いわば語り手固有のリズムであり、多くの話を管理する上で大変都合のよいこと」（同頁）と述べている。この小林トシさんの例も、会話表現が一種の記憶の核となっているものと言えよう。また、従来から、「うた」の部分や決まり文句、反復表現などは語る度に揺れがほとんどなく、語り手が話を思い出す鍵の役割を果たすとされてきた。それら揺れのない箇所は会話表現に含まれることがよくあることにも注目していきたい。

付記・引用させていただいた昔話集の本文の記述につきまして、勝手ながら都合により、本来改行されているところを改行せずに記しましたこと、並びに振り仮名を一部省略いたしましたことをお断りさせていただきます。

【本文および注に記したもの以外の参考文献】

田中瑩一「民話の構造と表現」（田中瑩一編『表現学大系　第二三巻　民話の表現』〈一九八八年・教育出版センター〉）

野家啓一著『物語の哲学』〈二〇〇五年・岩波書店〉

マックス・リューティ著、野村泫訳『昔話の解釈』〈一九九七年・筑摩書房〉
ウオルター・J・オング著、桜井直文他訳『声の文化と文字の文化』〈一九九一年・藤原書店〉
マルコ・イアコボーニ著、塩原通緒訳『ミラーニューロンの発見』〈二〇〇九年・早川書房〉

昔話を聞くこと、語ること§§§「もるぞおそろし」

はじめに

昔話の語り手は、何世代にも渡り、耳から聞いた話を「声のことば」で語り伝えてきた。いつの時代も大抵の語り手は、プロになるためのような何らかの修業をしたわけではない、一般庶民（常民）であった。私は、そんな語り手達が、多くの昔話をほとんど文字に頼らずに覚えて語ることができるのはなぜなのだろうと、ここ何年か思い続けている。

そのような疑問を抱くようになったのには、私自身の体験が深く関わっていると思われる。それは、祖母や母が昔話を語り聞かせてくれたこと、そして大学生の頃より昭和四十年代の後半から五十年代にかけて、各地に赴いて様々な地域の古老から昔話を聞かせていただく経験をしたことである。その頃は明治生まれの方を中心に昔話を語れる方が各地方にまだまだ多数ご健在で、多くの優れた語り手に出会えたのであった。このような、自分が聞き手であった経験と語り手との出会いを通し、語り手達が幼い頃にただ耳で聞いただけの話を何十年も経ってからもすらすらと語ることの不思議に、ひどく心惹かれるようになったのである。

「聞き手」はどのようにして「語り手」になれるのだろう

かつて昔話が地域社会で豊かに語り継がれていた時代には、幼い頃「聞き手」であった人がやがて「語り手」にと成長した。しかし、昔話を聞いた経験のある誰もが即語り手になったわけではない。

稲田浩二氏は「語り手」に成長するまでの過程を四段階に区分し、それを「修得期・修練期・世間話競演期・管理期」としている[1]。「修得期」は、四、五歳から十歳くらいまでで、ほぼ一方的に「聞き手」であった時期である。多くの語り手は、とにかく話が好きで、この時期に祖父母や父母等から何度も繰り返し聞いたという。「修練期」は、十歳前後の頃、同年代の子ども達同士で昔話の語り合いをして語りの練習をした時期と言える。「世間話競演期」は、世間での付き合いを経験する年齢になり、若者同士や大人たちが世間話や笑い話を競うように話して楽しんだ頃ということになる。そして「管理期」は、自らが語り手として子どもや孫達に語るようになった時期である。

後で紹介する波多野ヨスミさんや鈴木サツさんを初め、「百話クラスの語り手[2]」と言われた人達や優れた語り手の多くは、いくらか個人的な差はあっても右のような経過を辿り語り手に成長されたことが報告されている。私の母・智恵子の場合も、イエ（智恵子の母）とツギ（智恵子の祖母）の二人の話好きから幾つもの話を仕入れながら「修得期」を過ごし、小学生の頃にはやはり「修練期」を経験している。そして、多くの語り手がそうであったように、智恵子が「管理期」に入るのは五十歳前後で、それからは私や孫達を初め、昔話の愛好者や語りの活動をしている人たちなどにも語り、晩年にはひ孫達に聞かせることもあったのである。

昔話を「聞く」

＊「聞き手」であることの積極性

このように、子どもの頃昔話を聞いた人が語り手に成長する過程を確認してみると、そもそも語り手が誕生する最初のきっかけは「語りの場」そのものであったと思われる。では、その「語りの場」ではどういうことが起っているのだろう。

当然「語りの場」には語り手と聞き手が存在する。しかも「声」で語られ、その声は語るやいなや消えていくのだから、語られるその時その場が昔話の存在そのものである。語り手は聞き手が居なくては語れず、聞き手が誰であるかによって語りの内容に揺れが生じる。また相槌を打ったり、話に注文をつけるなど、聞き手が昔話の生成に参加することは多い。だから、しばしば「昔話の語りは語り手と聞き手によって、その場で一回ごとに作り出される」という風に言われるのであろう。

そこで、「聞き手」を、語りの場における補助的存在としてではなく、主体的存在として見てみたらどうであろう。聞き手はその場でその時、どのように聞いていたのか、「声のみの語り」を「聞く」とはどういうことなのか、言わば「聞くことの深い意味」がわかれば、聞き手が語り手になれる理由が少し違った角度で見えてくるのではないかと考える。

私自身が聞き手であったことから、子どもの頃のその場を思い起こしてみると、祖母の昔話はとにかく楽しかったのである。話の内容そのものも楽しかったが、ストーリーや表現の端々が十分には理解できない幼い頃にも、音楽的リズムのある決まり文句や擬音語擬態語の数々は、寝入りそうになる耳に心地よいものであった。やがて、簡単な決まり文句は自然と覚え、「長い名の子」の名前など少し覚えにくいものは、姉妹やいとこ達と競い合いながら練習して覚えたりもした。

聞き手がやがて語り手となった時には、それらの印象的な決まり文句や擬音語擬態語が話の鍵となって、それらを思い出すことで全体のストーリーが頭に浮かんでくる――語り手たちのそのような趣旨の言葉が研究者によって報告されているが[3]、智恵子も同じように言っていたことがある。また後述するように、私自身もそうなのである。

話の様々な場面のイメージは、実体験の記憶を思い出すのに似た感じで甦ってくると言ってよい。つまり、話のイメージが自分のかつての身の回りのものや身近な出来事の記憶とつながるわけである。例えば、祖母と母の話に「もるぞおそろし」（「古屋の漏り」）というものがあるが、その話の中の「虎狼より漏るぞおそろし」という決まり文句は、子どもの時、大雨の際に体験した実家の雨漏りの記憶と密接につながっている。度々の雨漏りに難渋し、早く屋根を修理しなければ…と、家族皆で「トラオオカミより漏るぞおそろし、やなあ」と言い合ったものである。だから今でも、この言葉を口にしたり思い浮かべたりするだけで、たちまち話の内容すべてと共に、実家の雨漏りの様子を鮮明に思い出す。

佐久間惇一氏は、越後の語り手・波多野ヨスミさんについての解説の中で、

むがしを覚えるコツの一つは、自分のまわりの山や川の景色に結びつけることであった。たとえば桃太郎の桃の流れる川は、うちの前の小川だとか、花咲爺の咲かせた桜は往還のあの木だとか、話を聞く時に想像しながら聞いている。そうすると話の筋がきちんと整理されてくる。こんど自分が語るときは、風景を思い起

すことで語りが生き生きと甦るという。

と述べている。[4] また、遠野の語り手・鈴木サツさんは、「馬追い鳥」という話に出てくる「ままこ日」のことを、父親の記憶とつながるものの一例として、「いまでも私が「馬追い鳥」語るたびに、父といっしょに見た、父に教えられたままこ日が、はっきり目の前に絵で浮かんでくるんだもの。」と話しておられる。[5]

このような例から、昔話を「聞くこと」とは、その話の内容を「体験すること」と言ってよいのではないかと考える。もちろん仮の体験であるが、聞き手は現実の経験を想像の世界の中に入り込ませながら聞くことで、自分も話の中で生きているように感じるのである。だからこそ、語り手となった時、過去の体験の記憶が甦るのと同じような思いで語れるのであろう。

そして、子どもの頃よく昔話を聞いたものの語り手にはならなかった人達も、やはり先に述べたような聞き方をしていたと想像できる。そうであれば、「聞き手」であることの積極的な意味は、相槌を打ったり時に注文をつけたりすること等に加え、「聞くこと」そのものの中にも存在すると言えよう。

＊「語り」独特のリズムを聞く

「聞き手」は大抵まだ文字を読み書きできない年齢の時期から〈声〉で聞く、しかも同じ人の声で何度も聞くのである。それゆえ、昔話を「聞くこと」を考える際にさらに注目したいのは、音楽的リズムのある決まり文句や擬音語擬態語などの記憶に残りやすい言葉だけでなく、それ以外の言葉を、〈声〉として、どのように聞いているのかという点である。「語り」としての昔話の言葉は、同じ声のことばであっても日常会話の言葉とは明らかに違う。話の内容を口頭で説明するだけの言葉とも違う。やはり「語り」と呼ぶにふさわしい独特の〈声ことば〉のリズムを持っている。

杉浦邦子氏は、『土田賢媼の昔語り』の解説で「賢媼は、日々の暮らしの中で遣う生活語で「昔」を語る。日常レベルの会話と昔語りとの差異は、一見、ないようにさえ見える。しかし、注意すれば、「昔」を語ろうとする意志と、語りのリズムとテンポがあることが分かる。」と述べているが、[6] まさに語り手は、語り手・聞き手の双方が日常生活の中で遣う方言、つまり〈声ことば〉を、語り独特のリズムとテンポに載せるのである。そういう独特の〈声ことば〉で語られるからこそ、聞き手は、語りの内容を、しっかりと自分の生活経験につながるイメージで受け止めることが出来、そして、その声とイメージが記憶の底に刻まれるのであろう。

また、野家啓一氏は、『物語の哲学』において、次のように述べる。

> 言語的コミュニケーションという観点から見た場合、「口承言語」は音声言語や文字言語と境界を接しながらも、それらにはない特異な性格を身に帯びており、言わば伝達様式における第三のカテゴリーをなすものと考えることができる。（中略）口承による伝達は音声を媒体としながらも、特定の発話状況において完結するものではなく、「伝聞」の連鎖を通じて時間空間的に無数の読者（聴者）に開かれている。[7]

ここで野家氏が言う「伝達様式における第三のカテゴリー」である「口承言語」の「特異な性格」は、語り手の〈声ことば〉の独特のリズムやテンポなくしては機能しないものと言える。それがあるからこそ、語りのことば（口承言語）は、「無数の読者（聴者）」つまり「聞き手」の記憶の中にくっきりと刻まれ、さらに次の「語り手」・次の「聞き手」を生み出していくことになる。

そうすると、昔話の表現について考える際、話のストーリーに関わる表現だけでなく、決まり文句や擬音語擬態語も含めた語りの〈声ことば〉のリズムをどのように聞くのかという、聞き手の立場からのアプローチはきわめて重要なことと思われる。そして、それは文字化された昔話のテキスト（資料）のみで読み解くのは不可能なのである。

昔話を「語る」

＊「聞いた通りに語る」とは

さて、次に「語ること」についてだが、以前から気になっているのは、多くの語り手が、「自分は聞いた通りに語っているだけだ」というふうに言われることだ。それは、言い換えれば「いつも同じように語っている」ということにもなるが、実はどの語り手も語る度に話は少しずつ変容するのが現実である。[8]それは早くから指摘されていることであり、伝承の語り手から同じ話を何度か聞いたことのある者なら誰もが知っていることだが、それなのに、なぜ語り手は「聞いた通りに語っている」と言うのであろう。あるいは、そういう語り手の認識と事実との食い違いにこそ、「語りの場」で起っていることを明らかにする手がかりがあるのかも知れない。

そこで、先にも話題にしたが、私が聞いた「もるぞおそろし」の語りを例に見ていくことにしよう。添付の資料Ⅰに、祖母・松本イエの「もるぞおそろし」と母・智恵子の二回の語りを対照して示した。イエの話は昭和三十九年に採録されたものの再話で、[9]智恵子の話は昭和五十二年と平成九年に私が採録し、語りのままに翻字したものである。イエの話は短いが、私が幼い頃に聞いたのもシンプルな話であったように思う。ただ、イエの話はまだオープンリールのテープレコーダーが一般家庭に普及し始めた頃に録音されたため、イエは馴れないテープレコーダーを前にして緊張していたこともあり、普段はもう少し詳しく、智恵子の話と同じくらいの長さであったとも考えられる。

そういう事情を考慮しつつ、イエの語りと智恵子の二回の語りを比較した時、話の基本的なストーリーほぼ共通しており、決まり文句の表現は変わらないことがわかる。また、智恵子の二回の語りは、細部には結構違いがあり平成九年の方が少し長いが、二十年も間が開いているとは思えないくらいで、耳で聞いただけならば誰もが全く同じだと思うであろう。つまり、語り手である智恵子にとっては、「聞いたように語り、いつも同じように語っている」と言い得ることになる。私は、その後も何度か智恵子の「もるぞおそろし」を採録したが、基本の流れと決まり文句の出てくる場面、決まり文句そのもののリズムなどはいつもほとんど変わらなかったものの、語る度に細部の表現が詳しくなり、話の全体の分量が多くなっていく傾向があった。

そこで、「もるぞおそろし」以外にも、智恵子の語りについて同じ話の複数回の記録を細部にわたって検討し[10]、かつ他の語り手に関する様々な報告を参照する内に、「語りの場」において、語り手が自分の記憶している昔話を再生し「語り」という表現行為に至るのには、次のような流れがあるのではないかと考えるようになったのである。

まず、語り始めの言葉や決まり文句などを思い出すと、それが話のストーリーの大枠、つまり話の全体的なイメージの記憶を呼び覚ます。（ある話に限って使われる決まり文句などは、その話のイメージ全体を含み持つファイルのような働きをすると言える。）

次いで、いざ語り始めると、脳裏に浮かんだイメージが話の流れに沿って甦り、そのイメージを具体的な言葉にしていく。それは、一つ一つの言葉を丸暗記的に記憶しているのではなく、その場で次々と言葉が紡がれるという感じである。

そして、言葉が紡がれるその時に語り手の中に甦っているのは、かつて自分が聞いた〈声ことば〉のリズムや、自分に語ってくれた人の声そのもの、聞いていた時の自分の思いなど、「聞き手」であった頃の記憶すべてではないかと考える。[11] 前掲の鈴木サツさんの言葉は、まさにそういうことを語り手自身が発言されたものと言えるが、サツさんはまた「私、昔話をしゃべるときは、父から聞いた、その父の声が聞こえるんですよ。」とも言っておられたという。[12] これと同じことは智恵子も言っており、他の何人かの語り手からも聞いたことであった。

つまり、語り手は語る際、頭の中で自分に語ってくれた人の〈声〉を聞きながら語っているのである。その声を聞きながら、その声のように語ろうとしているために、「自分は聞いたように語っているだけだ」という言い方になるのかも知れない。

*語り手は語りつつ聞いている

ところで、前述したように語りは一語一語を丸暗記するようなものではなく、その時その場で言葉が紡がれるものである。その際語り手は、当然語っている自分自身の声も聞いているわけで、次に語る時には、自分に語ってくれた人の声や話のイメージに重なって、前に語った自分の声や内容が甦ってくるということが考えられる。そのような事象については、本書の拙論「受け継がれる「声」の記憶」において、イエから智恵子へと語り継がれた話「屁こき婆さん」（「すずめの汁」）を題材に考察をしたが、先に紹介した「もるぞおそろし」の例からも同様のことが言えるのではないかと思っている。

資料Iのイエと智恵子の「もるぞおそろし」を再度見ていきたい。1段目のイエの語りで傍線を付したところ（狼のせりふの一部）と、2段目3段目の最後の方で傍線を付した部分を対照したところ、唱えごとの「トラ、オオカミよりモルゾおそろし」ほどそっくりそのままというのではないが、イエの「トラ、オオカミよりおそろしいやつ」は智恵子の「虎や狼よりまだ恐ろしやつ」（2段目）や「虎より狼より恐ろしい」（3段目）に引き継がれ、イエの「モルゾというやつはどんなやつやろ」も、「『もるぞ』てどんなやっちゃろ」（2段目）と『もるぞ』ちゅう奴はどんな奴やろ」（3段目）となる。また、イエの「これはかなわん」は、「おれもかなわんわ」（2段目）と「俺もかなわんなあ」（3段目）に当たるであろう。イエの話の中でも会話の言葉はほぼ録音されたまま報告されていると思われることから、これらは智恵子がイエから聞いた〈声ことば〉を、自分が語る時に甦らせていた部分と言えるのではないだろうか。

次に、智恵子の二回の語りのみに注目したい。資料Ⅰで波線を付した所は二回とも似通った表現になっている部分である。2段目の「幾日も幾日も雨も降ってな、あっちも漏るし、こっちも漏るし、もう、鍋、釜からいろいろなもん、あるだけ、盥から受けてな」が、3段目では「幾日も幾日も降り続いて、お婆さんの住んじゃる、その家は、あっちも漏ったり、こっちからも雨漏りして、盥から鍋釜まで、みーんな受けても」と、幾分変化はあるものの随分近い表現になっていることがわかる。また、2段目の「山の上からのっしのっしのっしと出て」や「じぃーと中うかごうとってんて」といった擬態語を含む表現も、3段目で「のっそりのっそりと山出て」や「じぃーとうかごうとったら」という形で受け継がれている。この二回の語りには二十年の隔たりがあり、その間にも智恵子は「もるぞおそろし」を何回か語っているが、波線部については、自分の二十年前の〈声ことば〉を繰り返すように記憶の底から甦らせ、その場の語りを表現していると言える。

もちろん、もともとイエの普段の語りの中に波線部のような表現が存在した可能性があり、あるいは智恵子は日常的にそのような言葉遣いをすることが多かったため、ということも考えられる。また、智恵子のすべての語りを記録し得たわけではなく、資料も不十分であろう。ただ、「屁こき婆さん」(「すずめの汁」)について考察したこととも合わせれば、語り手は常に語りつつ自分の語る声を聞いており、次に語る時には、自分に語ってくれた人の声を脳裏に甦らせながら、それに重ねる形で自分の以前の語りの声をも甦らせる、そして、その〈声ことば〉の重なりを記憶の内実として思い出しつつ、その場の聞き手に向かって語りを紡いでいく、という風に想像できるのである。それはつまり、語る度に記憶を作り直すこと、言わば「記憶の上書き」が行なわれているということなのではないだろうか。それゆえ、語る度に語りが変容するのは自然なことと言わねばならないだろう。

ちなみに、野家啓一氏が前掲の文章の少し後に

口承によって伝達される物語は、その都度の話者の身体を通過することによって一種の「解釈学的変形」を被る。物語るという行為は、いわば忠実な「伝聞報告」であると同時に、話者の裁量に任された「創造的発話」でもあるのである。(13)

と述べているが、まさに今考えてきたことに相当すると思われる。つまり、語り手達の「聞いた通りに語っている」という言葉や、「口承」という語から一般に連想される思いには反し、「語ること」は実に創造的な面を持っていると言える。

*語り手は語りで聞き手をもてなす

ところで先に、語り手は多くの場合、自分では「いつも同じように語っている」つもりらしい、という風に述べたが、幾分意識的に語りを変えることもあるのである。杉浦邦子氏は、先に紹介した土田賢媼について、媼の語りは一話が概して長いことに触れ、「語りの場の雰囲気が快く、聞き手が聞き巧者であったり、興味津々の聞

き手である場合、語り手である媼は、聞き手を面白がらせようとして、喜ばせようとして、話は長くなる傾向にある。[14]」と述べていて、智恵子にも同様のことが言える。ここでもやはり「もるぞおそろし」を例に挙げることとし、資料Ⅱに九十歳の時のものを示した。資料Ⅱの語りの際は、私と語りのボランティアの活動をしているYさんが聞き手であった。この内容を資料Ⅰの二話と比較すると、違いは明らかである。まず、分量がほぼ倍になっていることが目につくが、何よりストーリーの相違点が興味深い。資料Ⅰではいずれの話も、おばあさんを食べようと狙うのは「狼」だけであったのに、資料Ⅱの話には狼の他に「虎」も登場する。しかも、狼と虎が相談をするという流れになるので会話も多く、それが分量の増加につながっている。

それまで私が聞いた話では、イエの話を初め智恵子の話もすべて「狼だけ」であったから、語り手によるこのような変更には聞いているその時も驚いてしまったのだが、これは、聞き手との関わりの中、その場その場で新たに語りが創られるということの実態の一例なのであろう。智恵子は新しい聞き手であるYさんを、語りでもてなそうとして、いつもの聞き手である私に語る時とは違う語り方になった、と言える。そして参考までに、その後私が一人で「もるぞおそろし」を聞いた時は、「狼だけ」であったことを付け加えておきたい。

語るのは誰なのか？

さて、これまで述べてきたことが「語ること」だとすると、語り手は語りつつ聞いているのだから、「語り手であると同時に聞き手」でもあるということになる。また、聞き手にとっては、今、目の前にいる一人の語り手がその人の声で語っているとしても、その声は語り手に語った人（一代前の語り手）の声につながり、さらに遡れば、それまでの過去のすべての語り手の声につながっているのである。そんな状況であれば、「では、語るのは誰なのか？」と思わざるを得なくなる。これとよく似たことを、兵藤裕己氏は次のように述べる。

歌や語りをなりわいとした芸能者、芸人の場合、自分でつくったものを自分の声で演じるというのではないですね。記憶された伝承の歌や語りをパフォーマンスするのですから。かりに即興で何かを演じるにしても、伝承されたことばとその文法にのっとって行なわれます。ですから自分の声で演じていても、その発話・発語の本当の主体はどこか別のところにいる。自分が歌っていても自分の声ではない。自分にとっての超越的な何かが声の主体です。[15]（傍線は筆者）

ここで、兵藤氏は芸能者、芸人を例に挙げているが、昔話の語り手についてもほぼ同じことが言えるであろう。そして、「語り手は同時に聞き手」であれば、聞くことで語り手の声を受け継ぐ「聞き手」もまた、「聞き手であると同時に語り手」なのである。

そのように「語り手」であることの主体性が揺らいで溶けていくならば、「声のことばによる語り」は、ずっと遠い時代からの声やはるか遠い記憶にまで、連綿とつながるものを含み持っていると思われてくる。つまり、昔話は、坂部恵氏が『かたり―物語の文法』の中で

〈かたり〉というような大きな言語行為の考察にあたっては、送り手、受け手をともに含めたその〈主体〉は、当然のこととして、個人のレベルをはなれて、より大きな共同体の〈相互主体性〉のレベルにまで、さらにときには神話的想像力の遠い記憶の世界にまでおよぶ下意識あるいはいわゆる集合的無意識のレベルにまで拡大深化されることがほとんど不可欠の前提となる。[16]（傍線は筆者）

と述べることを、具体的な形で再認識させてくれるものと言える。

例えば、何度も話題にした「トラオオカミより漏るぞおそろし」という唱えごとなどの決まり文句には、古い言霊信仰を髣髴とさせるような「ことばの力」が内在していると感じられる。そして、その力は、昔話が語り手の生の声で語られるのを聞く時、より一層実感されるのであり、その実感の中でこそ、遠い記憶を垣間見ることができるのではないかという気がするのである。

語り手はなぜ語れるのか、人々はどうして多くの昔話を長い年月語り継いできたのか、「声のことばの語り」が人間にとってどのような意味を持つのか等々、私の中にある昔話に関する不思議はまだまだ残された部分が多く、「声のことばによる語り」としての昔話はさらに奥深いと感じている。

【注】

（1）稲田浩二著『昔話の時代』〈一九八五年・筑摩書房〉第1章「語り手の顔、話し手の顔」（九～四九頁）

（2）『日本昔話事典』〈一九七七年・弘文堂〉に、昭和五十二年現在の優れた語り手四十三名が「百話クラスの語り手」として紹介されている。

（3）水沢謙一「〈昔語り〉語り手―語る場」（『国文学　解釈と鑑賞』第四五巻十二号〈一九八〇年・至文堂〉所収）等。

（4）佐久間惇一「越後の語り手―波多野ヨスミ―」（野村純一編『昔話の語り手』〈一九八三年・法政大学出版局〉所収）（二一五頁）

（5）小澤俊夫・荒木田隆子・遠藤篤編『鈴木サツ全昔話集』〈一九九三年・鈴木サツ全昔話集刊行会〉所収の「鈴木サツ聞き書き」（三二一五頁）

（6）杉浦邦子編著『土田賢媼の昔語り』〈二〇〇五年・岩田書院〉第三章（二六八頁）

（7）野家啓一著『物語の哲学』〈二〇〇五年・岩波書店〉第一章（六二頁）

（8）ウォルター・J・オング著、桜井直文他訳『声の文化と文字の文化』〈一九九一年・藤原書店〉にも、「ロードの研究のなかでもっとも印象的な発見の一つはつぎのことである。すなわち、歌い手たちは、二人の違う歌い手がおなじ歌をまったくおなじように歌うことはけっしてない、ということに気づいているにもかかわらず、自分の歌いかたについては、それをいつでも一行一行、一語一語忠実にくりかえすことができ、「これから二十年間だってまったくおなじようにやれる」とさえ言おうとすることである。（中略）かれらが逐語的におなじものだと称する語りを録音し、比較してみると、それぞれの歌がおなじ歌を歌っているということは認識できるものの、（歌いかたは）けっしておなじではないことがわかるのである。」（一三〇〜一三一頁）とある。

（9）松本俊吉「奈良県広陵町沢の昔話」（『近畿民俗』第三六号〈一九六五年・近畿民俗学会〉所収）

（10）本書の拙論「受け継がれる「声」の記憶」および「昔話伝承における会話表現の働き」を参照。

（11）拙論「記憶としての昔話」（『御伽草子と昔話　日本の継子話の深層』〈二〇〇五年・三弥井書店〉所収）（一八五〜一八六頁）を参照。

（12）川森博司著『日本昔話の構造と語り手』〈二〇〇〇年・大阪大学出版会〉第二部・第三章（二〇八頁）より。

（13）野家啓一著『物語の哲学』〈二〇〇五年・岩波書店〉第一章（六二〜六三頁）

（14）杉浦邦子編著『土田賢媼の昔語り』〈二〇〇五年・岩田書院〉第三章（二六九頁）

（15）川田順造・鎌田東二・兵藤裕己「鼎談　声の可能性」（兵藤裕己編『思想の身体―声の巻』〈二〇〇七年・春秋社〉所収）（二四三頁）

（16）坂部恵著『かたり―物語の文法』〈二〇〇八年・筑摩書房〉第二章（三四頁）

「もるぞおそろし」対照資料

資料Ⅰ

①松本イエの「もるぞおそろし」

【昭和三十九年（当時六四歳）
松本俊吉採録・再話】

昔、山の近くのあばらやで一人ぐらしをしているおばあさんがありました。雨のザア〱降る晩のことでした。山にすんでいるオオカミが「アーおなかがすいてかなん、今晩は一つあのババアをくてしもたろ」といって山をおりてきました。

フシ穴から中をのぞくとおばあさんがまだおきていました。雨のポタポタもる家の中で「トラ、オオカミよりモルゾおそろし、トラ、オオカミよりモルゾおそろし」となんべんも〱いっているのです。

オオカミはそれをきいて、「このへんではおれよりこわいやつはないはずやのに、トラ、オオカミよりおそろしいやつがいるそうな、モルゾというやつはどんなやつやろ、これはかなわん」といって

②松本智恵子の「もるぞおそろし」

【昭和五十二年（当時五六歳）
黄地百合子採録・翻字】

むかしむかしな、山の裾野にな、一軒家のみすぼらしい家があって貧乏な家があって、そのみっとみない貧乏な家に一人のおばあさんが一人暮らししてはってんて。

へたらな、雨がザァーザァーザァーザァー幾日も幾日も雨も降ってな、あっちも漏るし、こっちも漏るし、もう、鍋、釜からいろいろなもん、あるだけ、盥から受けてな、ほて雨漏る中でおばあさんがな、

「かなんなー、ほんまにぃ、こんだけ雨漏りばっかしして、こんな家かなんなあ、とらおおーかみより、もるぞおそろし、とらおおーかみより、もるぞおそろし」

おばあさん独り言言うちゃってんて。

③同上

【平成九年（当時七六歳）
黄地百合子採録・翻字】

ある所ーの、山の側に一軒家があって古い古い家でぇ、藁葺きの家にぃ一人のお婆さんが住んじゃってんて。ほぃてだんだんだんだんと雨が降って、幾日も幾日も降り続いて、お婆さんの住んじゃる、その家は、あっちも漏ったり、こっちからも雨漏りして、盥から鍋釜まで、みーんな受けても、ぽっとんぽっとんと雨が落ちてくるんやて。ほんでお婆さんはぁ、「難儀やなあ。こんな古い家の、雨漏りのする家難儀やなあ」そう言うて、「とらおおーかみより、もるぞおそろし、とらおおーかみより、もるぞおそろし」そう言うて、隅っこで、雨のやむのを待っちゃってんて。

その裏の山に、むかーしから、怖い狼が棲んどってんて。その狼が幾日も幾日

山へにげていきました。

（『近畿民俗』第三十六号より）

その幾日も幾日もな雨降ってな、そのー後ろの山に棲んどるな、狼がな、あのー食べるもんが無うてな、もう腹ぺこやさかいな、こらひとつ、あの麓の、あのー一人暮らしのおばん食べてきたろ、食べてこましたろと思てな、ほて山の上からのっしのっしのっしと出てきょってんて。ほてぇ、ほの一軒家の家の外からじぃーと中うかごうとってんて。「おばん、よるかいなー、もう寝よったかいなー」と思てじぃーと見とったらな、ほぃたら

「とらおおーかみより、もるぞおそろし。とらおおーかみより、もるぞおそろし」

て、おばんが独り言いうちゃってんて。

「へぇーぇ、虎や狼よりまだ恐ろしやつ、おんのかいな、『もるぞ』てどんなやっちゃろ、こら『もるぞ』来ょったら、おれもかなわんわ」と思て、狼もうおばん食べんと、食うの忘れて、さっささっさとまた自分先ぃ『もるぞ』に食われたらあかん思て、山へ逃げて帰りょってんと。

も雨降るよってに、兎も出て来ょうらぃん、兎どころか鼠も来ょうらぃん、そんでに食べ物がないようんなって、狼が、腹減って腹減ってかなんから、「あーせやせや、あの山の麓の一軒家の婆ぁを食べて来うか、あの婆あやったら、一遍にかみついたらええ。腹一杯になるやろう」そう思て狼がのっそりのっそりと山出て降りて行っこってんて。ほてお婆さんの家の側でじぃーとうかごうとったら、お婆さんの家の中から「とらおおかみより、もるぞおそろし。とらおおーかみより、もるぞおそろし」お婆さんの声が聞こえてきたんやて。ほぃで狼は「とらおおかみより、もるぞおそろし。とらおおかみより、もるぞおそろし、虎より狼より恐ろしい『もるぞ』ちゅう奴はどんな奴やろ。お婆さんはそれが恐ろしと言うてる。『もるぞ』てどんな奴ろ、そんな虎や狼より恐ろしい『もるぞ』が来ょったら、俺もかなわんなあ」そう思て、狼は『もるぞ』が怖いので、また裏の山へ逃げて行っこってんと。

資料Ⅱ

松本智恵子の「もるぞおそろし」

【平成二十三年（当時九〇歳）吉川紗代氏採録・翻字】

大きな大きな山のな、とこにな、ほんまに、わら屋根の一軒家があってな、そこにおばあさんがひとりなー、ぬいもの、つくろいものしたり、ひとりでごはんたいたりして、ぼつぼつ、ぼつぼつ、暮らしてはってんとー。

　ところが、雨がふってなー、ほで、毎日毎日、今日も雨、今日も雨ってな、ふったらなー、もう、むかしはわら屋根やし、どこに穴あいてるかわからんようなうちやからなー、ポットン、ポットンって、雨が家の中で、落ちてくるんやとー。ほで、雨漏りで難儀して、おばあさんが、バケツうけたり、たらいうけたり、「ああ、もう雨やんで欲しいなー、やんで欲しいなー、たんぼへも行かれへんし」いうて、困ってはってんとー。

　山になー、そばの大きな山になー、虎もおったしなー。狼もおったしなー、ほんでまた、その虎や狼が、おなかすかしたら食べるウサギもおったしなー、そういう動物が、小さいのも大きいのも、山ん中で住んどったんやとー。ほんで、雨がしとしととふって、幾日（いっか）も幾日もふって、ポットン、ポットンと落ちてきたら、どうすることもできへんし、「穴から出たかて、食べるもんもないし、難儀やのー」「わしら、何食うて暮らすのやなー」ていうて、虎も狼も困ってやってんとー。「ウサギも、もう、山の中の穴へ入ったら、もう出てきやへんしなー。まあ、ネズミくらいかなー」ていうて。

　ところが、狼が、「あっ、あのー、もうちょっと下へ行ったら、一軒家におばあさんがひとり住んどるわな。あのおばあさんやったら、何にもこわいないで。んん。ちょうどいいわ。あのおばあさんつかまえて、食べてしまおうか」ていうて、狼が虎に相談しよったらしいわ。ほな、虎もその気になって、「ああ、おまえ、ええエサみつけたなー」ていうて、「そうしよ、そうしよ」ていうて、だんだん、だんだん、話はまとまって、一軒家のおばあさんのうちめがけて、下りて行きよったらしい。ほしたら、向こうからな、

　トラ、オオーカミより　もるぞおそろし

　トラ、オオーカミより　もるぞおそろし

おばあさんの声が聞こえてきてんとー。ほんで、「何しゃべってやんのやなー」ていうて、そーっと障子、穴のあいた障子、やぶれた障子、そんなとこから中ぁのぞいて見て、「ああ、おばあさん、おるおる、おるおる」そういうて見とったんや。しばらーく、狼も、中ぁ、じーっと見とったらしい。ほしたら、また、おばあさんが、しばらーくしたら、

トラ、オオーカミより　もるぞおそろし
トラ、オオーカミより　もるぞおそろし

また、そういうように、しゃべりはってんとー。

ほしたら、虎が、「トラオオーカミより、虎より狼より、モルゾーが恐ろし、ていうとるで、モルゾって知ってるか」て、虎が狼にいうたら、「そんなモルゾみたいな、知らんわ」ていうて。「そやけど、モルゾ恐ろし、ておばあさんがゆうてるがな」「そな、おばあさんが、トラオオーカミより、モルゾ恐ろして、虎や狼よりまだ恐ろしいモルゾがいるって、ゆうてるがな」ていうて、もう、おばあさん取って食べよう、ていうてた相談があかんようになって、山へ逃げて帰りょぉったんやと。

昔話は語り手の頭と口で生きている §§§ 松本智恵子の語りを聴き取って

はじめに

私は、幼い頃に祖母から、大学生の頃からは母に、何度も昔話を聞いたのだが、昔話について学び色々考えるようになると、祖母と母はなぜ昔話を語ることができるのだろうと、不思議に思うようになっていった。他の多くの語り手の方達も、なぜ昔話を語ることができるのだろうか。そのことについて考え続け、考えたことのいくつかを文章にも書いたが、やはり不思議に思い続けている折に改めてヒントになったのが、関敬吾氏の言葉であった。関氏は昭和三十年発行の『民話』の中で次のように述べておられる。

昔話の採集はほとんどすべて口頭の伝承による。文献伝承もまたかつての口頭の伝承を記録したものである。（中略）一旦記録されると、昔話の変化も停止する。いわば標本室の剥製となり、博物館の陳列品となる。しかし、真の昔話は死物ではなく、それ自体一個の有機体として民衆の口と頭のなかで生きているのである。この意味で昔話は生物に比較される。[1]

この言葉からすでに六十年以上が経つが、読み返す度にその意味は色褪せることがないと感じる。祖母や母を初め伝承の語り手の方々から昔話を聞いた経験によると、改めてその通りだと実感するのである。文献や資料集に記録された昔話は、現実には、その語り手の或る時のただ一回の語りを元に文字化したもので、その他の時や他の場で、他の人に対して、どのように語るのか、様々な実態はわからない。また、語る際の声の様子や息づかい、間の取り方、リズム、さらに語り手の表情や身振り等は、当然文字だけではほとんど伝わらないのである。

そして、語り手が昔話を語れる理由に思いをはせると、特に「真の昔話は…有機体として民衆の口と頭の中で生きている」というところの深い意味に心打たれる。それは実は二つのことを指しており、昔話が民衆（つまり語り手）の「口で生きている」様と「頭の中で生きている」姿には、随分違いがあると思われるからである。後者の「頭の中で生きている」とは、語り手が昔話を記憶している様の形容と言えるだろう。一方、前者の「口で生きている」とは、単純に記憶を想起し言葉にした、という状態とは言えず、記憶を元にしつつも、「語り」という、その時その場の一回きりの「声ことば」による表現行為を指すものと考えられる。この両者は同じことではない。昔話が語り手の頭の中で生き続けている間の姿は、言葉と言葉以前の状態が混ざったもののようで、語り手が誰かに向けて語るその時に、言葉による姿（表現）が生まれ、新たに生き始めるということではないだろうか。私は、母・智恵子の語りを通して、関敬吾氏が示された、昔話のこの二つの姿を深く考えたいと思うようになった。

語り手の頭の中で生きている昔話の源（伝承の道筋）

私は四十年余りの間に智恵子の語る三十七種類の話を何度も採録したが、智恵子がそれらの話を誰から聞いて覚えたのか、話の源はどこなのか、それを確かめるのが智恵子の頭の中の昔話を想像する出発点だと思う。そこで、私が智恵子から聞き取った情報をもとに、それぞれの話の源によって話を分類すると、次のようになる。

・松本イエ（母親）から聞いた話
なまけ半助、屁こき婆さん、牛と馬と犬と鶏、鶏と烏、ヒチコとハチコの伊勢参り、長い名の子、米埋め糀埋め、ノミとシラミの伊勢参り、ポイトコナ（その1・その2）、白い雀、ヒバリの宿替え、雪ん子（その1・その2）、月と日と雷の旅
・松本イエ（母親）と松本ツギ（祖母）両方から聞いた話
もるぞ恐ろし、狼の金の玉、和尚と小僧（初雪の歌・りんの歌・牡丹餅は阿弥陀さん）、狐の恩返し、良弁杉の話、世間話（丸太が蛇になった話、狐に化かされた話）
・松本ツギ（祖母）から聞いた話
狩人の話、石子詰め、長良の人柱、永観和尚の話
・松本徳蔵（祖父）から聞いた話
岩見重太郎（猿神退治）
・子ども時代に友だちなどから聞いた話
狐にだまされた話、しまいの話、土瓶と茶瓶、大根と人参とゴボウ
・結婚後聞いた世間話
子育て幽霊、消えたタクシーの女
・本などで知った話
牛と蛙、鼠の嫁入り

右のように、智恵子は母親であるイエから合計二十四話を聞いている。その中の十七話が、昭和四十年に『近

畿民俗』第三十六号に松本俊吉（智恵子の夫・筆者の父）によってイエの話として紹介されたもの[2]と同じである。また、二十四話の内にイエと祖母ツギの二人から聞いた話が九話あるが、それらはイエもツギから聞いて、さらに智恵子に語ったということだ。智恵子がイエからのみ聞いた十五話は、イエが娘時代に、実家のあった奈良県斑鳩町でお針（和裁）の師匠が語ってくれた[3]のを覚えたものだという。イエは、お針の師匠やツギから伝え聞いた話を、自分の三人の子供の寝物語に語ったのである。智恵子は長女だったので、自分自身ももちろん直接聞いたが、四、五歳から十歳ごろ、イエが幼い二人の弟達を寝かそうとして毎日のように語るのを横で聞く内に、いつの間にか覚えたそうだ。

イエに次いで十三話を智恵子に伝えたのは、祖母・ツギ〈文久三年（一八六三）〜昭和十四年（一九三九）〉である。その内九話は先にも記したようにイエに聞いた話と重なるが、智恵子の記憶ではほとんどが、もとはツギの話だという。それらの話に「和尚さん」が出てくる話が多いのは、ツギが信心深い人で寺参りをよくし、寺で聞く説教話が大変好きであったことと関わりがあるのだろう。松本家は浄土真宗門徒で、ツギは説教師の後をついて歩くようにして様々な話を聞いて帰り、それらを復唱するように家族に語ったらしく、その話の最も熱心な聞き手が智恵子であったのだ。「和尚と小僧」話は説教の場で語られたものだそうだが、「狼の金の玉」もツギが報恩講で聞いてきた話だと智恵子は言っていた。そして、「良弁杉」はツギが売薬の商人から聞いたものだという。奈良県は古くから「大和の売薬」が有名で、薬売りが多い土地だが、智恵子の語る「良弁杉」の内容に関わって興味深い。また、幕末の文久三年生まれであるツギは寺子屋に通った経験があり、「石子詰め」の話は、その寺子屋の師匠から聞いた話だそうである。松本家において、イエとツギという二人の話好きが覚えた話が、智恵子に集められる形で受け継がれたと言える。

他に家の中で聞いたものとしては、祖父の徳蔵からの「岩見重太郎」の話がある。徳蔵が何度も弟達に話して聞かせたのを横で聞いていた智恵子が自ずと覚えたものだが、この話の元は浪花節だったそうだ。明治時代の終り頃から昭和の初め、智恵子の故郷の奈良県広陵町澤では、近くの家に時々浪花節語りが来ることがあり、近在の者が皆聞きに集まり、そこで「岩見重太郎」や「八岐大蛇(やまたのおろち)退治」等が語られたと聞く。

智恵子が家以外の所で聞いた話に関して注目したいのは、小学生の頃のことだ。昔（昭和の初め）の学校は体育館が無く、雨等で体育の授業が出来ない時など、担任の勧めでクラスの皆が知っている昔話などを話すことがよくあったという。そういう時、イエやツギから聞いた智恵子の話を担任や皆がたいそう面白がったそうだが、他の級友が話した短い話を智恵子は覚えて、その後自分の昔話のレパートリーに入れたのである。各地の多くの語り手が、子供時代に昔話の語り合いをする時期を経ていたと言われるが[4]、智恵子にとって小学校での経験はまさにそういう期間であったと思われる。

さて、このように確かめることができた智恵子の話の伝承の道筋を、左のように図にしてみた。その図の中で〈ツギ→イエ→智恵子〉と三代に渡る昔話の流れは、三代の部分だけを見れば、いわゆる家系伝承の姿を示しているようである。ところが、ツギとイエが誰から話を受け継いだのかというところまで遡っていくと、それぞれの話の源泉は実に多様であったことがわかる。それらの多様な源から発した話が、智恵子という一人の語り手の元に集まり、さらに新たなものも取り込まれ、語り継がれたということになる。

そして、その昔話伝承の流れは、女性から女性へと繋がっていることにも注目したい。イエに昔話を語った和裁の師匠も女性であった。他の地方に比べ、早い時期に昔話伝承の糸が細くなった感のある近畿地方の中央部に

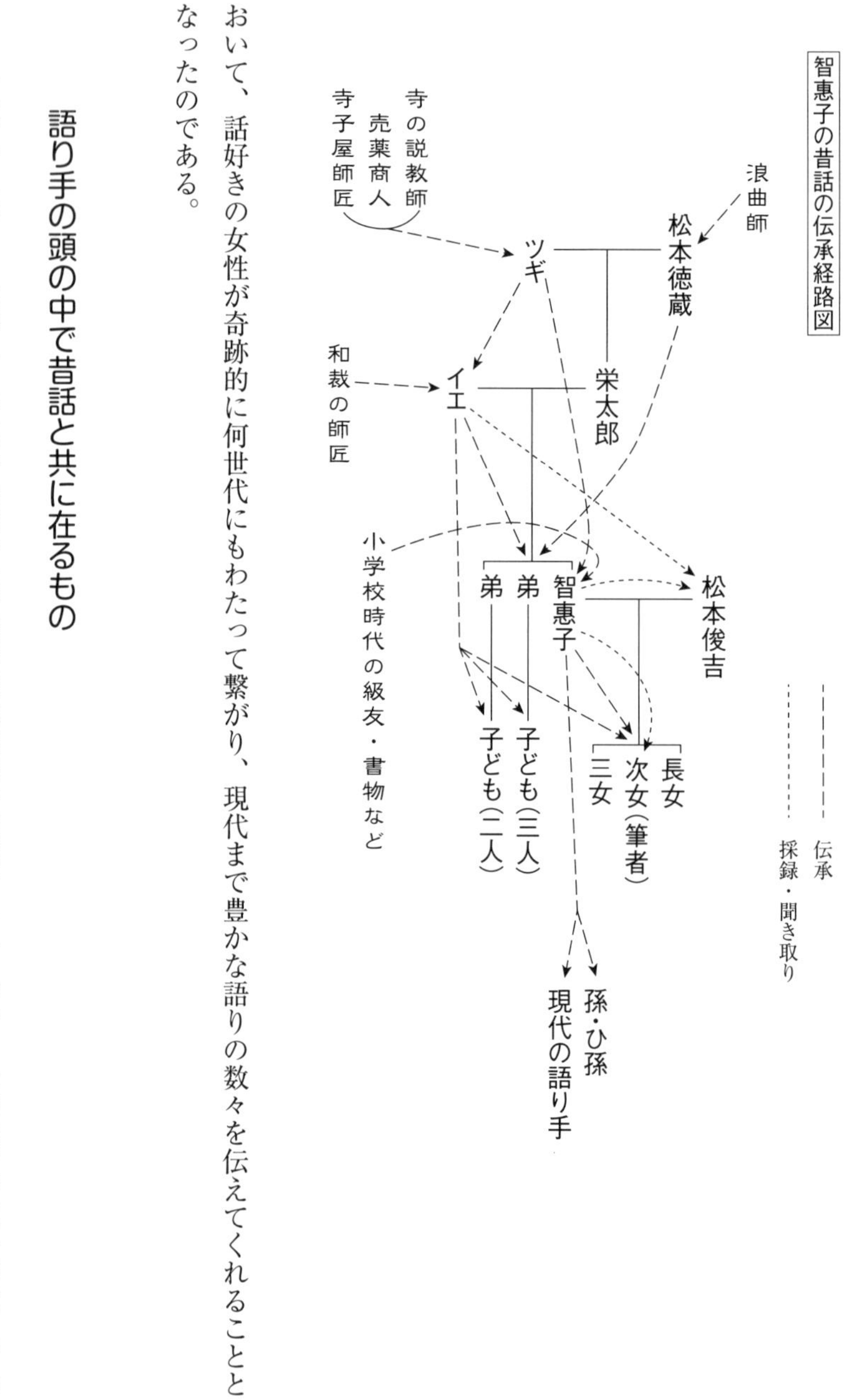

おいて、話好きの女性が奇跡的に何世代にもわたって繋がり、現代まで豊かな語りの数々を伝えてくれることとなったのである。

語り手の頭の中で昔話と共に在るもの

ところで、このように詳しく智恵子の語った昔話の伝承経路を確認することができたのは、智恵子が覚えていて、教えてくれたからである。それにしても、智恵子はどうしてこんなに細々と記憶できたのかと疑問に思うが、もちろん、それは智恵子に限ったことではない。様々な昔話集の解説等を読むと、伝承の語り手は、ほとんどの方が、自分がどの話を誰から聞いたか、どんな時にどういう場所で聞いたか等を、詳細に記憶していることに驚かされる。それは、「昔話を聞いた」という経験に関わる記憶が、一つ一つの昔話と密接に繋がっているからではないかと考えられる。智恵子は、昔話を語った後には大抵、生家の家族や子どもの頃の出来事を思い出し、長々と話していたものである。いつも楽しそうに、そして色々なエピソードを実に具体的に、最近の出来事のように話した。おそらく昔話を語ることが、話を聞いていた頃の（前述したような）様々な記憶を、鮮やかに呼び覚ますことになっていたのであろう。

他の語り手の例を挙げると、花部英雄氏は、『雪国の女語り　佐藤ミヨキの昔話世界』の解説の中で、ミヨキ媼の語り方を説明した後、「そこには母セツの昔話と、母への思いが深く入り込んでいる。九十を超えた媼が若い母を追想する際の華やぎのような表情に不思議な感慨を覚えた記憶がある。[5]」と述べておられる。また、矢部敦子さんは、故郷の和歌山で祖母から聞いた話を小平市で語り継ぐ活動をしているが、自らの体験を次のように表現されている。

　そうやって子どもにお話を語っていると、自分自身が祖母からお話を聞いたときのことが頭に浮かんできました。（中略）…いろんなことを次々に思い出しました。それは、まるで過去と現在が二重写しになっているような不思議な感覚でした。自分は、今確かにここにいながら、何十年もさかのぼって、子どもとして同時に目の前にいるのです。[6]

佐藤ミヨキさんと矢部敦子さんの場合は二人とも、語っている、まさにその時に、過去と現在が同時にそこにあるような「不思議な」感じがする、というのである。確かに不思議だが、このようなことはおそらく伝承の語り手だからこそ起こり得るのではないだろうか。語り手の頭の中では、自分が父母や祖母・祖父などから聞いていた幼い頃（過去）からずっと昔話が生き続けている、それは、父母や祖父母など、そして幼い自分が記憶の中で生き続けていることと同じなのである。[7]

ただ、多くの伝承の語り手についての報告によると、幼い頃から十代の初め頃まで何度も繰り返し話を聞き、頭の中に昔話の生命を宿すのだが、その人が人生の中で「語り手」となるのは大抵が（特に女性の場合）五十歳代以降、孫ができる年齢になってからである。ということは、ほぼ数十年以上、語る機会を持たぬまま頭の中で昔話を生かし続けているということになるが、そんなことが可能になるのはどうしてなのだろうか。

智恵子を初め多くの語り手が昔話を聞き始めたのは四、五歳頃だと言っているが、その頃から様々な点で認知発達上の大きな変化が見られることが注目されており、特に急速にのびる能力について、上原泉氏は『想像　心と身体の接点』で次のように述べておられる。

幼児期（四歳前後）に入り、言語の習得にともない、経験したことを言語的にも記憶するようになる。また、言語情報を含むイメージ形成が可能になる。（中略）実体験と想像経験がともに多様になるにつれ、後のイメージ形成のために、記憶し形成される知識も膨大になる。その知識を利用して行なわれる、その後の想像活動は、さらに、豊かなものとなる。[8]（カッコ内は筆者による）

言語の習得と記憶する力、そして想像できる力、それらが急速に発達する四歳頃というのは、伝承の語り手の方達が昔話を聞き始めた時期と一致している。むしろ、その頃に、耳で聞く昔話の言葉を理解し、想像力を働かせて話の世界に遊ぶことができ、さらに記憶できるようになったから、語り手たちは「四、五歳頃から聞いた」と言い、その時期が「昔話適齢期」とされるのかも知れない。

また、発達心理学者の内田伸子氏は、『想像力』[9]や『ごっこからファンタジーへ　子どもの想像世界』[10]でいくつかの実例を挙げて、四、五歳頃は物語能力が大きく発達する時期であり、その頃の言葉の発達により創造的想像力を発揮できるようになると言われる。さらに、「感情のこもった声によって大人から物語を語り聞かせられ、読み聞かせられるという営みを通して、生き生きしたイメージが子どもに与えられる。」[11]とも述べておられる。

つまり、語り手の多くが、人間としての能力の発達にとって非常に重要な四歳頃から聞いたということ、しかも自分が生きる上で大切な身近な人に聞いたということ、その二つが相まったことが、昔話を長く記憶できる要因になったのではないだろうか。佐藤ミヨキさんや矢部敦子さん、そして智恵子の例からも言えるように、子どもの頃の人間としての原点が形成される時期の記憶と、自分に昔話を語ってくれた人との濃密なつながりの記憶が、分かち難く共存していることが重要なのであろう。

私自身の経験をたどってみても、幼いころ祖母に昔話を聞いた記憶というのは、話の内容そのものが、話を聞いていた場面やその時の祖母の声や姿、また自分の祖母に対する感情などの記憶と不可分なことに気づかされる。昔話の内容だけを覚えているということはあり得ないのである。

また、いくつかの地域で昔話を訪ね歩いた際に、話の内容は忘れて語ることはできなくても、子供時代に昔話を聞いたという事実ははっきり覚えておられるお年寄りに、大勢出会った。そういう方々も、昔話の思い出をつい最近のことのように、懐かしそうに話してくださったものである。おそらく、語り手だけでなく、聞いた経験を持ちながら語り手にならなかった無数の人達の頭の中でも、昔話は幼い頃の様々な記憶とともに生きていたはずだ。特に昭和初期頃までの村落共同体（民俗社会）で育った人の多くにとっては、子供時代に昔話を聞くことは村で生きる基本を学ぶことにもつながったのである。また、聞く話の内容や聞く場所が自身の成長とともに変化するという経験もしていた[12]と言われることから、昔話はまさに、その人生の初期における大切な記憶全体と共に存在したものと言える[13]であろう。

頭の中での昔話の姿

では、語り手の頭の中で昔話はどのような姿をしているのだろうか。それは、どうも語られた時の言葉（表現）と同じではないようである。言い換えれば、言葉を丸暗記しているわけではないということだ。智恵子は常々、「話の筋（順序）と、いつも同じ調子で言う文句を覚えているだけだ」という風に言い、また「話の中の主なとこは、頭の中で映画みたいになってるなあ」とも言っていた。智恵子と同じことを述べておられた語り手は何人もあり、また語り手の記憶の在り様について同様のことに言及している研究者[14]もおられる。つまり、すでに定説になっている[15]が、語り手が昔話を記憶する際には、定型句（決まり文句）や擬態語・擬音語など音楽的で調子の良い、そのまま覚えることがたやすい言葉はそのまま覚え、それらを核（記憶の拠り所の一つ）にして、ストーリーは映像や絵のようなもの（イメージ）として脳内に保存しているということになるだろう。それは、「言葉と言葉以前のイメージが一つの話を形作っている状態」とも言えようか。

そこで、「絵」または「映像」になっているという昔話の記憶とは、そもそもどのように創られるのかを推測することで、「頭の中で生きている」姿を考えてみたいと思う。具体的な例として、遠野の語り手であった鈴木サツさんの次のような興味深い言葉が、『鈴木サツ全昔話集』に紹介されている。

父は、じっさい話がうまかったんだねえ。こうやって百姓仕事教えるときだって、昔話しゃべるときだって、ただわかりやすく話(はなす)するだけじゃなくて、それがすっかり絵に見えるよな話する人だったから、私には絵に見えたから、上手だったたんだねえ。だからね、いま私が昔話を語るときも、絵が、こう、見えるような感じがするもの。そうだよ、父が語っているとき私に見えた絵が、こんど私が語るとき、その絵が見えるもの。走っていくときは走っていくなり、追いかけられていくときは追いかけられるなり、絵に見えるもの。

父の話は、絵で頭の中さ入っているのよ(16)。

右の言葉によると、サツさんは、お父さんから話を聞いた時、記憶している時、そして自分が語る時、その「三つの時」のすべてにおいて、昔話は頭の中で「絵」になっている、というのである。それは、走る時や追いかけられる際も絵に見える、というのだから、「動く映像のようなもの」と言うことができる。このサツさんの言葉は、聞き手の耳に伝わった話が、すぐさまその聞き手の頭の中で生き始め、さらに生き続ける様をみごとに表現している。やがて語り手となった多くの人は、聞き手であった時、おおむね皆このような聞き方をしたのではないかと推測される。

「聞く」という行為は一般に受動的・消極的と思われがちだが、昔話の語りの場での「聞き手」は単に受動的に聞くのではないと言える。「聞くこと」は昔話が頭の中で生きる出発点である。語り手が語るのは言葉だが、その言葉を聞くことで聞き手の頭の中に映像のようなイメージが作られ、その脳内イメージが生き続けることが「昔話を覚えている」ということなのであろう。鈴木サツさんの言葉の最後、「父の話は、絵で頭の中さ入っているのよ。」とは、そういうことを言い表していると思われる。

他の語り手の例を挙げると、杉浦邦子氏は『土田賢媼の昔語り』で土田賢さんの記憶の仕方について次のように述べられる。


子どもの頃、父親の昔語りの中で川が出てくれば、どの川かと尋ねたという。身近な具体的な川を基準にして、想像を膨らませる子どもだったようだ。大きな木といえば、鎮守の森の樹木を見て、もっと大きな巨木を想像する性質(たち)だったと思われる。（中略）賢媼は、抽象的に理解するのではなく、具体的にものを考えるタイプの人である。身辺にある物や出来事を手だてとして記憶したり、判断する人である。[17]

また、佐久間惇一氏は、六百話以上の昔話を記憶していた新潟県新発田市の波多野ヨスミさんが「自分のまわりの山や川の景色に結びつけること」を「むがしを覚えるコツ」と言い、「こんど自分が語るときは、風景を思い起すことで語りが生き生きと甦る」と言われたと記しておられる。[18] 花部英雄氏も、先に紹介した佐藤ミヨキさんについて、「媼には、自宅を中心に現実や昔話世界が空間認識され、イメージ化されていることになる。それゆえに昔話の記憶が容易になり、また引き出されてくる仕掛けになっている[19]」と言われる。

つまり、語り手の多くは昔話を聞きながら自分に馴染みのある風景を思い浮かべることで、話のイメージを映像化して記憶していたということになるだろう。智恵子からも同様のことを聞いたのを思い出すが、さらに智恵子は、自分たちの子どもの頃には映画やテレビもなく、昔話に出てくるものを想像するには身近な物や風景しかなかった、などとも言っていた。しかし、映画やテレビの映像がなかったことが、かえって想像力を刺激し、一人一人個別の具体的で濃密なイメージを形成することにもなり、記憶として定着しやすかったのかも知れない。

昔話が頭の中で生きるために—「聞くこと」の深さ

ところで、サツさんがお父さんから話を聞く度に見た「絵」や、語り手の方々が話を聞く時に思い浮かべた近くの風景や事物は、当然、その時目の前に見える現実の情景ではない。「聞くこと」が作り出した「虚像」と言って良いものだが、ただ、その「虚像」を作り出すことにこそ、「聞くこと」の積極的で深い意味があると思われるのである。

そういう「聞くこと」の深さについて、丸山圭三郎氏は、『言葉と無意識』の中で「「語る、書く」行為と「聞く、読む」行為はもはや分けられない[20]」と言い、「一切のロゴスにもとづく理論は、強烈な想像力による世界の読みであり、非在の現前行為であり、壮大な虚構の創造なのである[21]」とも述べておられる。つまり、「語る」行為と同様「聞く」という行為は、想像力によって目の前に存在しないものを存在するかのように創り出すことだ、と言うのだ。丸山氏は普遍的な「語る」「聞く」行為について述べているのだが、そのことを最も鮮やかに現しているのが、昔話の聞き手が語り手から話を聞く時の姿と言えるのではないだろうか。

しかも、聞き手の耳に入ってくるのは「声としての言葉」なのである。それには、言葉の意味の他に様々な要素が含まれる。声の大きさや高さ、話す速さ、間の取り方、方言の特徴等といった、語る（話す）際の調子を初め、その人の人間性、社会的立場や健康状態、聞き手に対する感情、その場の雰囲気の影響など、声の言葉を文字にした時には見えなくなる、語り手（話し手）のすべてが表れる[22]。そうであれば、「聞く」ということは、そういう語り手の存在全体を「声」を通して受け入れるということかもしれない。

そんな〝声としての言葉を聞くことの重要性〟について、鎌田東二氏は、『言霊の思想』の第二部第二章「記号論と言霊論」の中で、人間にとっての「耳」、そして「聴く」ことがいかに重要なものであるかを論じ、「それ（耳）は、眼に見えぬものの消息を探知する根源的な器官である。（中略）耳は、外界に響くものと内界に響くものを同時に聴きとることができる」[23]（カッコ内と傍線は筆者による）と言われる。さらに、「「聴く」ことは再現と模倣の能力をもたらす」（傍線は筆者による）と述べ、「「聴くこと」は原初的な肯定の力である。（中略）対象と自己との一体化、同一化を促す。[24]」とも言っておられる。

鎌田氏の言う「眼に見えぬもの」とは、「音」や「声」であり、先に挙げたような「声の言葉」が持つ諸々の要素であり、それだけでなく、その時声を発している個人を超えたもの（「魂」とでも言えるもの）をも指しているようである。そういうものの「消息を探知する」とは、丸山氏の言う「想像力による世界の読み」にも通じることであろう。さらに鎌田氏の言葉の中の「再現と模倣」とは、昔話の伝承の場合、聞き手が語り手の声による語りを受け入れ記憶し、やがて誰かに語るという繰り返しのことになる。「聞き手」とは、眼に見えぬものの消息を探知し、聞いたことを肯定して、やがて再現・模倣する（語り手となる）人なのである。

先に述べたことと合わせると、聞き手は声を記憶し、同時に声によって頭の中に生まれたイメージを記憶すると言える。しかも、「聞いたこと」には、鎌田氏の言葉を借りると〈眼に見えぬもの＝内界に響くもの〉が内包されているのだから、その再現・模倣は、単に言葉の表面的な意味だけを受け取り継承するということではないはずである。

具体的な「声」そのものの記憶については、本書の別稿で智恵子の語る「屁こき婆さん」や「ヒチコとハチコの伊勢参り」について考察した際に、智恵子が、母親のイエの語りの中の「声による表現」を、どのように記憶し自分の語りの中で再現しているかを見た。また、その「声」の記憶が、一人の語り手から聞き手へという二世代の継承に限るものではなく、何世代にも繋がっているものであることも、智恵子の「もるぞおそろし」等を通して考察したところである。そして、声の記憶と話のイメージの記憶が不可分であることや、声そのものの記憶が何世代にも繋がることは、「聞き手」であった私自身の実感でもあるのだ。

今までの昔話研究においては、「聞き手」は語り手とともに語りの場を作る者としては評価されているが、やはり補助的存在と捉えられてきた感がある。しかし、「聞き手」の側に立つと、昔話伝承の現場で生成しているのは、実は丸山氏や鎌田氏の言葉にあるような、創造的で根源的な「聴く」行為なのである。そのような「聴く」行為があって初めて、聞き手の頭の中でいくつもの昔話が命を持ち、記憶され生き続けるのだと言える。そして、だからこそ「聞き手」が「語り手」へと成長できるのだと考えられる。

また、全て「聴く」ことは（一般的な見方に反して）積極的で創造的なものということであれば、たとえ語り手にならない場合でも、「昔話を聞く」ことは創造的な行為であるはずなのだ。昔話を聞いている時、聞き手は語り手の声の言葉に聞き入り、現実の様々な事柄を忘れ、想像の世界（異世界）の中にいる。語り手が声の言葉で作り出した虚構の世界を耳で受け取り、自分の頭の中にその世界を再現するのが昔話を聞くことなのである。それは、かつて囲炉裏端や寝床の中で祖父母や父母から聞いた人達、村の作業小屋やお寺の説教の場で聞いた人達などだけでなく、現代の語り手達から図書館の一室や保育園・小学校の教室等で聞く最近の子供達も、基本的には同じではないだろうか。

そのように、昔話の「語りの場」ではその時その時一回ずつ、聞き手である誰もが、聞いた瞬間から頭の中に様々な姿で昔話を生かし続ける。そして、語り手はもちろん、聞き手の頭の中にも昔話が生きているからこそ、語りの場が語り手と聞き手双方によって作られるものになるのである。[25]言い換えれば、積極的で創造的な聴き方をする聞き手の存在があって初めて、語り手は「語りの場」を持つことができるとも言えるだろう。

語り手の口で生きている昔話

子供時代に聞き手として昔話の命を頭の中に宿し、長い人なら数十年間生かし続けた方が、いよいよ「語り手」となる。語り手は自分の頭の中で生きている昔話を、基本的には言葉で、聞き手に向かって表現する。一般的に「昔話」と呼ばれるものは、その言葉による表現を指すと言って良いだろう。しかし、関敬吾氏の言葉にあった「民衆の口で生きている昔話」は、本来語り手と聞き手によって作られる「語りの場」での、「声の言葉の表現」のことであろう。文字言葉になってしまった昔話ではない。ただ現代では、その「語りの場」を経験した者、または経験できる者はごく少数である。まして、かつて村々や各家庭での生活の中にあった、「自然な語りの場」の様子は、多くの人にとっては、主に明治から昭和初期頃の生まれの語り手から聞き書きした、様々な記録によって想像することしかできなくなった。

私が祖母イエから聞いた幼い頃の経験は、今思えば「自然な語りの場」だったと言えるが、智恵子から何度も聞いた際は、多くは採録のための道具（録音機やビデオカメラ等）を使っていたので、それはやはり本来の「自然な語りの場」ではなかったと思っている。その上、「声の言葉の表現」について文字で記すということは、多くのものを捨象し最も具体的な様を取りこぼしてしまうような、矛盾を孕んだ行為である。それでもあえて、智恵子の語りの様を記して、語り手の「口で生きている昔話」の姿とはどのようなものか、僅かでも示すことができればと考える。

＊智恵子の語りのリズム、テンポ

伝承の語り手の場合、方言による語り口調がその地域ごとの特徴を作り出し、普段の話し言葉の調子とは明らかに違う、「語り」としてのリズムやテンポ、昔話特有の言い回しを持っている。既に多くの語り手について言われていることだが、智恵子が昔話を語り（話し）始めると、語り始めの言葉がなくても、それは日常の会話や思い出話ではないことがすぐにわかる。まず、明らかに話すスピードが遅くなる。普段の会話より息継ぎの箇所、つまり、間（ま）が多くなることと、その間の部分や文節の切れ目等々で母音を伸ばした言い方になることが多いためである。例えば、「白い雀」という話の冒頭部分は次のように語っている。（智恵子九十三歳の時の語りを採録したもの。）

むかしむかしー、片田舎の、村に、おーおきな、おーおきな、藏のある、おーきな、おーきな家があってー、そして、そこにー、お爺さんが、たんとの財産を持ってー、ほしてー暮らしたはったらー、そのーお爺さんがーもう年取ってぇ、しんどなって、死んでしまはったらしいねー。

この「白い雀」に限らず、多くの話が、語りのままを文字にした際に読点や「ー」記号を頻繁に使うことになる。それは、関西方言特有のイントネーションも関係するものの、普段の会話とは違う、間の多さや母音を伸ばした話し方の故と言えるだろう。そして、それらがゆっくりとした独特のリズム・抑揚を生み出し、そのリズムが一つの話を語り終わるまで続くのである。私の僅かな採訪経験による実感だが、概して、他の地域でも優れた語り手はゆっくりと一定の調子で語られる方が多かったように思われる。智恵子よりもっとゆったりしたテンポで語る方もあった。ちなみに、智恵子の話では、イエやツギは智恵子よりさらにゆっくりと語ったということで、智恵子自身も、年齢を重ねるにつれて語るテンポが遅くなり、リズムも変わっていった。

このような一人一人の語り手独特のリズムやテンポは、昔話が長らく声によって（口承で）伝えられてきたことと密接に関わっていると考えられる。おそらく、そのリズムやテンポ、さらに声のトーンなどは、方言（母語）に載せられて語り手から次の語り手へと受け継がれ、その家庭、またはその地域特有のものを作り出していったに違いない。それは昔話集のような形で文字になった時にはほとんど実感できなくなってしまうが、こういう語り手の声のパフォーマンスによる特徴こそ、口承文芸の表現としての文芸性を考える一つのポイントになるものであろう。

＊音楽的なリズムの定型句

口承されてきた昔話には、周知のように、音楽的とも言える独特のリズムを持つ定型句（いわゆる「決まり文句」）と、その繰り返しが見られることが多いが、智恵子の話にも、そういう定型句を含むものが幾つかある。その決まり文句は、いつ語ってもほぼ同じ調子で語句そのものもほとんど変化しない。智恵子は子供の頃から歌を歌うのが好きで、古い童謡などもよく覚えていて歌ったので、決まり文句を言うときの声の音程は地の部分を語る時より高く、華やかでさえあった。

「もるぞおそろし」の話の「とらおおかみよりもるぞおそろし」という唱えごとや、「なまけ半助」の中で帽子が歌う「なまけはんすけ、ここまでーござれ、ここまでー来たら、甘酒しんじょ、鍬やろー、鋤やろー、田でも畑でも万作じゃー。」のところ、後で取り上げる「長い名の子」の名前「へートクへートク、へーアンジーノ、エーミシキシキ、ターワターワ、チョギノコ、チョギノコ」等がそうである。また、本書の拙稿で話題にした「屁こき婆さん」や「ヒチコとハチコの伊勢参り」などでも、数種類の定型句が繰り返し出てくる。

そして、それらをイエも智恵子とほとんど同じ言葉で語っていたことが、先に紹介した『近畿民俗』第三十六号の報告と智恵子の語りを比較することによってわかる。また、智恵子は自分でも、決まり文句のところはイエと同じ調子の声だとよく言っていたが、私のおぼろげな記憶でも、二人の語る調子はほぼ同じであったと感じている。そういう定型句は、他の語り手の場合も、地の部分とは明らかに違う音楽的リズムと、詩的な表現を持っているものである。それゆえ聞き手の耳と心をつかむのが早く、記憶に定着しやすいので、伝承の鍵になることは既に定説となっている。そのことがイエと智恵子の間においても確かめられるわけで、ここにも、声の言葉でなくては成り立たない、口承文芸の表現の特徴があると言えるだろう。

口で生きる昔話の姿—語る度に起こる変化

定型句などは、語り手にとって何度語ってもあまり変化しない事柄だが、智恵子の語りは全体としては語る度に変化が見られた。昔話伝承では、同じ話を繰り返して語る際に、変わらない部分と変化する部分があるのは夙に知られており、口承の話であれば当然のことだと言える。先に、鎌田氏の言葉を借りて、「聞き手は聞いたことを再現・模倣する」と述べたが、それは聞いたまま、逐一同じ表現で語り直すということではない。文字になって外部で固定されたテキストとは違い、口承の語りは、語り手の生身の身体の内部を通ってそれから外に出てくる。口から声の言葉で語られるその時に、脳に在った記憶が息を吹き返すように姿を現し、現在の時間の中で生き直す、という風に喩えても良いかも知れない。

智恵子の場合は特に語る回数を重ねると、たいていの話が全体的に長くなっていった。例えば、本書の別稿「受け継がれる「声」の記憶」で検討した「屁こき婆さん」の分量は、五十六歳時の話の長さを一〇〇%とすると、七十六歳時の話は約一〇五%で、八十八歳時の語りは一五〇%ほどになる。こういう傾向は伝承の語り手にはよく見られることが何人かの研究者から報告されており[26]、どういうところが変化して長くなるのか、なぜそうなるのか、また変わらない部分はどこか等、大変興味深い。語り手によって変化が生じる事情は様々だと思われるが、次に、「長い名の子」と「和尚と小僧・初雪の歌」の二つを例に挙げて、智恵子の語りの変化の様子を見ていくこととしたい。いずれも、比較対照するのは、イエの話と、智恵子の三回の語り（五十六歳、七十六歳、九十歳の時の採録）で、イエの話を最初に挙げる理由は、イエの話を基準にすることで比較がしやすくなり、智恵子がどういう風にイエの語りを受け継いでいるかについても確かめ得ると考えたためである。

「長い名の子」の比較対照

イエの「長い名前」　【昭和三十九年採録・『近畿民俗』第三十六号所収】

（注・会話部分はテープに採録したままを翻字、地の部分は採録者の松本俊吉が共通語に再話した。）

―☆「　昔あるところに子供のない親が、ガンをかけて子供をさずけてもらいました。大へんよろこんで、さっそく

お寺のぼうさんにたのんで、

①「この子が出世しますように、長生きしますように、長い〳〵名前をつけたっとくなはれ」とお願いしました。ぼうさんは、

②「ヘートクヘートクヘーアンジーノ、エーミーシキシキ、ターワ、ターワ、チョギノコ〳〵」という長い名前をつけてあげました。あんまり長い名前なので近所の人たちも、友だちもなんぎしました。

③「ヘートク〳〵、ヘーアンジーノエーミシキ〳〵、ターワ〳〵、チョギノコ〳〵、あそぼかー」といってなかなかでした。ある日みんなと野原へあそびに行きました。そのうちにしらんと野井戸へはまりました。友だちがびっくりして

④「ヘートク〳〵、ヘーアンジーノ、エーミシキ〳〵、ターワ〳〵、チョギノコ〳〵さん、井戸へはまりやったでー」とやい〳〵いって知らせに行ってやりました。お父さんも、お母さんもびっくりして、とんでいきましたが、名前が長すぎたためおぼれて死んでしまいました。お父さんも、お母さんも、長い名前をつけた事をくやみました。

智恵子の「長い名の子」その1　　**【昭和五十二年（五十六歳時）採録】**

「子ぉの、子ぉのな、無い夫婦がな、あのー子供くださいますように、子供授けてくださいますように、ちゅうてな、思ちゃったらな、へたあ男の子がでけてんて。ほんでんな、この男の子をな、なんでも偉い人間にし

よう、長生きしてもらお、思てな、お寺の和尚さんとこ行てな、
①「長あい長い、[a]長生きしますように長い長い名前付けたっとくなはれ」
言うて頼みに行きゃってんて。ほぃたらな、和尚さんもな、「よし」言うて考えてからな、
②「ヘートクヘートクヘーアンジーノ、エーミーシキシキターワターワチョギノコチョギノコ」
ていう名前付けはってんて。
▼「あーこんだけ長い名前やったら長生きして偉（えろ）なっろっやろ」
て夫婦が喜んで帰ってきて、ほて、
②「ヘートクヘートクヘーアンジーノ、エーミーシキシキターワァターワァチョギノコチョギノコていう、いう
名前や」
いうて近所言うちゃってんて。ほぃたらだんだん大きなってきゃったら、
②「ヘートクヘートクヘーアンジーノ、エーミーシキシキターワァターワァ」
そない名前言うてな、[b]友達かてな、長い名前やさかいなあ、呼ぶのに難儀してな、
▼「なあ、かなんなーかなんなー」
言うちゃってんて。へてぇそないしてたらな
▼[c]「遊びに行こかあ、土筆取んに行こかあ」
言うてな友達が誘いに来ゃってんて。へたら
▼「よっしゃ、遊びに行こう」
言うてな、ほてぇ、

③「ヘートクヘートクヘーアンジーノ、エーミーシキシキターワァターワァさん、一緒に行こう」
ちゅうて、みんな行っきゃってんて。ほてそないして[d]野原で遊んじゃったらな、野井戸へな、はまりゃってんて。ほぃて
▼「助けてえー」
言やったよってん、みんな
▼「あああ、えらいこっちゃ」言うて
④「ヘートクヘートクヘーアンジーノ、エーミーシキシキターワターワチョギノコチョギノコさん、[e]井戸へはまりゃったぁー」
言うて、家い言うて帰りゃって。そのー家い去んでからも
④「ヘートクヘートクヘーアンジーノ、エーミーシキシキターワターワチョギノコチョギノコさん、[e]野井戸へはまりゃってんでー」
言うてみんな触れて帰ってやりゃってんけどな、[g]あんまり名前が長かったんでな、そらもうその間に時間たってしもてな、助けられやった時はもう死にゃってんて。ほんでんな、[h]お父さんもお母さんもな、
▼「あんまり長い名前つけてもうてあかんだなあ」
言うて、悲しみゃってんて。

智恵子の「長い名の子」その2　【平成九年（七十六歳時）採録】

「むかーしむかし、ある所ーに子供のない夫婦がやあってな、いつまでたっても子供がでけへんで、どやろな

☆ー、どやろなー思て、あっちの神さんに頼んだり、こっちの寺へ参ったりして、やっとこさ男の子ぉが産まれたんやて。そいでぇ夫婦は一生懸命名前を考えて、してはってんけど、せっかく産まれた子ぉやから、和尚さんに、

①a「長生きするように、偉（えろ）うなるように、長生きするように、」

そう言うて名前を頼みに行かはってんて。

①a「長ーい長ーい名前を付けてくれ」

て言やってんて。そんでぇ和尚さんは、

▼「そんなんやったらこういう名前にしょうか」

そう言うて、

②「ヘートクヘートクヘーアンジーノ、エーミーシキシキターワァターワァチョギノコチョギノコ、これどうや」

▼「ああ、そらええ名前だんなあ、ほんだそれにしょう」

言うて、喜んで帰ってきて、

②「ヘートクヘートクヘーアンジーノ、エーミーシキシキターワターワチョギノコチョギノコちゃん、大っきなれやあ、賢なれやあ」

言うて、大っきなさはってんて。ほしたら大っきなってから友達ができて、

③「ヘートクヘートクヘーアンジーノ、エーミーシキシキターワターワチョギノコチョギノコちゃん、[c]遊ぼかあ」

て言うてきゃって、毎日毎日元気に遊んじゃってんて。ほして、みんなと一緒に田圃の方へ遊びに行って、[d]遊んでやる時に、その子が田圃の隅の、作ったる井戸に、ごそんとはまりゃってんて。ほんだらまあ、たいへんなことで、みんな、

④「ヘートクヘートクヘーアンジーノ、エーミーシキシキターワターワチョギノコチョギノコちゃん、[e]井戸へはまりゃったあ」

[f]言うて、ほぃてやいやいやいやい言うて、そこの家い飛んで帰って、

④「ヘートクヘートクヘーアンジーノ、エーミーシキシキターワターワチョギノコチョギノコちゃん、[e]井戸へはまりゃってぇん」

言うて、そいから村中総出で、

④「ヘートクヘートクヘーアンジーノ、エーミーシキシキターワターワチョギノコチョギノコちゃん、[e]井戸へはまりゃったあ」

言うてみんな助けに行っきゃってんけど、[g]あんまり長い長い名前で呼び合いしちゃったんでぇ、とうとうその子は、井戸から出しゃった時には、もう遅かったんやて。そいでぇ、

▼[h]「こんな長い長い名前にせんだ良かったなあ」

言うて、親は悲しまはってんて。

智恵子の「長い名の子」その3　【平成二十三年（九十歳時）採録】

「お爺さんとお婆さんとな、なに、二人、仲良う暮らしてはってんけど、子どもが無いのでな、それで、
▼「うちにかてな、あんな子どもがいてたらなあ、孫がいてたらなあ。」
言うてな、お宮さんへ願掛けに行て、お寺にも頼んで、ほて、やあーっと男の子が一人授かりましてんと
─☆─ー。ほんでん、
▼「ああ、これはな、私ら二人一生懸命に頼んで、お参りして頼んだなんにゃさかいに、そいで、もう一ぺん頼
みに行こ、名前付けてもらお。」
─ちゅうてな、ほいで、和尚さんに頼んで、ほんで、
①「もうな、長生きできるようにな、ながーい名前、付けたっとくなはれ。」[a]
それで、
▼「はいはい、わかりました。ちょっと待ってとくなはれや。」
て言うて、ほいて、考えてくれはったんが、紙に書いてな、和尚さんが見せて、
②「へートクへートク、へーアンジーノ、エーミシキシキ、ターワターワ、チョギノコ、チョギノコ、これはど
やろ。」
て言うてな、んー、言わはりましてんと。ほんでん、
▼「チョギノコ、チョギノコがちょっと、途中で切れるよってんなー。」

て、お爺さん、言うたはってんけど、

▼「もう、これより、どもしゃないなー。」

て言うて、和尚さんの言わはる通りに、まあ、お婆さんと二人相談して、へて、連れて帰って、初めは、何言うかて、

▼「ヘートクヘートク、ヘーアンジーノ、エーミシキシキ、ターワターワ、チョギノコ、チョギノコ。チョギノコ、チョギノコちゃん、はいはい、はいはい、はいはい、はいはい。」

て言うて、何でも、その何するかて、呼ぶかて、その名前をな、忘れんように、て和尚さんが言わはったんで、ほいで、

③「ヘートクヘートク、ヘーアンジーノ、エーミシキシキ、ターワターワ、チョギノコ、チョギノコちゃん、遊[c]ぼかー。」

てな、「どこそこ行こかー」とかな、そんな友だちでも、ちょっと大っきなって友だちが、学校行くでも、「一緒に行こかー」とか、ただのそれじゃなくて、

③「ヘートクヘートク、ヘーアンジーノ、エーミシキシキ、ターワターワ、チョギノコ、チョギノコ、ちゃん、どこそこ行こかー、なんにゃら、蛍取りに行こかー。」

て言うてな、そないして、そない言うてたら、昔は、田んぼの中にまさかの時に井戸を掘ってまんねさ、んー、そしたら、その辺の田んぼの水が無くなったら、その井戸かい出してまた水を足すわけやんな。ほたら、そこで遊んでやったら、

④「ヘートクヘートク、ヘーアンジーノ、エーミシキシキ、ターワターワ、チョギノコ、チョギノコちゃんと遊

んでたらなー、おばちゃん、エーミシキシキ、ターワターワ、チョギノコ、チョギノコちゃん、e井戸へはまりゃってんがなー。」

て、な、言うてきゃりましてんと。ほんで、

▼「えっ、うちの、ヘートクヘートク、ヘーアンジーノ、エーミシキシキ、ターワターワ、チョギノコ、チョギノコちゃん、はまりゃったん、そら大変や、大変や。」

言うて、傍たしの人呼びに行て、出してもらやったら、もう、その子、あかんかったんやて。そんでん、名前が勝って、出世ができなかったんやて。

以上の四回の語りを比べるために付した記号の種類と意味を説明しよう。

・☆印は冒頭の「子の無い親が願をかけ、授かった子に長い名をつけてもらおうと坊さんに頼みに行く」場面。

・①②③④は、話の展開に必要不可欠な基本的な会話で、智恵子の同じ回の語りにおいて同じ番号を複数記したのは、同じ働きの会話が繰り返されていると言える場所。

・傍線部a～hは、イエの話にある表現で、智恵子の語りにもほぼ同じか、または似た言葉（表現）が出てくるもの。ただし、「ヘートクヘートク……」という名前の文言は全く同じなので傍線は省いた。

・▼は、イエの話にはなく、智恵子の話で、一回の語りにしか出てこないか、多くて二回の語りのみにある会話。

そして、四回の語りを見比べてみて確認できることを、次のように表にしてみた。

「長い名の子」	イエの話	智恵子その1	智恵子その2	智恵子その3
全体の字数	四五三字	九五二字	九二〇字	一二二九字
冒頭☆の字数	六一字	一二六字	一四八字	二一七字
基本的会話	①②③④	①②②②③④④	①②②③④④④	①②③③④
名前を言う回数	三回	六回	六回	六回半
傍線部	a b c d e f g h	a b c d e e g h	a c d e f e e g h	a c e
追加の会話▼		七回（内一回は「その1」と「その2」で同じ）	三回	七回

（注・字数は翻字したものを数え、いずれも句読点や鉤カッコを含んでいる。）

☆印の〈冒頭部分〉は、基本的な展開は変わらないものの、年齢が上がるにつれ表現が詳しくなる。特に【智恵子その3】は【その1】に比べて、この部分で新たな会話が二回入り、分量は二倍弱、しかも、子供がいないのは「夫婦」ではなく「お爺さんとお婆さん」とするなど、それまでの語りとの違いが大きい。

イエは、〈基本的会話〉を最小限の①〜④で話を進めているが、智恵子の方は三回とも②〜④に当たる会話が増える。会話①の内容はほぼ変化しないが、②③④には長い名前「ヘートクヘートク……」が含まれ、その名前を繰り返し口にしていることによる増加である。意味不明で音楽的リズムのある長い名前そのものが、この話の魅力でもあるので、その名前を繰り返すことで聞き手の興味を一層引き付けることができるのだ。私は、この話を聞く度に、智恵子自身が「ヘートクヘートク……」を何度も言うことを楽しんでいるように感じられたものである。

次いで、イエの話に出てきた表現（傍線部）が智恵子の語りではどうなっているか、注目したい。〈傍線部〉a～h八種の表現のうち、【智恵子その1】にはf以外の七種の表現がありeのみ二度、七十六歳の語り【その2】でもb以外の七種の表現が見られ、eは三度出てくる。ところが最晩年の【その3】ではそれらは一気に少なくなり、aceが各一度ずつだけとなる。このような傾向は、前に考察した「屁こき婆さん」についても見ることができた。智恵子は、子供の頃に聞いたイエの話の「声の表現」を、驚くことに七十歳代になるまで、比較的よく記憶していたと考えられるということだ。「頭の中」で生きていた「声の表現」が「口」で新たに生きる姿が、そこには明らかに存在すると言えよう。

ただ全体的には、智恵子はその時その時に結構自由に語っており、それは先に見た〈基本的会話〉の繰り返しに加え、その回にしか出てこない〈追加の会話〉（▼印）によってもわかる。アドリブとも言える▼印の会話が話に膨らみをもたらし、生き生きとした雰囲気を作り出しているのである。また、【その3】の語りをみると、その傾向は晩年には特に顕著になっていることが明らかで、なぜそうなったのか、その特徴に関わる事情については後述することとしたい。

次に「和尚と小僧・初雪の歌」について検討してみよう。

「和尚と小僧・初雪の歌」の比較対照

イエの「和尚と小僧・初雪の歌」　【昭和三十九年採録・『近畿民俗』第三十六号所収】

（注・会話部分はテープに採録したままを翻字、地の部分は採録者の松本俊吉が共通語に再話した。）

昔、あるところのお寺で、[a]雪がたくさんつもりました。
[b]ボンサンが小坊主をつれて庭へ出て、雪をながめていると、[c]ニワトリが出てきてチョコ〱と雪の上を走りました。ボンサンが

①「初雪に、とりの足あと、もみじかな」
とうたよみをしました。そして、
②「お前らもなんなっとうたよみしてみー」
といっているとこんどは[d]犬が走って通りました。[e]兄弟子がすかさず
③「初雪に犬のあしあと梅の花」とよみました。
そうこうしているうちに
④「おまえもなにかよめ〱」
といって[f]けんかになりました。雪の中へころげこみました。みていた小坊主がそれを見て
⑤「初雪に大坊主子坊主がつるみょてこけて、頭の足あとひょうたんかな」
とうたよみしました。

智恵子の「和尚と小僧・初雪の歌」その1　【昭和五二年（五十六歳時）採録】

　雪のな、降って、[a]たあんと雪が積もって、

▼「ああ初雪が積もって、きれいやなあ」

言うて、お寺の[b]和尚はんが小坊主を連れて、初雪見たはってんて。ほぃたら、[c]ちょこちょこちょこちょこちょこっと

鶏が来て、雪の上歩っこってんて。ほんだら和尚はんがな、

①「初雪に、鶏の足跡、もみじかな」

って言わはってんて。ほたら、今度め、そない言うてたらまた[d]犬がちょちょちょちょちょちょと走りょってんて。

ほぃたら[e]大きい方の兄弟子が、兄弟子の坊主が

③「初雪に犬の足跡、梅の花」

てこう言おってんて。て、和尚はんが

▼「なかなかうまいうまい」て褒めて、

②「お前らあとの者も考えなさい。なんかいい歌あれへんか」

ちゅうて、和尚はんがえろ、「歌詠みせえ、歌詠みせえ」て言はってんて。へたその間に

④「お前言えよ、お前言えよ」

って言うて、[f]けんかして雪の上へ転(ころ)こぼってんて。ほんでに、すかさず

⑤「初雪に大坊主(おぼず)小坊主(こぼず)がつるゅみょてこけて、頭の足跡、瓢箪かな」

言おってんと。

智恵子の「和尚と小僧・初雪の歌」その2　【平成九年（七十六歳時）採録】

小正月の初雪に[b]和尚さんが小僧集めて、せっかく初雪が降ったと。きれいなきれいな庭先を見つめて、

②「みんなで集まって、あのー初雪にちなんだ、歌を考えよ」

こう言わはってん。ほんだらあ、そこへ、猫か犬か、犬やな、あの寒い時やからな、[d]犬がとっとっとっとっと、走ってきょって、ほて足跡を付けよってん。ほたら、一人の小坊主が、

③「初雪に　犬の足跡　梅の花」

て、こう言おってん。

▼「ああ、上手にでけた、上手にでけた」

て和尚さんが褒めはってん。

ほんだら、今度は、そう言うてたら、[c]鶏がこっこっこっこっこっこっこっと飛んで出てきて、また足跡付けよってん。そしたら、[e]次の小坊主が

①「足跡に、鶏の足跡、もみじかな」て、こう。（黄地の注・上の「足跡に」は「初雪に」の言い間違いであろう。）

▼「ああ、それはようでけた、これもようできた」

褒めはってん。ほぃたらぁ、次、二人の坊主が、

④「お前、言えさ、お前もっとええの、考え。お前もよう考えんやんか」

言うて、二人が一生懸命になじりあいしとったんや。ほいて

▼「そんなこと言うたかて初めに言うた者が悪いんや。おいら後になったよってに、作ろにも作らへん」

言うて、ほいて、大坊主(おおぼうず)と小坊主がけんかになって、雪の中い、転(ころ)ぼってん。[f] ほぃた、一番後に残ってた小僧が、

⑤「初雪に大坊主(おおぼうず)小坊主(こぼうず)がつるゅみょてこけて、頭の足跡、瓢箪かな」

てこう言おってん。ほんでん、和尚さんが、

▼「これが一番ええ、これが一番ええ」

言うて、褒めはってんと。

智恵子の「和尚と小僧・初雪の歌」その3

【平成二十三年（九十歳時）採録】

むかしむかし、珍しく朝起きたら、まあー、まっ白けに雪積もってな、ほて、お寺も村もみーんな雪に埋もるぐらい、雪が積もってましてんと。[a] ほんでなー、お寺でも一番親坊（ぼん）さんちゅうのかな、お上人ちゅうのかな、そんな方が、

▼「みんな、早よ起きやー。今日は初雪やでー。」

言うて、起しに回らはったくらいな、珍しく雪が積もりましたんやと。ほんでんな、もう、

▼「和尚さんが、お上人があない言わはってんさかい、早よ起きんなんあかん。」

言うて、習いに行てる習い子の小坊主さん達、みんな、ずうーと大きなお寺の雨縁（あまえん）へ並びゃったらしいわ。ほて、お上人が、

②「まあなあ、見ててもええけど、なんか勉強してもええなあ。」

て言うてはってんて。ほんだらな、

②「なんか言うことあらへんやろかー、なあ。」

考えたら、考えたはったら、トコトコトコトコっと、隣から、隣の家から犬が、犬は雪が好っきゃから、寒いのが好っきゃから、ほんでん、[d]犬がタッタッタッタッタッと雪の上、嬉しそうに走りょうたんやと。ほんでん、お上人が、

③「初雪に　犬の足跡　梅の花」

と、こう言わはったらしい。

▼「どうや、これは、ええ俳句やろ。」

てお上人が言わってな、

▼「そうでんなあ。」

ちゅうて、みんな感心しちゃったらな、それこそ感心しちゃる時に、隣のまた鶏が、[c]「コケコッ、コケコッ、コケコッ」て出てきて、またこれも、雪の上の方、タッタッタッタッタッと、歩っきょったらしいわ。ほたら、それもうまいこと足跡付いてんと。ほんだら、[e]ちょっと年のいた小坊さんが、

①「初雪に　鶏の足跡　もみじかな」

てこう言やってんと。

▼「あー、そらよろしい、そらよろしい。んー、もう紅葉の旬済んだけどなー、ええ俳句や。」

て言うて、お上人に褒められやってんと。ほんでんな、

▼「誰か誰か、他にないのか、もうないのか。」

てお上人がおっしゃるから、

④「お前いつでも作ってる俳句から言えさ。」

て、みんなでいろいろ言い合いしてやる間に、一番小坊主さんが、

④「お前や、お前はまだやで、まだやで。もう俺はすんだで。」

って言うて、なんやら、ごろごろごろっと雪の上の方でfつかみ合いになったんやて。ほんだら、ごろりんと転びやって、横にやった小坊主さんが、

⑤「初雪に　大坊主(おぼず)小坊主(こぼず)が　つるみょてこけて　頭の足跡　瓢箪かな。」

て、こう詠みやってんてー。

　へっへっへっへっ、「頭の足跡」いうの、おかしなあ。せやけど、「初雪に、大坊主小坊主がつるみょてこけて」な、組み合いしてこけてるのな、それを、つるんでるっていうふうに、な、こう珍しく、なかなか面白い俳句やなあ、俳句ていうのか川柳ちゅうのか、いうて、ものすごう和尚さんが褒めはったんやて。

それぞれに付した記号の意味は、冒頭部を示す☆印が無いこと以外「長い名の子」の場合と基本的に同じである。そこで、イエの話と智恵子の三回の語りを比較したところ、次の表のようになった。

「初雪の歌」	イエの話	智恵子その1	智恵子その2	智恵子その3
全体の字数	二九〇字	三九六字	五七二字	一〇八九字

基本的会話	①②③④⑤	①③②④⑤	②③①④⑤	②②③①④④⑤
傍線部	abcdef	abcdef	bdcef	adcef
追加の会話▼		二回（内一回褒め言葉）	四回（内三回褒め言葉）	六回（内一回褒め言葉）

（注・字数は翻字したものを数え、いずれも句読点や鉤カッコを含んでいる。）

「初雪の歌」の場合も、智恵子の語りは年齢を追う毎に長くなっている。語る度に追加の会話（▼印）が増え、鶏や犬が走ってくる様子を表す表現では、擬態語・擬音語が豊かになっているためである。また、四回を比べて注目したいのは、話の展開の順序が変わることだ。右の表で〈基本的会話〉の番号と〈傍線部〉の記号はイエの話の展開順を基準にし、智恵子の三回の語りでは、それらが出てくる順に番号と記号を並べた。それからもわかるように、イエの話と【智恵子その1】はほぼ同じ流れで語られているが、【その2】と【その3】ではdがcの先で、前半の場面の鶏と犬の出てくる順番が逆になる。また、【その2】だけは最初に一句詠むのが和尚ではなく小坊主なのだ。

　おそらく、イエの話のように鶏が先、犬が後で、また、まず和尚が手本を示し小坊主達に句を詠む指導をするという順序が元の形であろう。しかし、智恵子は年齢が上がるにつれ、そのような前半の順序の違いを気にしなくなっていったようである。智恵子にとってこの話のポイントは、先の二種の俳句に対して、最後の「初雪に大坊主小坊主が……」という歌がいかに面白いかを語ることにあったと思われる。それは、智恵子がいつも、この歌を特別に楽しそうにリズムをつけて語ったことからも推測されるのだが、【その3】の最後の三行、「へっへっへっへっ」以降の言葉は、話が終わった後の語り手の感想とも取れるものの、そこに晩年の智恵子がこの話の何を一番語りたかったのかが示されていると思うからである。最後の歌は言わばこの話の「落ち」である。それがより効果的な「落ち」になるのを、智恵子自身が楽しみにしながら、前半では毎回、擬態語・擬音語をふんだんに使い、語る度に様々な会話を入れて膨らませ、一回一回話を作り上げていったのではないかと想像する。

語る度に変化する理由

＊記憶が層を成していく

「長い名の子」と「和尚と小僧・初雪の歌」を取り上げ、智恵子の語りの変化を検討してきたが、当然その他の話でも同じ傾向が見られる。いずれも、基本的ストーリー（話の骨格）や決まり文句は変化しないが、話のテーマを壊さない程度の展開の順序や細部の表現は、語る度に変わったのである。しかも、それらの細部を丁寧に観察すると、五十歳代の頃に採録したものでは、イエの話との近さが明らかで、七十歳代で少し離れ始め、さらに八十歳代後半〜九十歳代と年齢を重ねる度に大きく離れ、その時その時のアドリブ的な表現が豊かになると共に話が長くなっていった。

そこで、智恵子の語りに右のような変化が生じた理由の一つとして考えられるのは、語りを繰り返す内に智恵子の頭の中の（つまり記憶の中の）昔話が姿を変えていったのではないか、ということである。本書の別稿で「屁こき婆さん」や「もるぞおそろし」の語りを検討した際にも述べたことだが、智恵子は基本的にはイエやツギなどから聞いた話を記憶しているものの、語る度にその時の自分の語り（声の表現）を、記憶の中に新たに取り入れていったと思われる。そして、次に語る時には、最初の記憶と同時に自分が前に語った話を蘇らせ、その層を成した記憶を基に、またその時その時の語りを作る、それが繰り返されることで徐々に話が変化していったのではないかと考える。

＊聞き手の存在、生活環境の変化

語りの変化の他の理由としては、聞き手の存在も大きいであろう。伝承の語りでは語りの内容が聞き手によって影響されることは周知のことだが、智恵子の語りが聞き手に応じて変化する様を大いに実感したことがある。智恵子が九十歳を過ぎた頃から、現代の語り手として語りのボランティア活動をしている方など何人かが、智恵子の語りを聞きたいと訪れるようになった。その中の一人、吉川紗代さんは、智恵子が九十四歳になるまで十回以上来訪され、智恵子の話を聞き取って帰り、その後は自分の語りに活かしている方である。[27] 私は、智恵子が吉川さんに語るのを共に聞きビデオでの採録を重ねたが、その中で智恵子の語りの幾つかの変化に気づいたのだ。

まず、吉川さんが訪ねてこられた初期の頃、智恵子の話の文末表現が度々丁寧語になったのである。例えば、先に比較対照した「長い名の子」の九十歳時の語りを見ると、冒頭部分で「やあーっと男の子が一人授かりましてんとー。」と言っている。「初雪の歌」でも、九十歳時の語りの初めに「お寺も村もみーんな雪に埋もるぐらい、雪が積もってましてんと。」とある。いずれも吉川さんが聞き手の時で、関西方言「～ましてん」は共通語では「～ました」か「～したのです」という感じの言葉である。ところが、その丁寧語は、吉川さんの訪問が数回以上になった頃には徐々に消えていき、それは、智恵子が吉川さんと親しくなり、普通の会話でも丁寧語が少なくなった時期と重なるのだ。吉川さんに出会った当初はやはり少し緊張していて、それが丁寧表現に現れたのだろうと考えられる。

また、吉川さんに対しては、私や孫達に語る時にはめったになかった大きな身振り手振りが時々見られたことも発見であった。私達は智恵子の話を聞き慣れていて話の内容をよく理解しているので必要はないけれど、初めて話す吉川さんに対しては身振り手振りで補おうという心理が働いたのではないかと思われる。そして、聞き上手な吉川さんにつられてか、無意識的に聞き手をもてなそうとしてか、年齢が重なるにつれ話が長くなる傾向にあったのが、さらに膨らむことが多くなった。先に比較対照した「長い名の子」と「初雪の歌」の【智恵子その3】の語りは、その典型的な例とも言える。しかも、本書の別稿「昔話を聞くこと、語ること」に紹介した「もるぞおそろし」の場合のように、吉川さんに語る時には登場する者やストーリーが変わるという変化まで出てきたのである。そういう諸々の、語り手が聞き手との関係の中でその場で話を作っていく様を目の当たりにし、口承の語りの豊かさ、昔話が口で生きているということの実態を強く感じさせられたのであった。

ところで、語り手の生活環境の変化も、語りの内容に影響したと思われる点がある。智恵子は若い頃から昔話に限らず話好きだったが、特に晩年一人暮らしをするようになってからは、娘や孫達はもちろん介護ヘルパーの方など、とにかく話し相手があれば、聞き手を楽しませるような色々な話をした。長い人生の様々な出来事を思い出して話す際でも、その表現が非常に具体的なので、聞く者は皆その記憶力に驚かされるほどであった。いわゆる世間話も結構好きで、近所の人やヘルパーの方と雑談に興じる時などは、話の種が尽きないほどに見えた。このような晩年における普段の話し振りが、智恵子の昔話の語り表現にも多少の影響を与えたのではないかと考える。元来智恵子は楽しい話が好きで、悲しい内容の昔話や伝説でも暗い雰囲気にならずに語ったが、年齢が高くなるにつれて、どんな話でも会話をふんだんに取り入れて表現全体に具体性と臨場感を増やし、語りを楽しんでいる度合いが増していったように感じられるのである。

＊言葉が言葉を紡ぐ

そして、語る度に変化がある理由として、もう一つ「言葉が言葉を紡ぐ」ということも忘れてはならないと言えるだろう。智恵子は昔話を語るその都度、自分が覚えている昔話を語っているだけだと思い、それほど違うところがあるとは意識していなかったはずである。たまに語り終わった後、順序を間違えたところや話し忘れたエピソードに気づき訂正することがあったので、そういうはっきりした違い以外には無意識であったと思われる。しかし考えてみれば、誰もが、口頭で二回以上同じ内容の事柄を話す時に、いつも全く同じ言葉で話すことはあり得ないのに、同じことを話したと思うものである。言葉が持つそのような点について丸山圭三郎氏は、「言語＝意識の深層」と言い、「言葉が言葉と交錯して自己増殖を遂げる」と述べ、「言葉が言葉を紡ぎ出す。そこには意識的主体の明確な意図もなければ、まったくの偶然もない。[28]」とも言っておられる。

智恵子の語りは確かに、イエやツギなどから聞いた話の記憶に基づき、それらを継承している。さらに、語る度に変化したことには先に確かめたような様々な理由が想像できたわけで、決して偶然ではないと言えよう。ただ、語る際の具体的な表現そのものに、智恵子の意識的な意図があったとは考えられない。語っているその時に智恵子の無意識が働き次々と言葉が口をついて出てきて、結果的にイエの話を引き継いでいる表現と新たな表現が混ざり、語りを豊かにしていったのである。そして、その無意識には、智恵子の生きた長い年月の生活の諸相・人生そのものが大いに影響していたと思われる。語りが一回きりのもので「口で生きている」と言い得るのは、一面では語りのその時その時に、そういうことが生起しているからではないだろうか。

おわりに―昔話はいつも生き物

こうして、智恵子の具体的な語りを検討し、昔話が口で生きている姿を様々な角度から見ていくことを通して、たった一人の例ではあるが、口承文芸である昔話の可能性・創造性を再確認できたように思うのである。そして結局、「口」と「頭」で生きる様（声の表現と記憶）が互いに行き来するように繋がっていることも、改めて確かめられた。

ただ、伝承の昔話が「語り手の口と頭で生きている」ということについて更に考え出すと、まだまだ知りたいことが出てくる。例えば、同じ語り手から聞いた人が皆同じように語るわけではないというのも興味深いことである。そのことに関わって、小池ゆみ子氏は、遠野の鈴木サツさんのお父さん・菊池力松さんから昔話を聞いた五人の方の「食わず女房」を例に挙げ、具体的な語り表現を示しながら五人に共通していることと一人一人違う点などを詳しく論じて、

人が昔話の聞き手から語り手となる中で、言葉の変化は、その人の生活に結びつけられていると言えよう。生活の変容が昔話の言葉の変化をもたらしている。（中略）人には自分が生きている時代そのものが「現代」である。それゆえに言葉が「現代」の生活の言葉に結びつけられていくのである。一族の語り口の中にみえる言葉の変化は、昔話のもつ「現代性」に通じる、と考えている。[29]

と、述べておられる。また、小林美佐子氏は、同じ菊池力松さんの「せやみ」という昔話を、力松さんの子供や

孫で語り手となられた方（五人）がどのように受け継いでいるかについて、その表現を細部まで検討している。そして、皆が力松さんから聞き、互いに語り合いっこまでしたことがあるのに、やはりそれぞれの語りに微妙に差異があることを示し、次のように述べられる。

> 榮子さん自身の耳に力松さんの「せやみ」の言葉が残っていて、榮子さんの語りは、それを拠りどころにしてあると言えます。榮子さんだけでなく、力松さんの娘たち五人には、それぞれが記憶した力松さんの言葉があって、その言葉が糸口となって話が手繰り寄せられ、彼女たちの語りを支えているのでしょう。[30]（黄地注・榮子さんは力松さんの孫）

小池氏と小林氏の論考は、大きな示唆を与えてくださる。同じ語り手から同じ話を聞いたとしても、その「聞き手」が受け取るイメージと記憶はその人個人のもの、さらに「聞き手」が語り手となった時の表現もまた、その人個人のものなのである。そして、「頭」の中のイメージも「口」での表現も、その人の生きた時代や環境に影響されることは当然ということである。

「伝承」というと、一般には単に個人や時代を超えて受け継がれるもののように考えられる節があるが、昔話の伝承において、「聞き手」が「語り手」に成長する過程で生起していることは、智恵子の語りを見てもわかるように、思いの外ダイナミックなことだと言える。個人や時代を超えて受け継がれる普遍的なものと、語り手一人一人のものが、常に並進し互いに影響を与えながら現代まで繋がってきたのである。それは、改めて言うまでもなく、すべての文化と同じく、伝承の担い手は生身の人間だから、ということではないだろうか。そして、そういうことこそが、昔話は「生き物」だと言える理由につながるのだと思いたい。これからも、多くの語り手が残してくださった膨大な語り資料を読み、聞く時に、一人一人の語り手と、その語りの向こうに在るものへの尊敬の念を忘れてはならないと、自分に強く言い聞かせているのである。

【注】

（1）關敬吾著『民話』〈一九五五年・岩波書店〉第二部（八九～九〇頁）

（2）『近畿民俗』に掲載されたイエの話は次の十八話である。ただ、話のタイトルはイエ自身が題名として口にしていたものもあるが、多くは採録者である松本俊吉が仮につけたもので、話型としての名称ではない。また、最後の三話については、俊吉は「無題断片」として報告しており、私がタイトルをつけた。

①すずめの汁　②なまけ半助　③長い名前　④ヒチコとハチコの伊勢まいり　⑤伊勢まいり　⑥お月さんと日りんさんの伊勢まいり　⑦ノミとシラミ　⑧まま子話　⑨雪ん子A　⑩雪ん子B　⑪オオカミの玉　⑫狐の恩返し　⑬もるぞおそろし　⑭うたよみ　⑮うめの花と塩イワシ　・無題断片（⑯ポイトコナ　⑰ぼた餅は阿弥陀さん　⑱カラスとにわとり）

（3）裁縫（和裁）を習いに行って昔話を聞いたという例は他にも報告されている。例えば、新潟県で数百話を語られた波多野ヨスミさんは、裁縫を習いに通った家のお婆さんから、行く度に話を聞いたという（佐久間惇一「越後の語り手―波多野ヨスミ―」〈野村純一編『昔話の語り手』〈一九八三年・法政大学出版局〉所収〉。また、佐久間氏によると、波多野ヨスミさんが裁縫の教室で昔話を聞いたミセさんという方も、裁縫の修業先にいた老女から昔話を聞いたという。そして、大阪市天神橋筋で育った坂田静子さんは、娘時代に寺に裁縫を習いに行き、その寺の和尚さんが語ってくれた話を幾つも覚えておられたということだ（笠井典子編『浪速の昔話』〈一九七七年・日本放送出版協会〉「解説」）。このような例が各地にあることから、かつて結婚前の女性の習い事であった裁縫の教室が、昔話の伝承の場の一つであり得たのではないかと考えられる。イエの習った師匠がどこの出身の人であったか、誰から昔話を聞き伝えたのか、今は確かめるすべはない。ただ、イエが語った話の中に採録例の稀なものが幾つもあり、奈良県内では確認されていない話が結構あるのは、その師匠の存在と関わることは確かであろう。

（4）稲田浩二氏は『昔話の時代』〈一九八五年・筑摩書房〉第1章「語り手の顔、話し手の顔」で、聞き手が語り手になるまでを四期に分類し、その第二期・修練の時期は語り合いの時期で、伝承者がひとしく通る道という。

（5）花部英雄編著『雪国の女語り　佐藤ミヨキの昔話世界』〈二〇一四年・三弥井書店〉「解説編」（三一四頁）
（6）矢部敦子「昔話の伝承と再生―語りの場の記憶から見えてくるもの―」（『口承文芸研究』第三十九号〈二〇一六年・日本口承文芸学会〉）
（7）笠原政雄語り・中村とも子編『雪の夜に語りつぐ　ある語りじさの昔話と人生』〈二〇〇四年・福音館書店〉の「いとこ煮とあんか―笠原政雄思い出話―」には、笠原さんが自身の言葉で同様のことを語った内容が記されている。その中に「歌みてえなことばが入ってると、語ってて、そこんところで母親のおもかげが出てくる。母親の声は細くてきれいだったから、歌はとてもかわいい調子だった。（中略）それ、結局、母親が聞かしたそのまんまのが、自分の頭に残ってるんだ。それさえ忘れなければ、昔話は忘れないんだ。」とある。また、後述の鈴木サツさんも、父親の昔話の記憶を自分の子供時代の思い出とともに詳しく語っている。（注（16）の書を参照）
（8）月本洋・上原泉著『想像　心と身体の接点』〈二〇〇三年・ナカニシヤ出版〉第Ⅱ部「発達―記憶、心の理解に重点をおいて―」（一六八頁）
（9）内田伸子著『想像力』〈一九九四年・講談社〉
（10）内田伸子著『ごっこからファンタジーへ　子どもの想像世界』〈一九八六年・新曜社〉
（11）注（9）に前掲の書（一〇八頁）
（12）武田正著『昔話の現象学―語り手と聞き手のつくる昔話世界―』〈一九九三年・岩田書院〉序章　第一節「語りの機能」等に詳しい。
（13）拙論「記憶としての昔話」（『御伽草子と昔話　日本の継子話の深層』〈二〇〇五年・三弥井書店〉所収）でも、同様のことに触れた。
（14）水沢謙一「〈昔語り〉語り手―語る場」（『国文学　解釈と鑑賞』第四五巻十二号〈一九八〇年・至文堂〉所収）、氏家千恵「昔話の映像的表現」（説話・伝承学会編『説話の国際比較』〈一九九一年・桜楓社〉所収）等。
（15）以下に述べることと同様の記述が「昔話・伝説を知る事典」（『やまかわうみ』２０１３年春号〈二〇一三年・アーツアンドクラフツ〉）の「昔話の記憶法」の項などに見られる。

（16）小澤俊夫・荒木田隆子・遠藤篤編『鈴木サツ全昔話集』〈一九九三年・鈴木サツ全昔話集刊行会〉所収の「鈴木サツ聞き書き」（三一六頁）
（17）杉浦邦子編著『土田賢媼の昔語り』〈二〇〇五年・岩田書院〉第三章（二六七頁）
（18）佐久間惇一「越後の語り手―波多野ヨスミ―」（野村純一編『昔話の語り手』〈一九八三年・法政大学出版局〉所収）（二五頁）
（19）注（5）に前掲書（三二四頁）
（20）丸山圭三郎著『言葉と無意識』〈一九八七年・講談社〉「I情念という名の言葉―ロゴスとパトス―」（二七頁）
（21）同右（二八頁）
（22）アン・カープ著、梶山あゆみ訳『「声」の秘密』〈二〇〇八年・草思社〉、梅田規子著『ことば、この不思議なもの』〈二〇一一年・冨山房インターナショナル〉、鎌田東二著『言霊の思想』〈二〇一七年・青土社〉「序章　人類文化と言語」・「第二部第二章記号論と言霊論」等に示唆をいただいた。
（23）注（22）に前掲の鎌田東二著『言霊の思想』（三一〇頁）
（24）同右（三一三頁）
（25）注（12）に前掲の書「第四章・第四節　昔話の語り手と聞き手」に示唆をいただいた。
（26）廣瀬清人著『集団パラダイムにおける昔話の意味世界と心理機能』〈二〇一二年・三弥井書店〉、注（5）に前掲の書、注（17）に前掲の書などによる。
（27）吉川紗代「伝承の語り手に学ぶ昔話の継承」（『昔話―研究と資料―』42号〈二〇一四年・日本昔話学会〉）
（28）注（20）に前掲の書（一一五頁・一一七頁）
（29）小池ゆみ子「菊池力松一族による昔話伝承の実相―「食わず女房」の場合―」（『口承文芸研究』第三十九号〈二〇一六年・日本口承文芸学会〉）
（30）小林美佐子「力松さんから榮子さんへ」（小池ゆみ子・小林美佐子・田中浩子・丸田雅子編『遠野の昔話　菊池力松さんのむすめたちの語り』〈二〇一六年・企画室コア〉所収）（三四五頁）

【本文および注に記したもの以外の主な参考文献】

吉沢和夫著『民話の心と現代』〈一九九五年・白水社〉
片岡輝・櫻井美紀著『語り　豊饒の世界へ』〈一九九八年・萌文社〉
岡真理著『記憶／物語』〈二〇〇〇年・岩波書店〉
石井正己編『子どもに昔話を！』〈二〇〇七年・三弥井書店〉
片岡輝著『叢書　文化の伝承と創造　1人はなぜ語るのか』〈二〇一六年・アイ企画〉
日本口承文芸学会編『こえのことばの現在』〈二〇一七年・三弥井書店〉
杉浦邦子「昔話の継承と実践―可能性と課題―女性がかかわる昔話の実践活動―」〈『昔話―研究と資料―』41号〈二〇一三年・日本昔話学会〉〉

第二部　昔話・伝説の中の女性

「阿曽津婆(あそづばば)」と水没村の伝説 §§§ 滋賀県湖北の千軒伝承

はじめに

千軒(せんげん)伝承とは、過去のある時期非常に繁栄し大集落であった所が、何らかの事情によって現在は衰退または消滅したことを言い伝えるものである。滋賀県の琵琶湖周辺にも何ヶ所か千軒伝承が存在するが、その大半が湖北の湖岸に集中していることがかねてより注目されてきた[1]。しかも、それらの伝承では一様に、昔大洪水や津波が襲い、村が短時間の内に琵琶湖に沈んだと伝えることから、水没村伝承とも言われる。（地図Ⅰを参照）

この水没村伝承が残る地域については、一九七〇年代より水中考古学の観点から湖底遺跡の調査が実施され、特に近年幾つかの伝承地では、水没の原因となった地殻変動の時期がほぼ特定されてきている[2]。そのことにより水没村伝承が、琵琶湖でかつて何度も大地震による大規模な被害があった証拠として、改めて注目されているところである。

そのような琵琶湖北部の水没村伝承の一つに「阿曽津(あそづ)千軒」の伝説がある。他の伝承の多くが過去の大洪水（または大津波）と村の水没をシンプルに伝えるものであるのに対し、阿曽津千軒伝承は説話的ストーリーを持ち、「阿曽津婆の伝説」として湖北地方で広く知られてきた。本稿では、その「阿曽津婆伝説」を中心に考察を進めていきたいと考える。

地図Ⅰ　林博通・釜井俊孝・原口強、著『地震で沈んだ湖底の村』より

地図Ⅱ　成田迪夫著『西野水道と農民』より

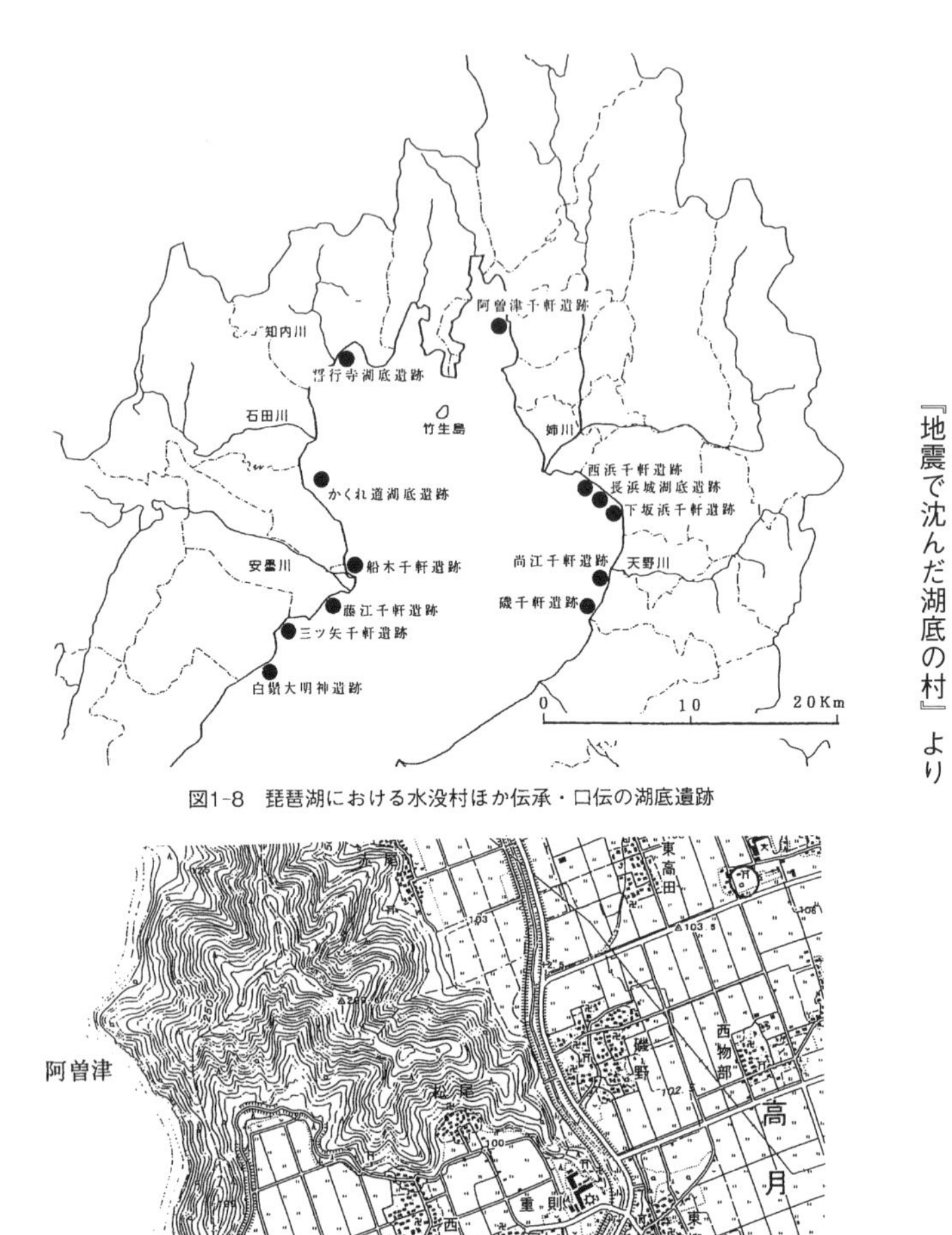

図1-8　琵琶湖における水没村ほか伝承・口伝の湖底遺跡

「阿曽津婆伝説」とその類話

長浜市高月町西野に伝わる「阿曽津婆伝説」の一つは、次のような話である。

［例話］西野山を越えて、琵琶湖岸へ出たところに「阿曽津」という所があります。その昔、ここには、「阿曽津千軒」といって、たくさんの家が立ち並び、多くの人が住んでおりました。この阿曽津の庄にひとりの老婆がいて「阿曽津婆（ばば）」と呼ばれ、土地一番の大金持ちでありました。阿曽津の庄でこの老婆に金を借りないものはないといわれるほどの豪勢さでありました。（中略―老婆がひどく強欲であるため村人の反感を買い、村人達は老婆を殺すことを決めて）、老婆を捕え、竹簀（すのこ）に巻いて湖中深く投げこんでしまいました。ところが、たまたま堅田の浦に住む漁師で、俗に「堅田の張子（はりこ）」といっていた人達が、この湖のあたりで漁をしていて、簀巻きにされて流されていた老婆を見つけ、すぐに救い上げ、介抱したが、とても助けるまでにはいきませんでした。老婆は今、まさに息を引き取る苦しい中から、「ようこそ私を介抱して下さった。その恩返しに、私の屋敷に竹林があるが、その竹を切って竿にしなさい。私の一念によって必ず漁舟の覆没の災難から逃れられるであろう。私の霊はとこしえにこの竹林にとどまって、お前さん方を守ってあげよう」と言って息を引き取りました。それ以来、堅田の漁師達は阿曽津の竹を切り竿にして、守り神として使っています。この事件があって間もなく、「阿曽津婆」の恨みが大津波となって阿曽津に起こり、たくさんの家々や家財道具を流してしまいました。土地は荒れに荒れ、村中どうしようかと泣き叫びながら、右往左往の阿鼻叫喚の巷と化しました。しかたなく村

人たちは土地を捨て、命からがら山越に逃げ去りました。そして、西野・松野（松尾）・熊野・東柳野・中柳野・西柳野・磯野の七部落に分れて住みつきました。それぞれの字名の最後が「野」で終わっているのはその証拠だといわれています。（高月町教育委員会編『高月町のむかし話』より）

さて、この伝説の舞台であり「阿曽津千軒」伝承地の「阿曽津」は、地図Ⅰ・Ⅱに記されるように、北湖の湖岸、長浜市高月町に現存する小字である。地図Ⅱからもわかるが、この辺りの湖岸はほとんど砂浜がなく、山が直接琵琶湖から突き出ているような地形で、西野の村から阿曽津に行くには非常に険しい山道を徒歩で一時間半程度かけ、山を越えねばならない。「阿曽津」にたどり着くと、砂礫の多い幾分平坦な土地が開け、人工的な石積みによって三段程度の雛壇のようになっている。かつて養蚕が盛んであった頃はここにも桑畑があったというが、今は高い杉の木立に覆われ、小さな地蔵堂が残るのみである。[3] 阿曽津千軒は実在したのか、また伝説に語られる大津波は本当に起こったのか、その謎に迫ろうと何度かの湖底調査が実施され、様々な考察もなされてきた。[4] その結果、用田政晴氏は、阿曽津の湖底には村とおぼしき遺構が眠っていると考えられ、それが湖中に没したのは近世以前のことと類推できるとされる。[5]

また、伝説では「七野」は阿曽津の水没後に形成されたというが、七野の村の各地に伝わる観音像には平安時代まで遡ることのできるものもあり、[6] 村の歴史は古い。では、大集落の水没という未曾有の歴史的事実が、長らく「阿曽津婆の伝説」として語り継がれて来たのは何故なのだろう。疑問が増えるばかりだが、まずは伝説の類話を検討していきたい。管見に入ったのは先に紹介した例話を含め十四話[7]で、その要約は次のようである。

①　阿曽津に金持ちで高利貸の婆さんがいた。「やわり、やわり返しゃっさいの」と言って八割の利息を取ったので、負債を負った若い衆が婆さんを簀巻きにして川へ放り込んでしまったと、船頭さんが話してくれた。（伝承地は西浅井町八田部・以下（ ）内は伝承地を示す。また、現在は伝承地のすべてが長浜市に属している。）

②　阿曽津は阿曽津千軒といわれた。そこに金貸し婆さんがいて高利貸をした。婆さんが強情な人なので村の人が簀巻きにして放り込んだのを、堅田の漁師が救いあげた。以来、今でも堅田の漁師は舟に乗ったら竿だけはただで貰える。この婆さんの恨みで、雨の晩、そこを通るとヒューと蛍火のような海虫（みのむし）が広がってゆくという。（西浅井町小山）

③　昔、山梨子の南に阿曽津千軒。金持ちの婆さんが金を貸していたが、返せない負債者がその人を簀巻きにして海に放り込んだ。そこに堅田の漁師の船が来て婆さんを助けた。それで、婆さんの一念により堅田の漁師の船はどんな嵐にあっても転覆させないという誓いを立てたという。その船は堅田の今崎にあった張子団平という張子船で、昔は一所帯が皆乗っていた。（西浅井町塩津浜）

④　阿曽津婆という金持ちが在所中へ金を貸していた。催促がうるさいので、皆で婆さんを簀巻きにして阿曽津の浜に沈めた。すると、すごい嵐と津波が起って千軒あった部落を一のみにした。住民は山を越えて「のーのー」と言って逃げたので、「の」のつく所が七ヶ所でき、「七野」がその在所だという。（同右）

⑤　阿曽津婆は金を持っていた。皆はその婆さんに金を借りた。この辺に磯野とか柳野とかノのつく所がある。そこの人たちが金を返せず、婆さんを簀巻きにして海にはめた。今でも蛇になって出るという。（木之本町大音）

⑥　山梨子に阿曽津という所。そこには昔千軒の家があった。金貸しの婆さんがいて、村人が皆お金を借りた。返せとか何とかで、村人がそのお婆さんを簀巻きにして琵琶湖に流した。その晩大嵐が来て千軒あった阿曽津

の村をさらっていってしまった。（同右）

⑦阿曽津婆は大変な金持ちで、黄金の鍋や鶏を山に埋めてしまう。そして元日の朝早く金の鶏が出てきて鳴くので、その声を目当てに探すとよいと言った。婆は竹簀子に巻かれて海に流され、宝物をさがし当てた人はいない。毎年村人は鶏さがしにでかけたが、声を聞いた者はなかったという。（高月町西野）

⑧一四七頁〜一四八頁で紹介した例話

⑨高月町松尾の西方の湖の中に昔阿曽津という千軒近くある部落。阿曽津婆という高利貸が村中に金を貸し、村は貧困にあえいでいたため、若者達は婆さんを簀巻きにして湖に投げ込んだ。婆さんは堅田の漁師に助けられたが、「阿曽津の村には未来永劫たたってやる。しかし堅田の漁師さん達は私が必ず海難をのがれさせる」と言って死んだ。数年後、大地震が起り、阿曽津は琵琶湖の底に沈んだ。命からがら逃げた人々は、東の方に七つの野のつく村を作った。阿曽津の湖底遺跡からは、雨の夜に蛍火のような婆の怨念の不知火が燃え上がるといわれる。また、婆の屋敷跡には金銀財宝が埋まり、黄金の鶏の鳴き声が元旦には湖面に浮かび上がるという。（伊香郡）

⑩阿曽津は昔阿曽津千軒と言い良港として繁栄した所。阿曽津の姥という長者が金を貸しては貧乏人をいじめ、田を取りあげて竹を植えたりしたため、若者たちが例の竹藪の竹で長者を簀巻きにして琵琶湖に投げ込んだ。堅田の漁師が助けたので、長者は漁師たちに阿曽津の竹を代々自由に使って舟の竿にして良いと申し出た。その竹を竿にすると寒い日でも手が凍らないと言う。（高月町・湖北町）

⑪昔、山梨子の南に阿曽津千軒といわれる村。金持ちの婆さんがいて村人は金を借りた。利子が高く返済できない村人が婆さんを簀巻きにして湖に放り込んでしまう。すると湖が急に荒れ、大津波が寄せて一晩で村は湖

底に沈んだ。村人達は「こわやの、こわやの」と言って方々へ散って行ったそうで、その人々が住んだのが柳野、西野など野の付く村だという。千年に一度元旦に、婆さんが埋めた金壺に黄金の鶏が立って一声だけ鳴くともいわれる。（木之本町山梨子）

⑫　通称奥山は、大昔阿曽津千軒と言われた所。阿曽津婆という長者に多くの者が金を借りたが、利息が高く返せない者にはひどいことをしたため、村人達は老婆を竹簀に巻き湖に投げこんだ。それを堅田の漁師が救い上げた。老婆はお礼に阿曽津の竹を自由に使うことを許し、竹は漁師の守り神として使われたという。やがて婆の恨みが地変となり大津波がおしよせ、村は湖底に沈んだ。大津波は西野山の低い所を越え東側へ流れこんできたが、そこをエビまでも越したので〝エビ越し〟と言う。阿曽津の人々は山を越え野のつく七部落に分かれて住みついたと言われる。（高月町西野）

⑬　阿曽津婆はお金や黄金の鶏など埋めて、宝物を掘りあてた者にやろうと言った。金の鶏は元旦に東に向かってきれいな声で鳴くと聞き、村人達は正月の朝早くから金の鶏を捜したという事である。（高月町西野）

⑭　古保利村の北端琵琶湖岸に阿曽津なる浜地あり現今は畑地なるが往昔千軒の部落あり豪家に一老婆住みて富みて業欲非道にして衆人の怨む所なりしが一大震災起りて土地の大部分は陥落して湖水となり一部落終に全滅し今は其一部を残すと云う伝説あり。

以上の類話をもとに、「阿曽津婆伝説」の基本的な内容を、次の表に記したようにAからJのモチーフに整理してみた。表の右端の番号は右に紹介した類話の番号と対応し、その類話がAからJのどのモチーフを有しているかを表中の○印によって示している。

「阿曽津婆伝説」14例の内容の比較表

類話番号	伝承地（採録当時の町名または郡名）	昔、阿曽津は千軒もある大きな村 A	阿曽津婆は金持ちで強欲 B	村人達が阿曽津婆に借金 C	村人達が婆を簀巻きにして湖へ D	堅田の漁師が婆を助ける E	婆が漁師に竹の使用を許す F	婆が漁師の守り神になると約束 G	津波（嵐）により村が水没 H	逃げた村人達が七野を形成 I	阿曽津婆は金の鶏を埋めていた J
①	西浅井		○	○	○						
②	西浅井	○	○		○	○	○				
③	西浅井	○	○	○	○	○		○			
④	西浅井		○	○	○				○	○	
⑤	木之本		○	○	○						
⑥	木之本	○	○	○	○				○		
⑦	高月		○		○						○
⑧	高月	○	○	○	○	○	○	○	○	○	
⑨	伊香郡	○	○	○	○	○		○	○	○	○
⑩	高月・湖北	○	○	○	○	○	○				
⑪	木之本	○	○	○	○				○	○	○
⑫	高月	○	○	○	○	○	○	○	○	○	
⑬	高月		○								○
⑭	伊香郡	○	○						○		

伝説の核となるもの

さて、このように類話を対照してみると、「阿曽津婆伝説」の中で最も印象深く語られているのはモチーフB

CDであることがわかる。ただ、冒頭に述べたように、この伝説は本来千軒伝承であり水没村伝承である。ならば、他のシンプルな水没村伝承から類推される如く、モチーフAとHがこの伝説が生まれた時の核となったはずであろう。遠い昔、大規模な地震とそれに伴う津波により住み慣れた村（しかも大集落）が湖底に沈んでいく様を目の当たりにした人々は、その様子を伝え残さずにはいられなかったと思われる。また、大惨事からかろうじて逃れた人々が山を越え新たな土地に移り住んだということ（モチーフI）も、七野の村々の先祖にとっては、後の世に伝えられるべき、つまり伝説の核の一つとなる大切なことであったろう。

岩瀬博氏は、伝説の担い手をその歴史的変遷に重ねて分類し、「不思議な事物や事件に対する原初的、共同体的感動を伝説的想像力で語り伝えたひとびと、集団（主として血縁・地縁共同体構成員、次いで職能集団も）」を第一段階の担い手としているが[8]、阿曽津の伝説の場合にも当てはまることと言えよう。そういう村の水没と新たな村の誕生を語る原初の伝説が、やがて「阿曽津婆」を主人公とした話となった背景には、長い伝承の過程の中での様々な事情があったと思われる。

そこで、最初に注目したいのは、津波の原因についての語り方である。阿曽津の水没（モチーフH）を語るものは七例（類話④⑥⑧⑨⑪⑫⑭）であるが、⑭以外は村人が婆を簀巻きにして琵琶湖に沈めたこと（モチーフD）により津波（または地震・嵐）が起ったという展開をする。つまり、殺された婆の怨念が津波を引き起こし阿曽津の村を壊滅させたというのである。類話⑨は「未来永劫にわたってたたってやる」と婆が言ったとし、例話や類話⑫では「阿曽津婆の恨み」が地変となり大津波が押し寄せたという。また、類話②と⑨で、阿曽津の湖岸に雨の夜蛍火のようなものが現れ、それは今も残る婆の恨みや怨念だと言われていることが報告されている。

このような語り方は、非業の死や冤罪による憤死など不幸な死に方をした人の霊が祟りをなし、後に災害や疫病などを引き起こしたとされる御霊の考えにつながるものと言える。また、世界中に分布する洪水神話の中には、人間の邪悪さに対する懲罰として大洪水が起ったとするものがあると言われる。[9] さらに和久津安史氏は、明治三年宮城県の阿武隈川に起った洪水が「サトージ嵐」と呼ばれ、佐藤次という大泥棒の祟りと考えられたこと等を例にあげ、「泥棒を残酷な方法で処刑することにより、祟りとして自然災害を招くという話のパターンがあるのかもしれない」と述べる。[10]

おそらく、大津波と村の壊滅という想像を絶する理不尽な災害を体験した人々は、衝撃の大きさのあまり、なぜ自分たちがそのような不幸に遭遇しなければならなかったかを自問する内、その原因を何らかの罪悪に対する懲罰と考えざるをえなかったのであろう。その思いがやがて、「阿曽津婆の祟りや怨念」と言う説話的イメージを受け入れることにつながったのではないだろうか。そして伝説としてそのイメージが定着すると、婆の怨念を怖れる思いは、折に触れ人々を新たな恐怖に陥れることもあったと思われる。

それは、大森神社でかつて行われていた祭についての伝承の中から感じ取れることである。大森神社は現在は松尾（もと松野）の氏神であるが、もとは阿曽津庄の総社とされ、七野全域の人々によって祀られていたという。[11] 祭は俗に「わたんじょ祭」と言い、昭和の中頃まで四月二日に古来厳重に行われていたとのことだが、もとは蛇神を祭ったもので、『高月町のむかし話』[12]には祭りの起源を語る次のような伝承が報告されている。

阿曽津婆は大蛇の化身である。ある時大森神社の近くの沼に落ちて命を失うものが出、毎年災いが続いた。村人たちは、これは大蛇のしわざで人々が大蛇に飲み込まれていると信じ、大森神社に蛇神を祭り、白衣に身を包み笛太鼓を打ち鳴らし藁人形を作って奉納し祈願したところ、災いがなくなったという。（要約・筆者）

阿曽津婆が蛇に姿を変えるという言い伝えが存在したことは類話⑤からもわかるが、右の伝説は、津波の後の世に阿曽津の子孫たちに災難が生じた時、人々がその原因を阿曽津婆に求めたことを示している。長い間それ程までに婆の存在は人々を脅かし、新たに盛大な慰霊の祭りをすることでようやく鎮まるような、まさに「御霊」であったのである。

伝説の骨格となる話型（説話的類型）

しかし、阿曽津婆の存在と村人の所行は、当然事実ではない。なぜなら、阿曽津婆伝説全体には、御霊信仰だけでなく、いくつかの説話的類型（話型）が重なって見えるからである。

＊「蘇民将来」の話型

それらの説話的類型の中でこの伝説の中心的骨格となるものは、モチーフD～Hの展開であろう。村人達によって湖に投げこまれた婆は、堅田の漁師に助けられるものの、ついに事切れる、その前に村人を呪うとともに漁師を守る約束をし、やがてそれら婆の言葉が現実のこととなった―というのである。そこには阿曽津婆を、単なる長者ではなく霊的な存在と見なす心意が感じ取れる。婆が霊的な力を持つゆえに、その怨念や祟りはより強力なものとなると考えられたとも言える。

ところで、霊的存在や聖なる存在が、自らを助け歓待したものには幸いをもたらし、逆に害したものを不幸に陥れる（時には呪い祟る）という話は古くから伝わり、「蘇民将来」型の説話とされる。『備後国風土記』逸文等に見える蘇民将来と巨旦将来の兄弟の伝説は、茅の輪神事の由来譚ともなる代表的なものであるが、『常陸国風土記』の福慈と筑波の伝説の他、弘法伝説や山姥伝説等にも見られ、また「大歳の客」や隣の爺型の様々な昔話など、多くの伝説・昔話の基調となる話型である。

阿曽津婆伝説は、阿曽津の村の水没の理由をこの話型によって説明したものと言えるが、現代の我々には一つの説話的類型と見えるこの語り方によって、それを伝え聞く人々は阿曽津の悲劇的出来事の因果関係について、ある程度腑に落ちる思いをしたのではないかと想像する。

災害に遭った人々が暗に求めていたものについて、花部英雄氏は、宝暦元年（一七五一）に新潟県西部を襲った地震による「名立崩れ」と呼ばれた被害の伝承について考察し、「信じられない山の崩落という大惨事に対して、地震が原因であることは理解できても、なぜこの地に起こる必然があったのか。現象の向こう側にある理由、すなわちそれに答えるべき「物語」の説明が必要とされているのである。（中略）伝説は情報の裏側に踏み込んで、物語的メッセージを含めて説明するものといえる。[13]」と述べる。阿曽津婆伝説についても同様のことがいえると思われ、人々は、類型的な説話に基づきつつも「阿曽津にのみ起った個別の出来事として語られる物語」によって、村の水没という現象の裏に隠れた歴史的意味（かつての村人たちにとっての意味[14]）に思い至ることができたのではないだろうか。

＊湖水に沈んだ女性を助ける堅田（かたた）の漁師

ただ、大惨事の原因と結果を物語的メッセージによって説明した最初の人物は、被災した当の村人達やその子孫ではなかったであろう。そういう働きをするのは、多くの場合共同体の外部の人間か客観的立場の者と思われる。(15) そこで再度伝説の流れを見直すと、湖に投げこまれた婆を助けたという「堅田の漁師」の存在が浮上してくる。婆の呪いの言葉と漁師への約束を聞くことが可能なのは堅田の漁師のみであり、その婆の最期の言葉を皆に伝えることができるのも彼らしかいないからである。では、なぜ伝説では堅田の漁師がそういう役割を果たしたと語るのか。

湖南の堅田の漁師が平安末期から近世にかけて琵琶湖において絶大な力を持っていたことは周知のことであり、その漁業圏は「諸浦の親郷（おやごう）」として湖水一円に及んだ。(16) ならば、堅田の漁師が地理的には最も遠い阿曽津の沿岸辺りで漁をしていたとしても、不思議ではない。しかし気になるのは、例話や類話③で婆を助けたのは「張子」と呼ばれた（または張子船に乗った）漁師であったと述べることである。彼らは近年まで「張子船」とか「ハリブネ」と呼ばれる船に家族全員が乗り、船上生活をしながら琵琶湖全域で漁をした。その船の名から湖北では「ハリコ」と呼ばれたそうである。彼らの本拠地は近世初期より堅田の小番城（こばんぎ）で、年中釣漁と筌漁（うえ）で渡世し、「釣漁師」というと小番城の漁師仲間をさしたという。(17)

しかも橋本鉄男氏によれば、その小番城の漁師が昭和の中頃まで「船魂（ふなだま）」の信仰を続けていたとのこと、その信仰形態と生活様式や漁の方法なども合わせ考えると、彼らは古い海人（あま）文化を最近まで伝えていた者達ではないかというのだ。(18)「船魂」は航海の守護神として漁師や船乗りに信仰されている神霊だが、「航海を守る」とは、類話③⑧⑨⑫でまさに阿曽津婆が漁師達に約束したこと（モチーフG）なのである。船魂祭祀として女性と関わりの深い慣習を残していた地域もあり、古くは船魂は女性の神様と考えられたとも言われている。(19) そうであれば、漁師達が、「阿曽津婆を救い看取ったのは自分達であり、それゆえ婆は船魂的存在となった……」と語り始めたという想像もできるのではないだろうか。

さらに、堅田には新田義貞の愛妻であった勾当内侍（こうとうないし）の伝説が伝わることにも注目したい。義貞は越前に落ちのびる際に、京から今堅田まで同行した内侍をそこにとどめ置いたのだが、『太平記』等の内容とは違い、義貞の戦死の悲報を聞いた内侍が悲しみのあまり今堅田の浜で入水し亡くなったと伝えるのである。小番城の北隣、出来島（でけじま）（出島）の野神神社はその勾当内侍を祭神とし、俗に「きちがいまつり」と呼ばれる奇祭は、非業の死を遂げた内侍の怨念を鎮めるため内侍の命日に行われてきた[20]という。つまり堅田の漁師たちは、琵琶湖に沈んだ女性を何度も救いあげ、はかなくも空しくなった彼女たちの霊を厚くもてなし、または祀り、伝承の世界において現在まで深く関わり続けているというわけである。

その言い伝えは、福田晃氏[21]や松本孝三氏[22]が論じておられる四国の「うつぼ船」の姫君の漂着伝承とも響き合うものと言える。愛媛県・高知県を主として四国の海岸には「うつぼ船」に乗った高貴な女性が流れ着いたとする伝承が多数報告されている。そして、姫君を再度海に流すなど残酷な扱いをした者には祟りと思われる悪いことが起り、丁重な対応をした者には姫君は恩で報いたという。そこには、阿曽津婆伝承と同様、御霊信仰と「蘇民将来」型の話型が存在するが、松本氏は祟りを恐れた側はもちろん姫を助けた側もその霊の祭祀を続けていることに注目し、「はかない死に方をした姫は、ゆかりのある人々の手によって、その魂の慰霊のために神として祀られる資格を十分に持っている」と述べる。さらに、その祭祀の場から姫君の運命を物語る漂着伝説が生成されたと考察している。

阿曽津婆の場合、その御霊は前述のように婆を沈めた阿曽津の末裔たちによって七野の大森神社で祀られ、一方、婆を助けた堅田の漁師によって船魂的存在と見なされたことになるのであろう。ただ、管見の資料では堅田の漁師たちが阿曽津婆伝説の生成にどのように関わったか具体的なことは不明で、想像の域を出ない。しかし、西浅井町で採録された類話①の語り手は「船頭さんが話してくれた」と言い、類話③では「張子船」の印象を詳しく語っていることから、近年まで湖北湖岸の各地では漁師の姿とともに伝えられてきたのだと思われる。そして、竹竿のことを語る部分も含めモチーフE〜Gの展開には、長い年月琵琶湖全域を生活の場とした堅田の漁師たちの伝承と、その伝承に込められた信仰が少なからず関わっていると考えるのである。

＊簀巻きにされ殺された長者の祟り

ところで、もう一つ阿曽津婆伝説の骨格を成すのは、モチーフB〜Dの「阿曽津婆が強欲で村人を苦しめたので村人達は婆を簀巻きにして湖に投じた」という展開である。これとほとんど同じストーリーの話が長浜市高月町雨森に伝承されていて、そちらでは「げんごろ婆」の話[23]となり婆を川に投げ入れたという。また、福井県美浜町の丹生で採録された「さぶとね長者」の伝説[24]も非常によく似た構成を持つ。いずれも強欲な長者を恨んだ村人が長者を簀巻きにして水中に投げこむが、後にその祟りと思われる出来事が起り、げんごろ婆は洪水を、さぶとね長者は不漁をもたらしたと語る。特にさぶとね長者伝説の場合は、後に長者の墓を建て寺で供養をすると大漁となり、以来毎年供養を行うようになったといい、ここにもやはり御霊神の信仰が垣間見える。

そこで、報告例は少ないが、モチーフB〜Dに「その後の祟り」（モチーフHに相当）を付け加えた展開の話は、一つの話型と考えられるのではないだろうか。また、雨森は七野の村々と近距離にあり、美浜町は若狭であるが、昔は阿曽津から若狭に通じる「若狭道」と呼ばれる道があったと聞くこと[25]から、この話型の伝承の経路をも想像させられる。そして、おそらくこの話型と前述のモチーフE〜Hに見た話型が結合し、阿曽津婆伝説の主なストーリーが出来上がったものと推測するのである。

＊災害と女性の霊力

なお、阿曽津婆が金の壺や金鶏を埋めていたと語る類話が4例（⑦⑨⑪⑬）ある。これはいわゆる金鶏伝説のモチーフであるが、滋賀県の湖北地方の各地には他にも金鶏伝説が多数伝承されていることと関係するであろう。[26] 長者伝説の要素もある阿曽津婆の話に、長者伝説の後半として語られることも多い金鶏伝説が結びついたものと思われる。

最後に気になるのは、主人公がなぜ「婆」であるのかということだ。津波などの災害に関わる伝承において、婆（または女性）が重要な存在となっている例は他にも見られる。例えば『今昔物語集』巻一〇第三六話「嫗毎日見卒塔婆付血語」と『宇治拾遺物語』第三〇話「唐卒塔婆血つく事」は、婆が主人公の話である。両者はほとんど同じ内容の説話[27]で、昔中国で大きな山の頂に卒塔婆があったが、麓に住む一人の老婆が毎日卒塔婆を見に行く。若者が理由を問うと老婆は、卒塔婆に血が付いた時山が崩れ海になるという先祖の言い伝えを信じているからと答える。若者が老婆をからかうため卒塔婆に血を付けたところ、本当に山が崩れ深い海になった。助かったのは老婆と家族だけであったというもの。また、花部氏が考察された「名立崩れ」の伝承でも、災害を予告した旅僧の忠告を信じた女性だけが助かったと伝えている[28]そうである。

様々な民間信仰や伝説・昔話で女性の霊力が語られるものは多いが、「阿曽津婆」のイメージには、災害においても女性（ことに婆）の霊的な力が関与する伝承の系譜が感じられる。さらに「阿曽津婆」は、生前は金貸しとして村人を苦しめ、死後は大津波を起こして祟る反面、漁師の守り神になるという、極めて両義的存在である。それは、鬼の暗黒面と授福の面を併せ持つ「山姥」のイメージにも類似するものと思われる。この伝説が現代まで他ならぬ「阿曽津婆」の話として伝わって来た理由には、このような「婆」の説話的イメージも含まれるのではないだろうか。

災害記憶としての「阿曽津婆伝説」

さて、現代まで主に伝説を伝えて来たのは、やはり阿曽津に直接関わる地域（七野）とその周辺の人々であるが、長い間伝承されてきたということは、いずれの時代においても地域や人々にとって、それを語り継ぐ必要があったからであろう。では、「阿曽津婆伝説」が語り継がれて来たのは何故なのか。それは、おそらく伝説の核となった原初の衝撃的事実を記憶し続けるためであろうと考える。

突然の村の水没と新しい環境への移転は、理不尽で非日常的・危機的な出来事である。その影響は何世代にもわたり人々の生活に暗い影を落としたことであろう。新天地たる七野は、琵琶湖に近いのに山に遮られ湖岸に出るのは非常に不便で、かつ人々は長年水害や水利に苦しむ生活を強いられたと聞く[29]。そんな中で阿曽津の子孫であることを忘れないために、そして過去の未曾有の災害の歴史を記憶し続けるため、原初の伝説はあたかも（説話的類型を内包する）様々な物語を引き寄せたかにさえ思われる。そうして長年の間に形作られた伝説の姿は、現代人には謎の多い非合理的なものに見えるが、その深層には、語り伝えた人々や地域、また琵琶湖にとって、幾つもの歴史的事実が潜んでいるのだと言えよう。

【注】

（1）秋田裕毅著『びわ湖湖底遺跡の謎』〈一九九七年・創元社〉、林博通・釜井俊孝・原口強著『地震で沈んだ湖底の村』〈二〇一二年・サンライズ出版〉等。

（2）滋賀県立安土城考古博物館編・発行『水中考古学の世界』〈二〇〇九年〉、滋賀県立大学人間文化学部　林博通研究室編『尚江千軒遺跡』〈二〇〇四年・サンライズ出版〉、前掲『地震で沈んだ湖底の村』等による。

（3）成田迪夫著『西野水道と農民』〈二〇一一年・サンライズ出版〉より。また、成田氏本人に現地に案内していただき、直接話を伺った。

（4）1986年4月5日付『朝日新聞』滋賀版に阿曽津沖の湖底探査の記事が掲載されている。また、阿曽津千軒遺跡のことは、注（1）に前掲の『びわ湖湖底遺跡の謎』や『地震で沈んだ湖底の村』の他、多くの書物が言及している。

（5）用田政晴著『湖と山をめぐる考古学』〈二〇〇九年・サンライズ出版〉より。

（6）七野の各地に計五体の観音像が祀られている。その内、西野の正妙寺の千手千足観音は阿曽津を治めていた豪族の奥方の守護仏と言われ、充満寺の十一面観音と共に平安期の作と伝えられる。（『高月町史　景観・文化財編』〈二〇〇六年・高月町〉による。）

（7）類話①～④は西浅井町教育委員会編『西浅井むかし話』〈一九八〇年・西浅井町教育委員会〉、⑤⑥國學院大學説話研究会編『滋賀県湖北昔話集』〈一九八五年・自刊〉、⑦⑧高月町教育委員会編『高月町のむかし話』〈一九八〇年・サンブライト出版〉、⑨馬場秋星編『近江伊香郡の昔話』〈一九九一年・イメーディア・シバタ〉、⑩滋賀県老人クラブ連合会・滋賀県社会福祉協議会共編『近江むかし話』〈一九六八年・東京ろんち社〉、⑪木之本町教育委員会編・発行『きのもとのむかし話』〈一九八〇年〉、⑫⑬成田迪夫著『我がふるさと西野』〈一九八六年・自刊〉、⑭伊香郡郷土史編纂会編『近江伊香郡志下巻』〈一九七二年・名著出版〉より。なお、類話①～⑥の元資料は口承の話をそのまま翻字したもの。また、例話⑧を除く①～⑬は筆者が要約、⑭は本文を要約していない。各類話の最後の（　）内に記した伝承地名は資料発刊時のものとした。

（8）岩瀬博「伝説の担い手」（『日本伝説大系　別巻1』〈一九八九年・みずうみ書房〉所収）

（9）大林太良「洪水神話」（大林太良・伊藤清司・吉田敦彦・松村一男編『世界神話事典』〈二〇〇五年・角川書店〉所収）

（10）和久津安史「宮城県伊具郡丸森町の洪水伝説―「サトージ嵐」の事例より―」（野村純一編『昔話伝説研究の展開』〈一九九五年・三弥井書店〉所収）

（11）伊香郡郷土史編纂会編『近江伊香郡志上巻』〈一九七二年・名著出版〉三三五・三三六頁による。大森神社はかつて「七野宮」と言われたという。

（12）注7に前掲。

（13）花部英雄「伝説の生成と被害記憶」（『國學院雑誌』第一一〇巻第五号〈二〇〇九年・國学院大學〉）

（14）飯島吉晴氏は「異人歓待・殺戮の伝説」（『日本伝説大系　別巻1』〈注8に前掲〉所収）で、「伝説は民俗社会に加わった衝撃や事件を契機に形成され、この事件の衝撃をいかに受けとめ解釈して自分たちの論理的な枠組に組み入れていったかを物語る民俗社会自身の歴史叙述であり」と述べている。

（15）岩瀬博氏は、注（8）に前掲の論文で伝説の第二段階の担い手を「伝説的心意を話型として説話化し、伝播に携わったひと・集団（主として職能集団）」としている。また、小松和彦氏は、『異人論』〈一九八五年・青土社〉や『悪霊論』〈一九八九年・青土社〉等の諸論考で、村落に起った異常な出来事が第三者である宗教者などによって解読され、その解読された情報つまり物語（伝説）が村人にとって歴史になるという過程を論述している。

（16）滋賀県文化財保護協会編『琵琶湖をめぐる交通と経済力』〈二〇〇九年・サンライズ出版〉、水戸英雄「湖の領主―中世の堅田衆―」（『歴史手帳』第十二巻九号・特集「近江の海人」〈一九八四年・名著出版〉）等より。なお、「堅田」は現在滋賀県大津市北部の地名。琵琶湖南部の西岸に位置する。

（17）・（18）橋本鉄男著『近江の海人』〈一九八二年・第一法規出版〉より。

（19）『日本民俗文化大系5　山民と海人』〈一九八三年・小学館〉第六章「漁民の生業と民俗」より。

（20）大津市教育委員会編・発行『大津ふるさとのはなし　堅田』〈一九八〇年〉に詳しい。

（21）福田晃「中世語り物文芸の性格―民俗学的研究の視点から―」（『伝承文学研究』第二十七号〈一九八二年・三弥井書店〉）

（22）松本孝三「四国の漂着伝説考―「綾延姫伝説」の成立を中心に―」（『民間説話〈伝承〉の研究』所収〈二〇〇七年・三弥井書店〉）

（23）注（7）に前掲『高月町のむかし話』より。
（24）田中文雅編著『若狭路の民話』〈二〇〇八年・若狭路文化研究会、（財）げんでんふれあい福井財団〉による。また、松本孝三氏は「若狭路の民話のおもしろさ」（『昔話―研究と資料―』40号〈二〇一二年・日本昔話学会〉）で、「さぶとね長者」と「阿曽津婆」の類似に言及している。
（25）注（3）に同じ。
（26）福田晃編『日本伝説大系第八巻　北近畿編』〈一九八八年・みずうみ書房〉（滋賀県は筆者が担当）による。
（27）この説話の原拠は『述異記』や『捜神記』とされるが、類話は中国の民間伝承にも見えるという。また、趙智英「『宇治拾遺物語』第三〇話「唐卒塔婆ニ血付事」の類話考察」（廣田收・岡山善一郎編『日韓比較文学研究』第2号〈二〇一一年・日韓比較文学研究会〉）によると、韓国の西海岸一帯で伝承される「廣浦説話」という説話もその類話ということである。
（28）注（13）に前掲。
（29）注（3）に同じ。

少女の成長を語る継子譚

はじめに

「継子譚」や「継子話」というと、まずどのようなものを思い浮かべる人が多いだろう。私は、子ども時代、まだ文字がよく読めないほど小さな頃から絵本等の継子の話が好きだったが、その頃親しんだのは主に外国のお話だったように記憶している。「白雪姫」や「シンデレラ」、「六羽の白鳥」など、最近の子供たちが好きなものとほぼ同じである。ところが、大学に入り御伽草子等を学んで、日本の古典や昔話にも継子の話がたくさんあることを知り、それ以来継子話にのめり込むように勉強することとなった。

日本の古典の中の継子物語

日本では、継子を主人公にした物語や昔話がかなり古くからよく読まれ、また語られてきたことがわかっている。周知のことだが、『源氏物語』より前にいくつかの継子の物語が在ったと言われる。まとまった形で残っている平安時代のものは『落窪物語』だけだが、古『住吉物語』という作品が在ったことが知られている。物語名になぜ「古」を付けるかというと、現存する『住吉物語』には平安時代のものがなく、鎌倉時代以降のものしか残っていないからである。しかし、『住吉物語』は平安時代にすでに存在し、よく読まれていたらしい。それは、『源氏物語』や『枕草子』など様々な古典にその名が出ていることや、あるいは『住吉物語』の中の出来事だろうと考えられることが歌・詞書等に記されていることから[1]、類推できるのである。そんなに古くから多くの人に読まれていた『住吉物語』とは、どのような物語なのだろうか。古『住吉物語』の改作本と言われる中世のもので、そのストーリーを見ていくこととしよう[2]。

昔、中納言兼左衛門督（さえもんのかみ）には二人の妻の間に三人の娘がいた。その内の長女・大君が主人公「住吉姫君」であるが、大君が八歳の時に母君が亡くなる。父には二人の妻がいるので、もう一人の妻が大君の継母の立場となり、主人公は継子の境遇になってしまうのである。

成長し、父の屋敷に引き取られた後、男主人公の四位少将が登場する。この少将が筑前という女房を介して継子の姫君に求婚するのだが、継母の謀り（たばかり）によって妹の三の君と少将が先に結婚してしまうのだ。（これは、後にも紹介する「偽の花嫁」のパターンと言えよう。）やがて、最初は騙されていた男君は、結婚したのが自分の目当ての女性ではなかったことに気がつき、やっと主人公の姫君との交流が始まる。ところが、姫君に結婚話や入内話が持ち上がると、その度に継母による妨害がなされ、たまりかねた姫君は、とうとう侍従（乳母子）と共に住吉へ失踪する。（『住吉物語』という物語名の由来はそこにある。）姫が行方不明になったので男君は必死で行方を探し求めるが、なかなか見つからない。長谷観音の霊夢のおかげでようやく住吉に至り、姫君と再会、ついに契りを結ぶ。その後は幸福な結婚生活を送り、姫君は父君との劇的な再会を果たす一方、継母は没落して世を去る。

簡略に述べるとこのような筋立ての物語なのだが、この『住吉物語』が鎌倉時代以降も大変な人気があったらしく、非常に多くの異本が残されている。現存している写本や版本だけですでに二百を越えるというから[3]、どれほど読まれていたか、容易に想像できるだろう。

室町時代になると、たくさんの物語草子が生まれ、継子物語も何種類もあるが、その中の『岩屋』『伏屋物語』『秋月物語』などは『住吉物語』の影響が見られ、特に『伏屋物語』や『秋月物語』は『住吉物語』の異本と言ってもおかしくない内容なのである。室町時代の物語草子はやがて江戸時代の御伽草子につながっていくことからすると、「住吉物語ストーリー」とでも言い得る継子物語が、随分長い間人気を保ち続けたと言える。室町期の物語草子としてはその他に、『鉢かづき』『はな世の姫』『うはかわ(ば)』『いづはこねの御本地』『中将姫本地』など、いくつもの継子を主人公にした物語が書かれ読まれた。

また、平安時代からある様々な説話集の中の説話や、謡曲、説経節などにも、いわゆる継子物が多く見られる。そんな風に、日本の古典の中には継子を主人公にした物語や説話がたくさん存在するのである。

昔話の継子譚

一方、口伝えされてきたものの中にも継子譚が数多くあり、現代まで語り継がれている昔話の継子譚として、関敬吾の『日本昔話大成』には、「米福粟福」「米埋糠埋」「皿々山」「お銀小銀」「手なし娘」「鉢かづき」「灰坊」「栗拾い」「継子と鳥」「継子と笛」「継子の釜茹」など計二十話型[4]が紹介されている。その内には「米埋糠埋」や「継子の釜茹」などの短い話や世間話風のものもあるが、日本の昔話の中で、女子を主人公にした話として結構ストーリー性のある話が多いのが継子話と言えるだろう。唯一「灰坊」は男子が主人公で、短い話では性別がはっきりしないものもあるものの、それ以外は基本的に女子が継子なのだ。なぜ継子は女の子なのかについては、後程考察することとしたい。また、短い世間話風のものにはいささか暗く残酷な雰囲気の話があるが、筋立てのしっかりした話の場合は、(『日本昔話通観』では「継子話」に分類していない「継子と鳥」「継子と笛」[5]以外)最後は継子の娘が結婚に至るというものが多く、結婚をしなくても、主人公が幸せになると語るのが特徴的と言える。

例えば、石川県に伝わる「継子の椎の実拾い」の話[6](語り手は森川はなさん)の前半は、次のように語られる。

むかしね、女の子のおるとこへ、お母さんが女の子を一人連れてお嫁に着たがやて。継親じゃね。そいたら、その二人の女の子を、自分のがと人のがと、お母さんな二人持っとるがや。ほいたら、人の子には穴のあいたがをやって、穴のあかんがを自分の子にやって、「これにいっぱい拾うて来にゃお前を家に入れんぞ」て、こう言うて家から出いたがやて。

そしたら、山へ行って拾うとりゃあ、穴のあかん子は一つ入れりゃ一つたまっさかい、早や夕方になったら、「さあ、おれゃ行くじゃ」ちゅうて言うて行ってしもうた。そしたら、その穴のあいたがは、一つ入れりゃ一つ出ていくさかい何もたまらん。そしたら、日ゃあ暮れてしもうし、そしたら、「おりゃ、そんならおるわ」ちゅうて、そして拾うとった、拾うとったら、暗うなってきて、地べた見えんようになって、真っ暗になってきてしもた。どこへ行くにも行かれん、家にも帰られんし、そこに泣いとったんや。シクシクと。

そうしたら、向こうの方からチョロチョロッと灯が見えた。あこ行って助けてもらおうと思うて行ったんや。行ったら、地蔵様がご飯炊いとらした。そしたら、「おれを助けてくだんし、泊めてくだんし。頼む。おらあ椎の実拾とったら暗うなって、家へ戻られんがになってもた」って。「ああ、かわいそうな。そんな小んちゃいもんがそういうこと言うてきたか」ちゅうて、そして、かわいそうなちゅうて泊めてくさった。ご飯炊いて食わして。そんで、「さあ、今寝る時にゃあ、おれと一緒に寝とったちゃ、このおれがとこへ夜さり鬼が来っさかい。お前を食べてもうさかい、鶏部屋上がって寝とれ」って。

この後鬼が帰ってきて「人臭い」と何度も言うのだが、翌朝継子が地蔵様に教えられた通り鶏の鳴き真似をすると鬼は出て行って難を逃れる。その後、地蔵様は破れた袋を接いで椎の実の代わりに銭を一杯入れてくれたので、継子は家に戻ることができる。事情を聞いた継母は本子にも地蔵様の所に行かせるが、本子は鶏の鳴き真似をうまく出来ずひどい目にあってしまうという、隣の爺型のような終わり方をすることとなる。

このタイプの話は「栗拾い」とも言われ、ただ単に継子の方が拾えなくて帰ってくるというだけの、非常に短い話も報告されている。また、後半では、継子が山姥からたくさんの宝物をもらって帰るといったものや、後で詳しく述べる「米福粟福」の内容に続く話も多くあるなど、様々な展開をすることから、昔話の継子譚では最も人気のあるモチーフの話と言えるだろう。

古典の継子物語と昔話の交流

ところで、これまでに紹介した古典の継子物語と昔話の間には密接な交流があり、特に室町期の継子ものの物語草子の中には、当時おそらく民間で語られていたであろう昔話を物語草子の形にした、いわば文学的表現に書き換えたものがあることがわかっている。その代表的なものが『鉢かづき』『はな世の姫』『うはかわ』の三作で、いずれも後で詳しく述べる「姥皮」の話のストーリーをそのまま物語にしたような内容なのである。(7)

一般的に最もよく知られた『鉢かづき』では、昔話で主人公を婆姿に変身させる〝姥皮〟が〝鉢〟に変わっているが、『はな世の姫』や『うはかわ』は〝姥皮〟そのままが物語の中に出てくる。そして、昔話と同じく、家を追い出された主人公の姫君は婆姿で窯の火焚きなどになって働き、秘かに美しい姿に戻っている所を若君に見初められる。しかし、若君の両親が結婚に大反対、そこで嫁として認めるために〝嫁比べ〟が行なわれ、姫君は類稀な美しい姿で現れた上に様々な技能を発揮し、若君とめでたく結婚するという風に展開するのだ。物語では貴族や豪族の話になっているので、主人公も若君もかなり身分が高く、登場人物が多いところ等は昔話と異なる点である。他の継子ものの物語草子では、『伊豆箱根の御本地』が昔話「お銀小銀」とほぼ同じストーリーを持つことが知られている。

物語草子・御伽草子については、古典作品と昔話（当時の民間説話）の間に交流があったことが、例えば『一寸法師』や『浦島太郎』など様々な作品で早くから指摘されているが、継子譚でも民間説話の水脈から汲み上げて古典作品を作り上げていたと言えよう。また、全国で二十五話ほどの報告例がある昔話「鉢かづき」には御伽草子の影響が考えられており[8]、継子譚に関しては、民間説話から物語へ—というだけでなく、物語の方から民間説話へ—という相互交流があったと言えるわけである。それほど昔話と物語、どちらにおいても継子話は大変な人気があって、多くの人に読まれ語り継がれてきたということがわかる。

外国の昔話の継子譚

＊グリムの継子譚

冒頭で私は子供の頃には外国のお話をよく読んだと述べたが、グリムにもたくさんの継子話があることが知られている。グリムの継子譚の主なものは、「灰かぶり」「ヘンゼルとグレーテル」「白雪姫」「ホレおばさん」「六羽の白鳥」「白い嫁黒い嫁」などだが、ドイツ等ヨーロッパの伝承では「灰かぶり」の他は必ずしも継子話ではないのである。ドイツの昔話の研究者によると、とにかく何らかの事情で子どもが家を出る、又は旅立つというのが話の始まりで、継母が継子を追い出すという形の話は少ないという。[9] ドイツの昔話では「継子譚」という分類はなく、継子いじめは、子どもを出立させるためのエピソードの一つと考えられるということだ。

「ヘンゼルとグレーテル」や「白雪姫」は、『グリム童話』の初版本では実の母親が子どもを迫害するという話だったのが、グリムが版を改める時に「継母」に書き換えたと言われる。また、日本では継子譚の一つとされる「手なし娘」の場合も、ドイツでは娘が家を出る理由として多いのは実母の嫉妬などで、「姥皮」に近い「千枚皮」では、実の父からの求婚等が原因で主人公が家を出ることになる。シンデレラ型と言われる話もすべてが継子話ではないのである。[10] では、日本ではなぜ継母・継子の話が多いのか、それが気になるが、ヨーロッパ諸国ではどんな風に語られているかという点も、非常に興味深い。

＊中国その他アジアの継子譚

次に、アジアの伝承についてだが、中国の継子譚として忘れてならないのは、唐の時代（九世紀）の『酉陽雑（ゆうようざっ）

俎』に記された「葉限（イエシェン）」の話(11)で、この話がヨーロッパの人々に紹介されるきっかけが南方熊楠の論文(12)であったことでも有名である。それ以来、中国には古くから「灰かぶり」と非常によく似た話が存在することが、広く知られるようになったのだ。「葉限」は主人公の継子の名前で、やはり継母にこき使われていて、魚が葉限を援助する。ところが、葉限がいつも魚を可愛がっていることを知った継母が、その魚を食べてしまう。葉限が悲しんでいると、仙人が現れて「魚の骨を大切にしなさい」と言い、それからは、魚の骨にお願いする度に葉限の欲しいものが次々と出てくる。ある時、葉限は魚にお願いして綺麗な衣装を出してもらい祭に出かけ、皆にその美しさを褒められる。しかし、自分の姿が継母に見つからないうちにと逃げ帰る途中、片方の靴を落としてしまう。九世紀に記録された中国の話に、「灰かぶり」のモチーフとして有名な靴のエピソードが出てくるのは驚きと言える。しかも、その靴は「軽きこと毛の如く、石を踏むに声なし。」と表現されており、葉限はフワフワと地に足がつかないような状態で歩いていたということである。非常に長い話で、最終的に葉限は国王の妻になる。とにかく、九世紀にすでに中国では「灰かぶり」の類話が民間で伝承されていたということなのである。

さらに、現代まで連綿とアジアの各国で同じような話が伝承されているということが、わかってきた(13)。中国漢族の「小町娘とあばた娘」という話は、日本語訳をするといささか露骨な感じのタイトルだが「美しい娘と不細工な娘」ということであろうか。また、同じ中国広州のチワン（壮）族の「ターカ・タールン」、韓国の「コンジとパッジ」、そしてベトナムの「タムとカム」など、いろいろな話が報告されている。名前が重ねられている題名のものは、「米福粟福」と同じく、主人公（継子）と本子の名前がそのままタイトルになっているものである。

これらの話はいずれも「灰かぶり」と似たストーリーが前半で、靴のテストもあり、後半は偽の花嫁の話になる。グリムの「白い嫁黒い嫁」のように、継母が自分の娘を王子様や若者の嫁として送り、男は初め騙されてしまうという流れである。『住吉物語』もこのパターンと言えるが、何故か男は騙され、自分の本命ではなかったと知って大慌てをし、やがて本物がわかって偽の花嫁であった本子や継母は処罰されるか死んでしまうかする。どの話にも必ず継子を援助する者が現れ、それは魚や牛、蛙、あるいは日本の山姥のような老婆などである。その他、トルコの「毛皮むすめ」は日本の「姥皮」に近い話だ。そのように、アジアの継子譚にも、グリムの話に似たもの、日本の「米福粟福」や「姥皮」につながるもの等があり、多様な話が伝承されているということである。

継子譚の基本的構成

ここで、継子譚の基本的構成、中でもストーリー性のあるものの構成を三段階にまとめてみよう。

第一段階は、継子が継母に家事などを押し付けられ苛められる、または何らかの理由で家を追い出されてしまう、これが話の発端である。

第二段階は一番長く、話の展開部分に当たり、継子の色々な苦難の経験が語られる。その苦難の過程で援助者が現れるが、特にこの援助者は何らかの霊的な力を持つものであることが多く、その力を借りて主人公の継子は苦難を乗り越える。

第三段階は結びの部分で、継子が幸福を手に入れる、多くは結婚をするという形になる。

このような三段構成の昔話や物語は、他にもたくさんあることはよく知られている。冒頭では、主人公には何か本来あるべきものが無い、欠けている、または失っているという状態だが、苦難や放浪などを長らく経験した末に、最後は意味のあるものを手に入れ、幸福になるのである。これは英雄譚にも見られるパターンと言える。いわゆる貴種流離譚もそうであるから、継子譚を貴種流離譚の女性版だと言う説[14]もある。

「米福粟福」と「姥皮」の話

さて次に、日本の昔話の継子譚として代表的な「米福粟福」と「姥皮」の二つの話を取り上げ、少し詳しく見ていくこととしたい。

「米福粟福」

日本各地の実際の伝承では「粟福米福」や「糠福米福」、または「米福糠福」等と言い、継子の名前と本子の名前の組み合わせは一定ではない。参考になると思われるものに、「米埋糠埋」という世間話的な短い昔話がある。その話では、継母が子守りの際に、継子を糠の中に寝かせ、本子を大事な子だというので大切な米の中に寝かせる。しばらくして継母が見に行くと実の子は冷たい米の中で死んでいて、継子は暖かい糠の中で生きていたという風に語られ、最後に継母が後悔するのである。そうすると糠の方に継子がいるわけで、私達の感覚では米の方が大切だから主人公は「米福」だろうと考えるが、意外に逆なのかも知れない。次に紹介する話も糠福の方が継子である。福島県大沼郡旧会津高田町の原ミツヨさんの「糠福とベンダラ[15]」、冒頭は先に紹介した「栗拾い」の話とよく似ている。

おどっつあまとおがあっさまがいらって、糠福って言(ゆ)う子ができて、そうしているうちに、おどっつあまは職人だったから、出稼ぎさ行ってるうちにおがあっさまが死んでしまったと。そうしたれば跡目のかかさまもらっていたれば、また子ができて、ベンダラとつかった。そうしてるうぢに、おっきくなって、秋だから栗拾いさ行って来る、って言うわけで、ベンダラさはいい袋、糠福さは切っちゃ袋あずけた。そんじぇ、なんぼ拾ってもく〳〵姉様の方はたまんねぇって言うだな。（中略—先に栗がたまった妹は帰ってしまう。）今度、墓場さ行って泣いてたと。「妹はいい袋あずけらっちぇ、いっぺぇ拾って帰ってったのに、おれは切れた袋あずけらっちぇ、ひとっつもたまんねぇ」なんて、大変に泣っただと。そしたれば、おがあっさま出て来て、「そうが、そう言うわけだれば、欲しい物があったら、ここさ来て、なんでも欲しい物—衣装が欲しい時は衣装が出ろ、帯欲しい時は帯出ろって、叩け」って教えだと。そんじぇ、〈ああ、親ってゆうものは有難いもんだ〉と思って、家さ帰って来たど。

　家さ帰ってみたれば、村に芝居があって、かがさまはベンダラと一緒に芝居見に行ぐって言うわけで、仕事言いづけてったと。「お前は稲をこいで、籾を打ったり、籾をふるったりしろ」って、いっぱい仕事言いづけらっちゃと。（中略部分は筆者による梗概）

この後、自分も芝居見物に行きたいと思う糠福は実母の墓に行って、教えられたように衣装やお金を出し、仕事は友だちに手伝ってもらって、芝居に行く。そこで妹と継母を見つけ饅頭を投げたりするが、継母は糠福に気づかない。この話では最後は「皿々山」のモチーフが入って糠福が家の相続人に決まる。他の多くの「米福粟福」の伝承では、継子が様々な援助者のおかげで芝居や祭に美しい姿で行くと、その場で長者の息子などの目に留まる。そして、後日嫁もらいの使いがやって来て、本子を嫁に出そうとする継母の意図に反して、継子が若様の嫁になるという形で終わる。

日本の昔話の継子譚の中で「灰かぶり」に最も近いのがこの「米福粟福」である。非常にたくさん伝承されていて、『日本昔話大成』では全国で約二百七十話の報告例が挙げられている。[16] ただ、後半が「灰かぶり」型になる話は東日本に集中し、西日本では先に見た話と同じく、「栗拾い」の後が「地蔵浄土」型になる話が圧倒的に多い。なぜそんな風に東日本と西日本で違うのか、他の話型の話でも東西で明らかな違いが見られるものもあり、伝播の問題と関わると考えられる。

なお、興味深いのは、「灰かぶり」に特徴的な靴のエピソードが、ヨーロッパだけでなく中国や韓国の話にもあるのに、日本の話には基本的にないということである。もともと日本に伝わった話に靴のモチーフが無かったのか、それとも日本の履物文化との関わりで語られなくなったのか、注目されるところだ。とにかく、靴のエピソードがないので、我が国の伝承では、本物の嫁を決める方法として、継子と本子の姿比べや「皿々山」の話に見られる歌競べ等の方法をとることで話が展開する例が多いのである。

「姥皮」

「姥皮」は一般に継子譚として分類されているが、実は日本では、「姥皮」の話を「継子が継母に迫害を受けて…」というふうに語り始めるものは、多くの伝承の中で約一割に過ぎない。以前全国で二百話余りの「姥皮」の報告例を詳しく調べたが、[17] その内二十話ほどが継子話として始まり、他のものはほとんどが「蛇婿入」の「水乞型」または「蛙報恩型」の話に続く形で「姥皮」が語られる。なぜ「蛇婿入」に続くのかについては諸説あるものの、結論は出ていないのが現状である。ただ、先に述べたように、室町時代後期の物語草子に継子譚の「姥皮」を素材にした作品が存在したのであるから、その頃にはすでに継子話としての「姥皮」が伝承されていたということは十分考えられる。そこで、約四十年前の報告例で継子いじめに始まる話を紹介しよう。新潟県東蒲原郡旧津川町、清野一太さんの語りによる「娘が婆さまのまね」(18)の前半である。

　昔あったであな。あるところに、父ちゃと母(かか)さいであったであな。ところが母さ、女の子供一人残して死んでしまったであな。父ちゃ、なんともしょねで、後妻貰ったところが、その後妻にまた、子供一人生れたであな。ところが、その母さこんだ、その先妻の子供ば、憎くてしょねから、仕事いっぱいさせて、自分のやる仕事もみんな、その娘にさせていたところが、その娘、ちょっとも暇ねくて、友達迎いに来ても行かんねであな。

「母(がっか)〱、おら家で仕事いっぱいあるね（あるが）、おら友だち迎いに来ても、遊びに行かんねも。」

「え、そうか。そんなにお前仕事やんだら、どこさでも行ってしまい。」

そう言われて、こんだ、その娘自分の荷物持って、出て行ったであな。ところが、途中で日が暮れてしまって、先きの村へ行かんねであな。「これは、困ったな。」そう思って歩いていたところが、そこに家一軒あったから、ここへ泊めて貰うと思って、頼んだところが、その婆さま出て来て、

「お前また、こんな暗くなって、どこへ行ぐあんだば。」

「おれ母さに、しかられて来たから、隣村まで行ぐつもりで出て来たあんだ。」

「あ、そうげ〱。そうせば今夜、おら家で泊って、明日の朝早く行がせや。」

そう言ってその婆さま快く泊めてくれたであな。娘こんだ、その婆さまの家で泊って、朝さ行ぐつもりでいたところが、その婆さま、その娘に話したであな。

「姉(あね)〱、お前この先行ぐと、峠あるが、その峠に悪い山賊いるが、お前そのままでは、押さいられてし

まうぞ。したがら、お前その峠行ぐには、年寄り婆さまのまねして行げばよいわい。おれ、この婆さまの着物お前にくれてやるから、この着物来て、顔さ少しひそび（煤）でもつけて、杖い棒ついて、頬かむりして、腰まげて、ドッコイショ〳〵と音出して行げばよいぜ。そうせば、さしつかいねいから。」

「あ、そうかね。」

そうしてその娘、婆さまの言う通り、その婆さまの着物着て、頬かむりして、顔さひそびつけて、杖い棒ついて、腰まげて、ドッコイショ〳〵て、行ったところが、間違いね、山の方から山賊出て来て、

「あ、婆さまだな。婆さまでは駄目だ。通してやれ。」

そうして、その娘やっと、その村さ入って、ある人に聞いたであな。

「この村で、誰れか、おれば使ってくれる所ねべかね。もしあったら、教えてくんない。」

「そうだな、この先の旦那さまの家へ行って見らせ。使ってくれるかも知ねから。」

そうして、その娘、その旦那の家へ行って、頼んだであな。

「旦那〳〵、おれなんでも、一所懸命にやるから、どうか、おれば使ってくんなかいや。」

この後、その旦那の家で働くことになった娘は、昼は婆さまの姿で一所懸命に仕事をし、夜は小屋で娘の姿に戻って過ごしていた。ある時、旦那の息子が小屋を覗いて綺麗な娘に気づき、毎日娘のことを思ううちに病気になってしまう。しかし、その病気の原因が分からないので親が八卦に見てもらうと、これは恋煩いだということで、家の女子衆が順に息子の所へ飯を持って行くことになる。息子は誰が来ても食べないのだが、その婆さまが来た時はニコニコして食べる。その後婆さまが美しい娘姿になって現れると皆が驚き、やがて息子の嫁に決まって最後は幸せになるという話である。

これが、継子いじめで始まる「姥皮」の典型的な例と言えるだろう。ただ、息子が娘を見初めた後病気になるのではなく、親が娘に様々な難題を出してテストし、そのテストに合格した者を嫁にするという、難題型の話もけっこう伝承されている。そういう展開だと一層『鉢かづき』や『はな世の姫』などに近づくことになる。

また、先にも述べたように前半は「蛇婿入」の話が多いのだが、娘が姥皮を授かる老婆に出会う場面以降は、継子いじめに始まるものも「蛇婿入」に始まる話も、ほぼ同じような展開をする。そして、この「姥皮」が、グリムの「千枚皮」やイギリス等で伝承される「藺草(いぐさ)の頭巾」の話に似ていることは、早くから指摘されているところである。ただ、「千枚皮」は父親が娘に求婚するというモチーフから始まり、「藺草の頭巾」は三人娘のうち主人公だけが「お父さんを塩のように好きだ」といったために家から追い出される、という始まり方をするものが多い。日本でも外国でも「姥皮」タイプの話は、冒頭の部分にいろいろなバリエーションがあるということであろう。

継子譚についての様々な見方

継子譚について様々な方面の方が言ってこられたことについて、特に私が参考にさせていただいた主なものを幾つか紹介したい。

＊通過儀礼としての継子譚

関敬吾氏の「婚姻譚としての住吉物語―物語文学と昔話―」[19]は、昭和三十七年に発表されたのだが、継子譚の研究に興味を抱いた者なら必ず読むと言ってよい論文である。そこでは、継子物語の主人公の年齢に注目されている。昔話ではほとんどが主人公の年齢を言わないが、物語の方では、だいたい七、八歳ぐらいの時に実の母が亡くなって、継子いじめが始まるのは十三歳頃から、とはっきり記すことが多い。十三歳頃というのは、昔の女子の成人儀礼の年齢に当たる。すべての時代や全国で「十三歳」と決まっていたわけではないが、その頃に男子の元服に当たる裳着（もぎ）の儀をして、女の子が結婚することができる女性になったことを世間に知らせた、それは通過儀礼の一つというわけで、継子いじめの話は女子の通過儀礼を物語化したものだというのが関敬吾氏の説である。

また、日本の昔の村落では、女子の場合は年齢に関係なく初潮を見た時に成女式を行なう（成人になったことを示す）という地域が多かったと言われる。そして、その時期になった女子を月のものの間だけ過ごさせる特別な場所で、「他屋（たや）」等と呼ばれる所があった地域がある。「他屋」は、月のものの間の娘と、子供を産んだ直後の女性などが一時的に住まいする場所だが、村の一隅や屋敷の横に建てられていたことがわかっている。そこで暮らす際に、娘や産後の女性の世話をするのは大抵同じ村のお婆さんであったのだ。昔話の継子譚、特に「米福粟福」や「姥皮」では、山の中の一軒家に住む山姥や山の婆さんが継子の援助者として出てくることがよくあるが、関敬吾氏は、その山の一軒家は「他屋」で、山姥や山の婆さんは「他屋の老女」に当たると考えられた。また、「いじめ」とは言うものの、「米福粟福」の話で継母が継子に与える仕事の多くは、実は家事能力を確かめる内容のものであり、母親がもうすぐ結婚をしなければならない娘に、大人になるための教育をした、それが「継子いじめ」という形で昔話に描かれたものだというのである。

平安時代の物語の研究をされていた三谷邦明氏の「平安朝における継母子物語の系譜[20]」という論文は、右の関敬吾氏の説を踏まえている。そこで三谷氏は、平安時代においては丁度継子と同じくらいの年齢のお姫様が継子物語を読んだであろう、その継子物語を読むという読書体験が通過儀礼そのものであったのだ、という風に述べておられる。そして、読者は自分と主人公を重ねて、その際に精神的に通過儀礼を経験した、言い換えれば、自分が苛められる主人公に感情移入し、最後に幸せになる主人公になり切った気持ちで通過儀礼を疑似体験したのではないか、それが平安時代における継子物語の読書のかたちだったのではないか、という。

その三谷氏の説をさらに進めたようなことを、藤井貞和氏は『物語の結婚』[21]で述べられる。藤井氏は、物語を読んだり、あるいは読み聞かせられたりした少女たちは、自分と女主人公との隔たりがほとんど曖昧になってしまう、そこでもう女主人公のような気持ちになる、それは非常にシャーマニックな関係だ、と言われる。また逆に主人公は、読者である平安時代のお姫様に乗り移る、そして、物語の中の少女がカミとして結婚すると、乗り移られるように読者である少女たちも結婚する、まさに十三歳前後の女の子が物語を読むということはすごい体験だったのではないか、ということである。

＊心理学からの見方

心理学者の方々も、以前から昔話について様々な考察をされているが、その中で継子譚に言及している意見を少し見ていきたい。

教育心理学者のベッテルハイム氏は『昔話の魔力』という書物の中で、「灰かぶり」を中心としたシンデレラの話について非常に詳しく論じておられる[22]。シンデレラタイプの話には少女の様々な無意識、たとえば、本子と継子の対立が示すような姉妹間の競争心、母親に対して抱く心の中の悪い面と良い面、あるいは母親とお父さんを取り合うというエレクトラコンプレックスなど、そういう無意識が込められている、と説かれる。また、「千枚皮」の話の冒頭によくある、主人公が自分を妻にしようとする父親から逃げるタイプのものには、娘と父双方の抑圧された無意識が読みとれるといった、精神分析学者らしい見方もしている。そして、シンデレラタイプの話は、全体としては女の子の成長の内的な過程が示されている話であろうとし、その話を聞いて育った女の子を精神的に支えて行くのではないか、と言っている。

一方、ユング派の方は一層昔話への言及が多くなる[23]が、日本では特に河合隼雄氏が様々な著書で継子譚に触れられている。その要点を簡単に紹介すると、まず継母というのは、具体的な母親ではなく、母性原理の否定的側面を表したものだということである。母親には肯定的側面と否定的側面があって、その否定的な側面の方を昔話では継母が一身に担っているのだろうとされる。しかも、娘というのは、その母親の否定的な面を体験して初めて自立できるとし、継母はむしろ娘の成長を促す立場にあるというのである。

また、継子譚での継母は、継子を苛める一方、本子のことは包み込んで守り常に子供の先に立って世話をするが、母の思いに反して最後に本子は不幸になる。そんな風に包み込んで優しくするばかりの母親は実は娘の成長の芽を摘み駄目にしてしまう、母親の肯定的側面は娘にとって良くない面がある、母親に包み込まれたままの幸せな状態というのは後で破綻する、と言われる。つまり、一度母親の否定的側面と出会い、それに対抗するようにして頑張った継子の方が大人の女性に成長する、母親を超えることができる、そこに継子譚のテーマを見るという考えといえる。

＊〝灰かぶり〟は聖なる存在

中沢新一氏は『人類最古の哲学』[24]という著書の中で、「灰かぶり」を聖なる存在と見ておられる。「灰かぶり」は仲介者、仲立ちをする者である、というのだ。「灰かぶり」の話では、主人公の娘は皆、一旦あの世のようなところへ行く。そこは異界である。「米福粟福」や「姥皮」の場合でもそうだが、山の中や山姥の家など、現実の世界とは違う異界、あの世、死者の世界へ行き帰ってくる。そこで、この世とあの世、この世と死者の世界、現実世界と異界とをコミュニケートできるのが継子譚の主人公だという。この書物では、外国の例を多く紹介しているのに対し、日本の話には触れていないのが残念だが、現実世界と異界を行き来できる継子は、境界的存在で仲立ちをする存在である、それ故非常にシャーマン的で聖なる存在だということである。結論として、「灰かぶり」などのシンデレラタイプの話は、神話的思考をたくさん含んでいて、非常に古い神話を内包した話だとしている。

思春期の少女にとっての継子譚の意味

さて、私は、継子譚は遠い昔から現代まで何故こんなに人気があるのか、自分自身も含め多くの人が継子譚に惹きつけられるのはどうしてか、などということを考え続けてきた。そこで、これまでに紹介した様々な説に大いに教えられつつ、今私が考えていることを述べてみたい。

＊思春期と継子譚

継子譚というのは、現代でいえば「思春期」の少女の話と言える。「思春期」は誰もが経験するものだと思うが、精神的には一生の中で特に危険な時期と言ってもよいのではないだろうか。そこで、女性にとっての、そういう時期を描いたのが継子譚ではないかと、考えている。

かつての村落共同体、昔のいわゆる「村」の中では、思春期は通過儀礼が行なわれた年齢である。そして女子の場合、その通過儀礼は初潮を見て行なわれる、初潮が通過儀礼の始まりを意味したことが多いと、先にも述べた。ところが、当の女の子にとっては、その通過儀礼の時期は、自分ではよく分かっていないのに、自覚も心の準備もないのに突然やって来るのである。現代のように学校での保健教育など無い時代、家庭で母親等による何らかの教えがあったとしても、少女自身はまだまだ子供でいるつもりなのに、突然「お前はもう結婚しても良いんだよ」と周囲から言われるわけである。その落差は、非常に大きい。いつの時代も思春期の心は不安定だが、昔の村でのそういう経験は、少女に非常に大きな精神的動揺を与えたのではないかと思われる。まさに自分を取り巻く世界が一日で変わるような感覚と言っていいかも知れない。

そして、かつての共同体は、娘がそういう危険な時期にいる時、そのことの重要性を知っていたのではないだろうか、それは理屈ではなく、むしろ無意識のうちに。共同体にとって、子どもが無事大人になるということは村の存続に関わる非常に重要なことであろう。そこで、少女が辛い時期（通過儀礼）を経て幸福な結婚に至る昔話の継子譚は、少女を無事に大人にするために、当の女の子に向かって語られ続けてきた話ではないかと、想像するのだ。ただそれは、語り継いできた側に立った見方をすれば、ということである。

一方、少女の側、聞き手、あるいは物語の読み手からすると、継子譚というのは思春期の危険な時期を乗り越えて大人になるための話といえる。思春期の真っ只中にいる少女にとって、自分は本当は心の中に激しい動揺があり、それこそ暗闇の中に紛れ込んだような、昔話の中で山姥に出会う前の主人公のような、怖い不安な気持ちになっているのだけれども、この継子の話を読めば、または聞いたら、いつかはそういう時期を乗り越えられるという風に感じられる、そんな話に思われる。[25]

以上のように考えると、最近は他の昔話と同じく継子譚も小学校低学年くらいまでの子どもに語られる（または読まれる）話になっているようであるが、元はやはり、関敬吾氏や三谷邦明氏が論じておられるように、十三歳前後の思春期の少女のための話（または物語）であったと言えるだろう。

子どもと大人の丁度「間」にいる、そういう時期の少女は、中沢新一氏による「仲介者」という名付け方が示すように、シンデレラと同じく境界的存在であり、藤井貞和氏の言葉を借りると「シャーマン的」でもあるわけである。子どもでもなく大人でもない、本人は無自覚だけれど体は大人になろうとしている、結婚の準備をしている、さらにまだまだ親に頼りたい気持ちがあるのに、周囲の人は「お前はもう結婚できる年齢だ、結婚できる体だ」と言う、そういう非常に複雑な状況にいる少女の心と体は、ちょっとしたきっかけで異界に行くかも知れない、現実と異界が不分明になった、不安定な存在だと言える。そんな少女にとっては、これから大人になる準備をするために継子譚というものがある、あるいは共同体の側からすると、少女を無事大人の女性に成長させるための話、ということになるのではないだろうか。

＊「米福粟福」から、少女と母親のこと

ところで、それならばなぜ、思春期の少女の話が継母と継子の話になるのかということになる。それは、女の

子にとって大人の女性になるために乗り越えなければならないのが、何よりも第一に「親との関係」、中でも「母親との関係」だからではないか、と考える。こんなに文明が発達した現代でもそうだが、女の子と母親との関係というのは非常に微妙なものである。河合隼雄氏等も様々な著書で言及しておられるように、ちょうど思春期の少女は所謂反抗期という感じで親との関係が悪くなるが、それは少女の側が変化しているからだという。少女にとっては、自分が暗闇の中にいるような状況になっているので、親がそれまでと同じであっても急に腹が立ったり疎ましくなったりするわけである。しかし、その心理は実は自立の兆しとも言えるのだろう。

「米福粟福」では、主人公は、母親が自分にだけ仕事を押し付ける、自分だけ可愛がってもらえない、祭や芝居にも連れて行ってもらえない、などと思うが、こういう思いは現実にも、そして現代でも、姉妹や兄弟がいる場合よくあることだ。私自身にも経験があるが、多くの女性には、特に思春期の頃、母親の愛情が自分にはあまり注がれていないと感じられ、「母親は自分のことを少しもわかってくれない」、または「自分は母の本当の子どもではないのかも知れない」などと思うものである。ただ、少しひねくれた感じのするこの思いが、実は大切なのではないだろうか。そういう、或る年頃になると親と一歩距離を置くという心理が生まれるのは、女の子が無意識的に、自分が大人の女性になるためには母親を乗り越えなければならないと感じているためではないか、と考えるからである。

そして、そのような少女の思いに寄り添うように、継子譚のストーリーが形作られていると感じる。それ故、話の後半では、主人公は継母を恨みつつも、周りからの助けを支えに、「自分は自分で何とかするわ！」と思うようになっていく。例えば、先に具体的な語りを紹介した福島県・原ミツヨさんの「糠福とベンダラ」では、前の引用部分の続きが次のように語られる。

「お前は稲をこいで、籾を打ったり、籾をふるったりしろ」って、いっぱい仕事言いづけらっちゃと。〈ああ、おれはこらほど仕事しなくては芝居見さ行くべ〉と思って、衣装なくては行がんにぇから、墓場さ行って叩いたれば衣装が出たと。それから帯がなくてはしようねぇ。「帯出ろ」って言えば帯が出る。それから、「前垂れ出ろ」って言えば、前垂れ出たから、それ着て、「お金出ろ」ってお金出して、〈いま、ちっと仕事おやして行かなかったらおこられべな〉と思ってたば、近所の友達来て、(後略)

この部分を前半に比べると、〈　〉内の継子の心の声が意志の強さを感じさせ、その心理と行動力の変化がよくわかる。継子が確実に成長していることを語っていると言えよう。「米福粟福」の報告例では、他にも同じように、継子が話の後半になるにつれ成長する様子を描いた語りが結構見られる。そこで、継子譚は継母による苛めの話というより、主人公の継子(少女)が一人の女性になるために母親を乗り越えていく話なのだ、というふうに考えてみると、先に紹介したベッテルハイム氏や河合隼雄氏の言葉にもあったが、思春期の年代の少女を支える、彼女たちにとって必要な話なのではないかと思われてくる。

また、主人公の継子は、話の中盤までとても孤独である。それもやはり思春期の少女の思いと重なるのではないだろうか。体(特に性的な面)に大きな変化を実感せざるを得ない思春期の心は、どんな時代、どんな社会でも孤独なのだと言える。家庭の中でさえ、今まで自分と同じ思いでいると信じていた母親がそうではないと感じられ、それまで仲良くしていた姉妹に対しては、自分だけは何か違う気持ちを持っていると思える、そういう孤独である。それは、境界にいる者の孤独でもあり、大人へと向かう孤独なのかも知れない。そんな思春期の少女の孤独な心が、自分の分身のような主人公の登場するこのような話を、ある意味求めてきたのではないか、それも、継子譚が古くから長く人気のある理由の一つではないか、と思うのである。

＊「姥皮」から、少女と父親のこと

次に、「姥皮」の話について考えてみたい。まず、「継子いじめ」に始まる「姥皮」の気になる点に触れておこう。先に「姥皮」の報告例の一割ほどの話が「継子いじめ」から始まると述べたが、その場合、「米福粟福」など他の継子譚に比べると継母と継子の間の葛藤がほとんど見られないことである。先に紹介した新潟県の話でも、継母はほぼ苛めなどしていない、むしろ継子が勝手に家を出て行くと言っても良い感じで語られている。

そして、多くの「姥皮」の話では前半が「蛇婿入」ということだ。「蛇婿入（水乞型・蛙報恩型）」の冒頭、三人娘の末っ子だけがお父さんの願いを受け入れ蛇のところに嫁入りする決心をする。一番父親思いの末っ子がお父さんのために嫁に行く、つまり家を出て行くわけである。この点は、外国の話に目をやってみると、父親が原因で家を出る「千枚皮」や「蘭草の頭巾」、さらにシェークスピアの「リア王」の冒頭と少し似ていることに気づく。すると、「蛇婿入」の末っ子娘は「千枚皮」や「蘭草の頭巾」の主人公と同じ立場の女の子ではないか、「姥皮」は、ある意味では少女と父親の関係を語る話なのかも知れない、と想像される。それゆえ、母親の影が薄い、継母がいても継母の影も薄いということではないだろうか。

さらに「姥皮」の伝承を詳しく検討すると、話の最後に父親と再会を果たす例が約二割報告されている。[26] 他の昔話の継子譚では、「お銀小銀」などを除き父親の存在感が非常に希薄なので、「姥皮」の伝承でたとえ二割でも父親との再会が語られるというのは、注目していいのではないだろうか。「千枚皮」や「蘭草の頭巾」も最後に父との和解が描かれ、室町時代の物語草子の『うはかわ』、『花世の姫』、『鉢かづき』でも父と再会する場面が記されている。そのことからも、「姥皮」型の話にとっては、娘と父親の関係が重要なのではないかと推測される。また「姥皮」では、主人公が姥皮を被る間は老女に変身するという、いわゆる「籠り」の時期が描かれる。それは通過儀礼の象徴的表現である。「姥皮」の娘は、「蛇婿入り」から始まる場合は特に、話の初めのところで父親との親密度が高く見える。しかし、そのままでは娘が大人にはなれない。思春期において娘と父は（精神的にも）一度決定的に離れねばならず、娘が孤独な（老女＝籠りの）時期を経て苦難を乗り越え、めでたく結婚をした後、つまり大人の女性に成長してから、改めて父と再会を果たすことができると語っているように思われる。「米福粟福」が、少女の成長にとっての母親との関係が描かれているとすれば、このように「姥皮」は、少女の成長に関わる父親との微妙な（少し屈折した）関係が語られているのではないだろうか。思春期の少女にとっては、母親と共に父親との関係も、子供の頃の形を乗り越え大人になっていかねばならない、と仄めかしているかのようだ。

もちろん、「姥皮」譚の深層には、その他に様々な意味深い事柄が存在すると考えられる。[27] ただ、主人公の立場になって聞くことの多い聞き手（たいてい女の子）にとって、「姥皮」の娘は、父親に家を追われ異界での孤独な旅を強いられながらも、やがて勇気を持って外の世界と関わり、波乱に満ちた日々を生き抜く女性に見えるのではないかと考える。その成長の姿は、「米福粟福」と同様、不安を抱く思春期の少女の心を、無意識的に支えるものと言えるだろう。

少女の成長を語る話

個々の継子譚については様々な事情が存在すると思われ、「米福粟福」や「姥皮」の場合も、その発生や伝播の問題など、私にはまだよくわからないことが多々ある。

ただ、我が国において、女子を主人公にした継子の物語や昔話が長年にわたり人々の心をとらえ続けてきた理由として、今私が考え得ることは、継子譚が、少女から一人前の女性へと成長する過程という、女性の人生にとって時代を超えた普遍的なものを内包しているからではないか、というものである。

このことは、生き方に迷うことの多い現代の少女にとっても、意味のあるテーマではないだろうか。継子譚（中でも「米福粟福」や「姥皮」）とよく似た構造を持つと思われる、宮崎駿監督のアニメーション映画や諸々の少女漫画などが、小学生から若い女性達まで多くの支持を集めていること[28]から考えてみても、継子譚の意味は衰えていないと感じる。そして、継子譚を、「継子いじめ」の話ではなく「少女の成長を語る話」として、捉え直していくことが必要ではないか…と強く思うのである。

【注】

（1）『源氏物語』「蛍巻」に「住吉の姫君の、さしあたりけむをりは、さるものにて、今の世のおぼえも、なほ、こゝろ殊なめるに、かぞへの頭が、ほとほとしかりけむなどぞ、かの監がゆ、しさを、思しなずらへ給ふ。」とあり、『枕草子』「物語は」に「物語は、住吉。うつぼ。殿うつり、國ゆずりはにくし。」とある。また、吉海直人編著『住吉物語』〈一九九八年・和泉書院〉に、

『異本能宣集』を初め代表的な資料（本文中に住吉物語の引用であることが明示されているもの）の本文が紹介されている。

（2）藤井貞和・稲賀敬二校注『新日本古典文学大系　落窪物語　住吉物語』〈一九八九年・岩波書店〉の「住吉物語」を参照してまとめた。底本は、慶長古活字十行本。

（3）吉海直人編著『住吉物語』（注（1）に前掲）の解説による。

（4）関敬吾著『日本昔話大成5　本格昔話四』〈一九七八年・角川書店〉より。

（5）稲田浩二著『日本昔話通観第28巻　昔話タイプ・インデックス』〈一九八八年・同朋舎〉では、「継子と鳥」「継子と笛」は、「継子話」ではなく「霊魂の働き」の〈生まれ変わり〉に分類している。

（6）稲田浩二監修『現地録音　日本の昔話　1東日本編』〈二〇〇〇年・バンダイ・ミュージックエンタテインメント〉「北陸編」より、石川県鳳至郡柳田村（現・鳳珠郡能登町）の森川はなさんの語りを翻字した。

（7）拙論「「姥皮」型説話と室町時代物語」（黄地百合子著『御伽草子と昔話　日本の継子話の深層』〈二〇〇五年・三弥井書店〉所収）に詳しく述べた。

（8）福田晃「昔話「鉢かづき」の伝承」（福田晃著『昔話から御伽草子へ　室町物語と民間伝承』〈二〇一五年・三弥井書店〉所収）、および注（7）に前掲の拙論による。

（9）橋本嘉那子「ドイツの昔話における継母」（『昔話―研究と資料―』31号〈二〇〇三年・日本昔話学会〉）

（10）関敬吾氏は注（4）に前掲の『日本昔話大成5　本格昔話四』一一〇頁に、ヨーロッパ諸国の類例によるシンデレラ型の基本形式を挙げており、その冒頭部分を、「1　娘は継母と義妹に虐待される。2　彼女を結婚させようと思っている父のところから、不格好な着物を着たまま逃げる。3　彼女が父を塩のように好きだといったので追い出される。4　召使いのために追い出されることになっているので逃げる。」という四種としている。また、アアルネ・トンプソンの『話型目録』には「継子話」というジャンルはなく、三原幸久氏は、「継子話雑感」（『昔話―研究と資料―』31号〈注（9）に前掲〉）で南米先住民の説話の資料について紹介しているが、継子話は非常に稀であるという。

（11）段成式撰、今村与志雄訳注『東洋文庫401　酉陽雑俎4』〈一九八一年・平凡社〉「続集巻一」より。

（12）南方熊楠「西暦九世紀の支那書に載せたるシンダレラ物語」（『南方熊楠全集2』〈一九七一年、平凡社〉所収）、初出は明治四

十四年『東京人類学会雑誌』二六巻三〇〇号。
(13) 崔仁鶴著『韓国昔話の研究　その理論とタイプインデックス』〈一九七六年・弘文堂〉、R・D・ジェイムソン「中国のシンデレラ」(アラン・ダンダス編、池上嘉彦他訳『シンデレラ』〈一九九一年・紀伊國屋書店〉所収)、君島久子「シンデレラの履―そのアジア的展開―」(『日中文化研究3』〈一九九二年・勉誠社〉)、百田弥栄子「シンデレラ」(『シルクロードをつなぐ昔話中国のグリム童話』〈二〇一五年・三弥井書店〉)、浜本隆志著『シンデレラの謎』〈二〇一七年・河出書房新社〉等による。
(14) 松本隆信「住吉物語以後―継子苛め譚の類型に関する一考察―」(『日本文学研究資料叢書　平安朝物語Ⅲ』〈一九七九年・有精堂〉所収)
(15) 臼田甚五郎監修、國學院大学説話研究会編『会津百話』〈一九七五年・桜楓社〉四一～四四頁。
(16) 注(4)に前掲。
(17) 拙論「姥皮型継子話の位相」(注(7)に前掲の拙著所収)より。
(18) 大東文化大学民俗学研究会編『新潟の昔話　長谷屋の昔語り』〈一九八一年・桜楓社〉一四一～一四五頁。
(19) 関敬吾「婚姻譚としての住吉物語―物語文学と昔話―」(『日本文学研究資料叢書　日本の古典と口承文芸』〈一九八三年・有精堂〉所収)また、関氏の説としては『日本民俗学大系10』〈一九五九年・平凡社〉所収の「民話」も参照した。
(20) 三谷邦明「平安朝における継母子物語の系譜―古『住吉』から『貝合』まで―」(『日本文学研究資料叢書　平安朝物語Ⅲ』〈一九七九年・有精堂〉所収)
(21) 藤井貞和著『物語の結婚』〈一九八五年・創樹社〉
(22) ブルーノ・ベッテルハイム著、波多野完治・乾侑美子訳『昔話の魔力』〈一九七八年・評論社〉三一〇～三五八頁。
(23) S・ビルクホイザー・オエリ著、氏原寛訳『おとぎ話における母』〈一九八五年・人文書院〉や、河合隼雄著『昔話の深層―ユング心理学とグリム童話』〈一九七七年・福音館書店〉、『昔話と日本人の心』〈一九八二年・岩波書店〉、『物語を生きる』〈二〇〇二年・小学館〉など。
(24) 中沢新一著『カイエ・ソバージュ1　人類最古の哲学』〈二〇〇二年・講談社〉
(25) 拙論「継子譚に潜むもの―昔話「米埋糠埋」と「米福粟福」をめぐって―」(注(7)に前掲の拙著所収)参照。

（26）注（7）に前掲の拙論より。
（27）例えば主人公の聖性についても興味深い点が多い。「灰かぶり」については本文中で中沢新一氏の説に触れたが、「姥皮」に関しては、福田晃氏が「御伽草子『鉢かづき』の成立」（『昔話から御伽草子へ　室町物語と民間伝承』〈注（8）に前掲〉）において、『鉢かづき』の主人公の聖性を論じており、それは他の「姥皮」型説話の主人公の聖性にも通じるものと言える。特に、「蛇婿入」と結びついた話の場合、娘は一度「蛇＝水神」に嫁ぐ存在という点でも「聖なる女性＝水神の巫女」と考えられる。また、韓国や中国の「蛇婿入」の後日談として、（「姥皮」ではないが）シンデレラタイプの話が続けて語られているものの報告例がある。このことから、「蛇婿入」譚とシンデレラタイプのつながりには深い訳があるのではないかと想像させられ、日本の水乞型や蛙報恩型の「蛇婿入」に「姥皮」譚が続く話が多いことにも、何か必然性があったのではないだろうかと思われる。いずれも今後の課題としたい。
（28）注（25）に前掲の拙論でも同様のことに触れた。宮崎駿監督は民間伝承や民俗に大変造詣が深いことはよく知られているが、宮崎氏自身の言葉によると、「伝統的な意匠を、現代に通じる物語に組み込み」（『千と千尋の神隠し』の映画パンフレット）様々なアニメ作品を作ってきたという。中でも、「ハウルの動く城」は、主人公の娘（ソフィー）が魔法で老婆に変えられること、その老婆になったソフィーがハウルという美しい男性魔法使いの城で〈火〉の管理を任されることなど、「姥皮」の重要モチーフとの共通点が多く、興味深い。

本文および【注】に記したもの以外の参考文献

山室静著『世界のシンデレラ物語』〈一九七九年・新潮社〉
M―L・フォン・フランツ著、氏原寛訳『おとぎ話における影』〈一九八一年・人文書院〉
アラン・ダンダス編、池上嘉彦他訳『シンデレラ』〈一九九一年・紀伊國屋書店〉
小澤俊夫著『『グリム童話』を読む』〈一九九六年・岩波書店〉
村瀬学著『13歳論』〈一九九九年・洋泉社〉
村瀬学著『宮崎駿の「深み」へ』〈二〇〇四年・平凡社〉

畑恵里子著『王朝継子物語と力―落窪物語からの視座―』〈二〇一〇年・新典社〉
森正人「鎌倉・室町物語と説話」(『説話文學研究』第三十一号〈一九九六年・説話文学会〉)
佐伯和香子「昔話「姥皮」再考」(『昔話―研究と資料―31号』〈二〇〇三年・日本昔話学会〉)
村瀬学「『ハウルの動く城』のメディア的構造」(『昔話―研究と資料―34号』〈二〇〇六年・日本昔話学会〉)

付記

本稿は、平成二十四年國學院大學オープンカレッジ特別講座「語りの文化講座」で話したことを元にまとめた文章「少女の成長を語る継子譚」(『語りの講座　昔話入門』〈二〇一四年、三弥井書店〉所収)を訂正、加筆したものである。

語り手が語る昔話の女性イメージ§§§「大歳の火」「米福粟福」「姥皮」

はじめに

女性が中心的な存在として登場する昔話は数々あり[1]、その昔話において女性がどのように描かれ語られているか、つまり「昔話の中の女性像」を考えるのは興味深いことである。しかし、いざ少し深く考え出すと、それぞれの話における女性像（女性のイメージ）をどのように見ていくのか、案外難しい。たいていの話型の話が伝承の過程で変化してきており、採録された地域による差が大きい話も多い。それならば、どの伝承を基準にすると良いのだろうと考える内、誰にとっての女性イメージを、誰が語っているのか、という視点が重要であろうと思うようになった。そこで、本稿では、語り手の表現を通して、語り手が登場人物としての女性をどのように語っているかを見直し、「語り手達にとっての女性像」という観点から考えていきたい。

女性が登場する数々の昔話の中から、「大歳の火」、「米福粟福」、「姥皮」の三つの話を取り上げることとした。その理由は、これらの話についてはは以前に詳しく検討したことがあるものの、その際には、語り手が登場する女性をどのようなイメージで語っているか—といった点についてはあまり意識しなかったことに気づき、もう一度一つ一つの話を読み直してみたいと思ったためである。そういう視点で今回改めて具体的な表現を見直した昔話資料を、文末の一覧表に示した。ただ、その一覧表に記したものが、これらの話について報告された資料のすべてではない。三話型とも現在では全国で二百例以上の話が採録されており、読み直したのはその三分の一程度に過ぎないが、一応全国各地のものを見ることが出来、大方の傾向は確かめ得たと考える。

「大歳の火」の嫁（女中）

まず、「大歳の火」の基本的構成を確認し、次のようにまとめた。その中で、語り手が登場人物としての女性をどのように語っているかを考察するために注目したのは、構成の(3)の部分（傍線部）である。

(1)嫁が姑から（または女中が主人から）大歳の晩は囲炉裏の火を消してはならないと言われ、火の番を命じられる。
(2)嫁（女中）がうっかりしている内に火が消える。（又は姑や他の女中が故意に火を消す。）
(3)嫁（女中）が火を何とか手に入れようと家の外に出ると、向うに火が見える。近づくと葬列である。（又は恐ろしげな男達が火を焚いている。）
(4)嫁（女中）が火種を分けてほしいと頼むと、一緒に棺桶（死体）を持ち帰れと言われる。
(5)嫁（女中）は家に帰り、棺桶（死体）を隠して、囲炉裏に火をつける。
(6)元日の朝、棺桶（死体）を隠した所が光り輝くので（または何を置いたのか理由を聞かれ）、事情を話して中を見ると黄金がある。
(7)その黄金で家が富み栄える。（または、その黄金で寺を建立する。または、それ以来、ある正月行事を行うようになる。）

全体の流れの中で特に傍線部に注目したのは、全国の報告例を見直しているうちに、この部分の主人公の嫁（又は女中）の心理―火が消えたことに気づき驚くが、何とか自分の力で火を手に入れたいとする時の必死な思い―を詳しく述べている話がよくあることに気づいたからである。ちなみに、「大歳の火」の主人公は、文末の一覧にも記したように、東日本ではほとんどが「嫁」[2]で、西日本では「嫁」の場合も見られるものの「女中」とするものが多い。そして、主人公の心理が詳しい話[3]は、「嫁」の例では四十三話確認した中で十九話あったのに対し、「女中」の例では二十四話中七話であり、「嫁」の場合に比較的多いと言える。そこで、「嫁」が主人公の話で、まずは構成の(2)~(3)に当たる部分の具体例として、『肥前伊万里の昔話と伝説』の話[4]（語り手は松尾テイさん）を見てみよう。

もういざ寝ゅうかにゃあと思うて。そいでも気になんもんじゃいけんねぇ、囲炉裏ばこうして見らしたぎい、もう火は消えとったて。どうしゅうやろうかと思うて。あいしこ言われとったとこれぇ、火はきゃあ消えとっ。どがんすっぎよかちゅう。正月早々、火種ばきゃあ消やぁたちゅう。こいよい縁起の悪かこたなかとけぇ。どがんすっちゅうと思うて、外に出てみらしたぎぃ、近辺ももう、夜中も遅かもんやいけん、寝てしもうて、暗く、「どがんすっちゅう。火種はきゃあ消えて、どがんすっ」ち言うちて、言う言う表ば行たい来たい、隣近辺見ても真暗かもんやいけん、「どがんすっちゅう」ち言うて、行たい来たいしよらしたぎにゃ、向こーうン方に、火のチラチラて、見えたちゅうもん。

語り手は、「どがんすっちゅう」[5]という言葉を繰り返しつつ、外に出て行ったり来たりするしかないという、火が消えた際の嫁の動揺を見事に表現している。まさに嫁の立場になりきって語っていると言ってよい。この後、嫁は火の見える所まで行き、焚き火をしていた髭むくじゃらの男六、七人に恐る恐る火種をもらえないかと頼むのであるが、その際の嫁の心持ちも細やかに語っている。次いで、『丹波和知の昔話』の話[6]（語り手は吉田こいえさん）から、構成の⑶に当たるところの表現を確かめたい。

〈火が消えていることに気付いて、〉は、こら困ったこっちゃと思て、ほしてどうしょうしらんかと思て考えてみても、よい考えもつかんなり、かどへ出てみたら、隣近所もみんな寝静まってしもうとって、明かりの見えるとこは無いなり、こら明日（あした）の朝まはひどいこと叱られんならんし、これからもう居れんようなことに、置いてもらえんようなことになるやも知れんと思て大変心配して、そのお嫁さんは歩いとったら、そしたら、そっから少し、その家からちいと離れたとこの、川向こうの方に、焚火が見えるんですて。（〈　〉内は筆者による粗筋の説明）

この話でもやはり、姑に叱られるのを心配する嫁の気持ちが直接話法的に丁寧に語られる。この後、焚火をしていた怖い顔の五、六人の男に嫁が思い切って話しかける際には、語り手は「ほんでもう怖てかなんのやけど」と嫁の心理を代弁している。この二例に代表されるように、多くの例で語り手は、前半での嫁の不安や恐怖を自分のことのように語るが、それは後半（構成⑷⑸）での嫁の勇気ある行動をより強く印象づける効果があると言えるだろう。本来弱い立場の嫁が、家の風習と姑の言いつけを守るために、怖くても必死で勇気を奮い起こし、思いがけない強さを発揮する。語り手がそういう風に嫁を描くことで、その嫁は黄金だけでなく家そのものを守る主婦の座を得る資格がある女性なのだ、そのおかげで家は栄えることになる、と聞く者は納得させられるのである。

「米福粟福」の継子

次に「米福粟福」の話における女性像を見ていきたいと思う。「米福粟福」も大変よく知られた昔話だが、まず左のように基本的構成を整理した。

(1)主人公の母親が亡くなり父親が再婚する。継母に子供（女子）ができると、継母は継子（主人公の女子）に冷たく当たり、本子だけを可愛がる。

(2)ある日、継母は継子と本子を栗拾いに行かせるが、継子には破れた袋を渡したので、夕方になっても継子の袋は一杯にならない。

(3)日が暮れた山の中で、姉妹は（または本子は先に帰り継子のみ）山姥（または亡母の霊など援助者）と出会う。継子は、山姥（援助者）から栗や宝物（望むものが出る袋など）をもらい、翌朝家に帰る。

(4)やがて村祭（または村芝居など）の日になる。継母は本子のみ着飾らせて連れて行き、継子には多くの仕事を言いつけて留守番をさせる。

(5)友だち（または小鳥など援助者）が現れ、継子の仕事を手伝う。継子は山姥など（援助者）からもらった宝物で着物などを出し、美しい姿で祭に行く。

(6)祭の場で本子は継子ではないかと気づくが、（または継子は本子にわざと菓子などを投げる。）継母は気づかない。継子は早く家に帰り、ずっと仕事をしていた風を装う。

(7)しばらくして、長者等の息子が継子を嫁にと望み、使いの者が迎えにくる。継母は本子を嫁にしてほしいと言うが、継子が援助者からもらった着物を着て現れ、嫁に行く。

(8)本子が継子をうらやむので、継母が本子を臼などに乗せて廻るうち、二人は田んぼ等に落ちてしまう。（二人は田螺になった、とも言う。）

全体の流れの中で傍線を付したところに注目したい。具体的な語りの表現を見ると、この部分には継子の気持ちや態度の変化を語る報告例が目立つからである。話の前半（構成番号(1)〜(4)）での主人公は、力の無い弱い存在で、援助者に助けられやっと生き延びる可哀想な「継子」として描かれる。しかし、構成番号(5)以降の主人公は、多くの話で人が変わったようになるのである。代表的なものを幾つか紹介してみよう。まず、『羽後の昔話』の話[7]（語り手は永坂さとさん）の、構成番号(4)〜(6)は次のようである。

秋もすぎ、寒い冬もさって、春になって、村の祭こが来たんだと。そしたば、お母さんは粟福さばり良え着物きせで、良え下駄はかせて、「米福、んが米一斗、粟一斗搗いでおげ」ど、言って、自分たちばり祭さ行ってしまったと。米福、みんな行ってから、かくしておいだ宝の小槌を持って来て、「米一斗、粟一斗搗てけれ」と言うと、米も粟も真白に搗けてしまったんだと。そこで米福、小槌に、「良え着物と下駄と出れ」と、言うと、米福だば見たごともない、きれいな着物と下駄と出て来たと。それから銭こも無ゃば困るど思って、「俵こさ銭こ一杯入って出れ」と、言ったら、それも出て来たと。着物きて、下駄はいて見だら、まさかこれが米福だと、たれも気づく者もいねぁほど、良え娘になってしまったど。して、知らねぁ振りして祭さ行ったば、「んにや、良え姉さまだ。どこの姉さまだべが、先ずこっちさ来て、桟敷さあがってけれ」と、無理に桟敷さあげらえで、銭こで真桑瓜こ買って来て、皮こむいて食ってらば、下さ粟福が来て、その皮こ拾って食って居だど。祭も終りに近くなってきたので、大急ぎで家さ帰り、着物だの、下駄だのかくして、知らねぁ振りして居たば、粟福が来て、（後略）

この後、粟福が祭の場で見た「きれいな姉さま」の話をするのだが、米福は素知らぬ振りで「おらだけぁ仕事一杯してら」と言い、わざとうらやましそうな顔をする様子が語られる。この話での継子は、祭の日に自分一人だけ家に残され理不尽な仕事を押し付けられても、泣いてなぞいない。自分も祭に行きたいという希望を実現するためには行動あるのみ、授かった宝の小槌をフル活用し、着物や下駄だけでなく銭まで出して行くのである。継子が祭（または芝居等）に行くために、援助者にもらった呪物を使い自ら衣装やお金などを用意するといった、積極的な行動をとることを語る例は多い。文末に添付した表の「米福粟福」六十話のうち三十二話[8]で見られ、確認した伝承例の約五十五パーセントになる。

その積極性が一層感じられるのが、構成番号で⑹の場面である。先の『羽後の昔話』の話でも紹介部分の最後の4行が⑹の場面に当たる。ここで継子は食べ物を本子にわざと投げ与えるという行動に出て、しかも本子が喜んでそれを食べるのだが、同じようなモチーフを語るものが他にも結構見受けられる。さらに、継子は本子や継母より先に家に帰り、元の汚い姿に戻って、何食わぬ顔で後から帰った二人を迎えるのである。その⑹の場面を、『羽前の昔話』[9]では次のように語っている。（語り手は安部はつよさん。）

〈宝もので衣装と帯、下駄、銭を出して〉そしてみんな友だちと、ちゃんと桟敷さ行ったど。そしたら下の方に米福と母が二人で見っだって。うまいものいっぱい持って、お菓子折など持って行ったもんだから、まず饅頭食って、皮、投ってくっじゃど。そうすっど米福（本子・筆者注）は、「いやいや、おっかさ、あそこにいたお嬢さま、おれどこさ饅頭の皮投ってよこしてくっじゃぜ、腹へったから、うまかった」て言うのよ。〈中略―継母と本子の二人で饅頭を食べ、二人は芝居が終わってから帰る。〉「おっかさにおんつあれっど悪れから、おれ、先に帰って行くから、お前だもっと見てこい」て、糠福は先に帰ってきて、また髪ほどいて、ぼろ衣装着て、墨などわざとつけていたところあ、母と米福あ来たど。(〈 〉内は筆者による粗筋の説明)

右の例と類似の表現は他の報告例にもよくあり、この場面で継子は完全に本子や継母より優位に立ち、強く、したたかになっていると言える。また、具体的な資料を示すことはできないが、構成番号(7)に当たる最後の場面でも、継子が継母と本子の鼻を明かすかの如く、堂々と美しい姿になって現れる様子を語る例が結構見られるのである。

このように、語り手の語り表現を丁寧に見て行くことを通して、継子の心理・態度・行動が詳しくわかり、後半では意外にも、大変積極的に自分の思いを行動に移すことのできるようになった主人公が描かれていることが確認できる。それは、多くの人が従来「継子話」(あるいはシンデレラタイプの話)というものに対して抱いていたイメージとは少し違うかも知れないが、それが実は語り手の語りたい主人公の姿であるとも思われるのである。

「姥皮」の娘

次に「姥皮」の話の場合の女性像であるが、まず基本的構成を次のように整理した。

(1)蛇の所に嫁入りすることになった娘が、瓢箪と針を山中の池に入れることで蛇を殺し、蛇から逃れる。(または、継子の娘が継母に家から追い出される。)

(2)娘は山の中で道に迷い、日も暮れ困っていると向うに灯が見える。行くと一軒家があり、そこには年取った婆さま（山姥など）がいて、娘を泊めてくれる。
(3)朝、婆さまは娘に、「そのままの姿では危ないから」と、被ると年寄り婆に見える姥皮（ばばっ皮など）を与え、悪者（鬼など）から逃れる方法や里に出る道を教える。
(4)里に出た娘は、婆さん姿のまま長者の家などで釜の火焚き等として働かせてもらう。
(5)娘は、夜には自分の部屋で姥皮を脱ぎ美しい娘姿にもどる。それを長者の息子が覗き見し、娘を嫁にしたいと思う。
(6)息子は病気になる。親が占い師に見てもらうと、「病気の原因は恋患いで、その相手は家の中の女だ」と言う。（または、息子が親に火焚きの婆を嫁にしたいと言う。）
(7)占い師の助言で家中の女が息子の見舞いに行くが、誰が行っても息子は起きない。最後に火焚き婆の娘が行くと息子は起きて湯茶を飲む。（または、親が家中の女に難題を課す。誰もが失敗するが、最後に残った火焚き婆だけが難題を果たす。）
(8)娘が本来の美しい姿で現れ、皆が驚く。娘は長者の息子の嫁になる。

ここでは、傍線を付した(1)、(4)、(5)、(7)の場面を通して考えていきたい。「姥皮」は「継子譚」に分類されることもあるが、伝承されている話の九割近くが「蛇婿入」の水乞型もしくは蛙報恩型の話に続く形で語られる。そのため、構成(1)の傍線部は、前半の「蛇婿入」の最後の部分ということにもなるが、その具体的な語りの例を、『正部家ミヤ昔話集』[10]の話によって見ていこう。（〈　〉内は筆者による粗筋の説明）

〈娘は、親父さんに嫁支度として水銀を入れた瓢と針千本を用意してもらい、若侍姿の蛇と山に登っていく。〉行くがー行くが上がってったところ、大っきな沼さ出はったんだと。そしたところ、その若侍足止めて、「ここァ、おれの家だから、この中さ入れ」って言ったずもな。したところ、その娘、「いや、お前さんの嫁ごに来だから、入んねことァねぇ。だから、お前さんが案内してけろ」言ったずもな。だけ、その蛇、先さ入ってがら、その時ァ、蛇なってしまってらから、「ほんだら、おれ、先さ入っから、お前すぐ後さついてこ」ったと。その時、「だら、お願いがある」って、「おれ、ここさ瓢持ってらども、この瓢をここさ沈めてけろ」ったの。（中略）その蛇さ。そしたところ、「いーい、そんなことたやすいことだ。沈めっから、それ投げろ」って、水銀入ってら瓢を投げたんだど。なんじょに瓢さ水銀入ってらから、なんぼ、もがいても、もがいても、プクン、プクン、プクン、プクンと浮かんでわかんねがったど。〈やがて沼一杯に蛇が出て来て、皆で瓢箪を沈めようとするが沈まない。〉その時、その娘、持ってきた針千本、ぱらーと沼さ投げたんだど。そしたところ、みんなその蛇さ針刺さってすまって、針の毒で、その蛇みんな浮かんですまって、死んでしまったんだど。

この後「姥皮」の話へとつながっていくのだが、主人公の娘は何故か初めから蛇を退治するには瓢箪と針が効くと知っていて、さらに巧みな会話術で蛇を翻弄している。その様子が目に見えるような豊かな語りである。他の報告でも蛇を退治する際の娘の賢さと勇敢さを描くものは多く、例えば『白山麓・手取川流域昔話集』[11]の話では、語り手の北村りつさん自身がこの場面で娘のことを「巧者な子やねぇ」と評していて興味深い。

次に構成(4)の婆姿の娘が働き口を探す場面においては、山の婆さんに教えられていた所とは言え、怖い番人のいるような大きな家にたった一人で行き「自分を使ってくれないか」と声をかけ、交渉して何とか仕事にありつく様を語る例がよく見られる。ここでも、主人公が普通の娘ならあり得ない度胸を持っていることを描くのである。

さらに構成⑸で、娘のイメージは一気に変化を見せる。ここはいわゆる「覗き見」の場面なのだが、多くの異類女房譚に見られるものとは違い、日本の昔話には珍しくロマンティクな覗き見と言える。例えば、『飯豊山麓の昔話』[12]の山口ふみさんは、その部分を次のように語っている。

そうして、毎晩げ便所さ立ってみて、「なんだて、この間頼んだ飯炊きばんばは毎晩灯(あか)しをつけて、何をしてるもんだかな」て思って戸の隙から見たら、そのきれいにして、姥皮を脱いだから、まず、いままでその町になど、見たこともないような女になって、びっくりぎょうてんして、それから恋の病いになってしまったな。

このように、多くの語り手はこのシーンで初めて、姥皮を脱いだ娘が姿形も並外れて素晴らしい女性に成長していることを、覗き見た息子の驚きの表現を通して伝えるのである。

そして、構成⑺の場面では、主人公の真の価値が息子だけでなく周囲の人々にも示されることとなるが、話のクライマックスとも言えるそのシーンに、語り手は巧みな描写を加える。例えば、先に構成⑸の部分を紹介した『飯豊山麓の昔話』の山口さんの話は、息子の思う女を探すために「鶯の止っている梅の枝をそのまま折る」という難題が出された後のところが、次のように語られる。

その次、その次とみんな行ぐげんど、全部飛んで行って一人として、嫁になる女いながったど。残る女というのは、ばば、火焚きばばばりだ。「お前も女の一人だもの、お前もしてみたらええでないか」て、馬鹿にしいしい、みんなに言わっだそうだ。「いやいや、おれなど駄目だから、みなさんのようなきれいなお方でさえも、折りかねたもの、おれのようなものが上がったって、どうせそれは駄目なことだ、無駄なことさは、かかんない」て、聞かねがったそうだげんど、みんなおかしいもんだから、小馬鹿にして、どうしてもお前上がってとってみろて言うもんだから、「おれも一つ登って、折っても駄目だと思うげんども、かかってみて」て、自分の部屋さ入って、ちゃんと姥皮脱いで、きれいにお召換えしてみっど、まずまずそこの女中なんとも違って品のええ娘になったことよ、

皆が難題に失敗、残ったのは姥皮を被った娘のみだが、周囲が馬鹿にしつつ難題への挑戦を勧めるのに対して、娘は「おれなど駄目だから」と何度も遠慮する。この「娘の遠慮」を語る例はよくあり、一見娘の謙虚さを示していると見えるが、語り手はこの後の展開の伏線として遠慮の言葉を言わせているのではないかと思われる。謙虚な態度はむしろ娘の自信の裏返しであることを感じさせ、その証拠に、娘は遠慮していたのに、その後きれいにお召換えをして本来の姿で皆の前に現れるのである。この場面は、語り手にとっても聞き手にとっても、大団円に向けて心の弾むような、最も楽しい思いのできるシーンと言える。同じく「娘の遠慮」を含む構成(7)の部分を『新潟の昔話　長谷屋の昔語り』[13]では、次のように語る。（語り手は清野一太さん、〈　〉内は筆者による粗筋の説明）

〈病気になった息子に家中の女衆が飯を持って行くが息子は見向きもしない。旦那は仕方なく婆を呼ぶことにする。〉「婆さま〳〵、ちょっとお前、来てくれればよい。」「はい〳〵。」「お前、おら家の、兄ゃのところへ飯（まんま）持って行ってくれればよいこと。」「旦那さん、おれみたいな婆さま行ったて、なんともしょねことね。」「いや、そんなことお前言わねで、行ってくれればよいがな。」「あ、そうかね。そうせば、ちょっと待ってくんなかいや。」そうして、その婆さま、自分の部屋さ行って、着物着替いて、きれいな娘になって来たであな。そこの旦那もそれ見て、二度たまげてしまったであな。

この後、当然息子は娘の持って行った飯を食べるのだが、先の報告例と同様「娘の遠慮」が話の折り目になっていることがわかる。この折り目を境に、忍耐強く陰に隠れ続けた娘が一気に表舞台に堂々と現れるのであり、構成⑺における、この鮮やかなイメージの転換は、話の中の周囲の人々だけでなく、聞き手にも喜ばしい驚きを与えると言えよう。

こういう雰囲気が最も典型的に描かれる例として『南加賀の昔話』[14]の中島すぎさんの語りを紹介したい。中島さんの「姥皮」では、構成⑺の場面で息子の嫁となるべき娘を決めるのに三種類の難題が出される。主人公はそれらの難題をそれぞれ難なくこなすのであるが、その際の描写が興味深い。まず、第一の難題は「真綿(まわた)の上を、真綿が裏につかないように草鞋で歩く」というもので、その部分は次のように語られる。

誰が行って、歩いても、みんな引きまくって行ってもて、付いていかんのじゃって。ほったら、その婆ちゃん（主人公・筆者注）見とって、「あんた下手やな。婆なら、むたむたっと歩いて見しょにな」って、おお、そう言うたら、ほな、もう、なんじゃら、在所の娘どもいくら歩いてもみんなまくってもてもう、駄目になってもて、ほたら、終(しま)いんなったら、「釜の婆ぐらい皺(しわ)にも付いていくわ」って言うて怒っとったんやて。ほんだけどまあしかたない、「歩いてみよ」て言うたん。ほしたら、その、賢いさかいに、ごんぞ草鞋の裏に種油塗って、そしてむたむたあと行ったらひとつも付かなんだんや。そったら在所の娘ども腹がたって腹がたって、えぞ悪なってえ、ほいて、なんじゃね、ぬけて帰ってもたんやて。

老婆姿の主人公は他の娘達の悪口にも決して負けず、「あんた下手やな」と言ってのける。第二の難題「雀の止っている枝をそのまま折る」の際も同じやり取りが語られ、第三の難題「箕(みい)に入れた小判で音(ね)を出す」についてのところは次のようである。

そんじゃけど、不思議なもんでその、なんじゃて、また婆な、「あんた下手やな、婆ちゃんなら音え出いてみしょうになあ」て、また言うたんやて。ほったら、腹が立ってはまたして行っては、してみるんじゃけど、誰行ってしても、「じゃっくりじゃい」ってしか言わんのじゃて。ほったらま、腹が立って、「そんなら、ひとつ婆やってみよ」って怒り怒り、在所の娘どもあ言うたんやて。そしたところが、行ってえ、婆ちゃん、ぬかしたんじゃて。そしたら、そこでえ、あの、嫁になれるんじゃぞ。「三万長者の弟娘、五万長者の弟息子、金ざっくりざい」ていうて音が出たんやと。

この後、小判が出した音に驚く人達の前に、娘は姥皮を脱いで堂々と現れ、その美しい姿に人々はものも言えないほどになるというのである。

こうして、「姥皮」の豊かな語りの数々を見ていると、語り手にとって主人公の娘のイメージは「蛇婿入」の蛇退治の場面から一貫しているとも思われる。主人公は賢く度胸があり、かつ忍耐強く、しかも自分の能力を知っていて、その能力を発揮すべき時に発揮できる女性なのである。それは、とりもなおさず、語り手たちが主人公の娘をそういう女性として表現しているということになる。また言い換えれば、それこそが「姥皮」の話によって語り手たちが語りたい女性像なのであろう。

先入観を超える女性たち

以上三種の話は、本来は霊力のある聖なる女性の話と考えられる。本稿では詳しく述べる余裕がないが、これら三種の話の主人公の聖性を論じたもの(15)によると、いずれも主人公の娘は、本来神に仕える巫女的存在ということとになるだろう。私はそのような点についても大いに興味を感じるが[16]、当の語り手たちは主人公を「聖なる女性」とみなしているわけではないと思われる。そこで、では語り手は、話に登場する女性についてどのようなイメージを抱いて語っているのか——、そこに焦点を当てて見ようとしたのである。

ここで取り上げた主人公達は、話の冒頭である種の共通点を持っている。「大歳の火」では家の中で冷遇される嫁や女中、「米福粟福」では継母に虐げられる継子、「姥皮」の場合は一度異類に嫁入りしてもう実家に帰れない娘、彼女達は皆、言わば「弱者」である。現実世界の世間でも、かつては弱い立場に置かれた女性達の代表と言える。しかし、語り手の方々は、そんな彼女達が援助者に助けられつつ現状を乗り越え、話の後半では思いがけない勇気や知恵、賢明さ、時にしたたかな逞しさをも発揮し、ついに形勢を逆転する様を語っている。しかも具体的な表現を通して。本稿で紹介してきたそれら具体的な表現例の数々に、主人公に対する語り手の共感を感じとることはできないだろうか。もちろん、三種の話には誠実な生き方や親孝行等の大切さも大いに語られていることがわかるのだが、語り手達の表現からは、そういう教訓的な姿に留まらない、多様な女性イメージがそこここに見えてくるのである。

この度、語り手の方々の具体的な語り表現を丁寧に見ていくという作業を試みたことによって、昔話の登場人物としての女性像に関して、私達は一般的に今まである種の先入観を持っていたのではないかと気づかされた。話のストーリー（枠組み）を通して理解していた女性の姿は、実は大変大雑把で画一的であったのではないだろうか。苛められていた嫁（女中）が幸運をつかむ「大歳の火」、可哀想な継子が苦労の末幸福になる「米福粟福」、という風に。そう考えると、例えば、哀れな女性イメージの代表格と言える「鶴女房」でさえ、一つ一つの話には各語り手の様々な思いや具体的な女性像が描かれているのだろうと想像される。

また、一人の語り手が女性の登場する種々の話でそれぞれどのような女性イメージを持って語っているのか、さらに今回例に挙げた話は一人を除きほとんどが女性の語り手によるものであったが、男性の語り手は女性の登場人物をどのように語っているのか、まだまだ考えなければならないことは多く、興味は尽きない。

そして、今後の昔話研究においては、現代まで蓄積されてきた膨大な昔話資料を活かし、一つ一つの話の具体的な語り表現を丁寧に読む、または聞くということがより重要になってくるだろうと考える。そういう作業を通して、ストーリー（枠組み）を並べて検討する場合とは違い、一人一人の語り手の貴重な話が息を吹き返すように、昔話の語りについての新しい視野が広がっていくに違いないと感じるのである。

【注】

（1）関敬吾著『日本昔話大成2～7　本格昔話一～六』〈一九七八～一九七九年・角川書店〉では、本格昔話の継子譚・異類女房譚・異類聟譚等を主として、約四十の話型がある。（笑話、山姥が主な登場人物となる話、継子譚で性別の不明確なものは除く。）

（2）文末の資料一覧表の「大歳の火」の欄で、（　）内に「女中」等の記入のないものはすべて「嫁」が主人公の話である。

（3）文末の資料一覧表の「大歳の火」の欄で数字の下に「●」印を付した。

（4）文末の一覧表で87番の資料。

（5）「どがんすっちゅう」とは現代共通語では「どうすればよいのだろう」という意味になる。

（6）文末の一覧表で69番の資料。

（7）文末の一覧表で11番の資料。

（8）文末の資料一覧表の「米福粟福」の欄で数字の下に「＊」印を付した。

（9）文末の一覧表で15番の資料。

（10）文末の一覧表で6番の資料。

（11）文末の一覧表で57番の資料。
（12）文末の一覧表で16番の資料。
（13）文末の一覧表で44番の資料。
（14）文末の一覧表で60番の資料。
（15）「大歳の火」に関しては拙論「「大歳の火」の伝承」（『日本の継子話の深層』〈二〇〇五年・三弥井書店〉所収）、「米福粟福」に近い「シンデレラ」については、中沢新一著『人類最古の哲学』〈二〇〇二年・講談社〉、「姥皮」に関しては、福田晃「御伽草子『鉢かづき』の成立」・「昔話「鉢かづき」の伝承」（『昔話から御伽草子へ　室町物語と民間伝承』〈二〇一五年・三弥井書店〉所収）、佐伯和香子「昔話「姥皮」再考」（『昔話―研究と資料―31号』〈二〇〇三年・日本昔話学会〉）等。
（16）元は聖なる女性の話が、どのように変化しつつ語り継がれてきたのか、近現代の伝承の内容とどう関わり、どのようにつながっているのか、等々、様々な点で興味深い。

付記・引用させていただいた昔話集の本文の記述につきまして、勝手ながら都合により、本来改行されているところもすべて改行をせずに記しましたこと、並びに振り仮名を一部省略いたしましたことを、お断りさせていただきます。

本文および【注】に記したもの以外の参考文献

河合隼雄著『昔話と日本人の心』〈一九八二年・岩波書店〉
宮田　登著『女の霊力と家の神』〈一九八三年・人文書院〉
三浦佑之著『昔話にみる悪と欲望』〈一九九二年・新曜社〉
小澤俊夫著『昔話のコスモロジー』〈一九九四年・講談社学術文庫〉
浜本隆志著『シンデレラの謎』〈二〇一七年・河出書房新社〉
野村敬子著『女性と昔話』〈二〇一七年・岩田書院〉
波平恵美子「民俗としての性」（『日本民俗文化大系　第十巻　家と女性』〈一九八五年・小学館〉）

村武精一「家のなかの女性原理」（同右）
江守五夫「民族学からみた《蛇婿入》の昔話」（『物語にみる婚姻と女性』〈一九九〇年・日本エディタースクール出版部〉）
三原幸久「継子話雑感」（『昔話—研究と資料—31号』〈二〇〇三年・日本昔話学会〉）
鵜野祐介「糠福と米福（米福・粟福）—親と子、きょうだい—」（『昔話の人間学』〈二〇一五年・ナカニシヤ出版〉）
恋田知子「異界へいざなう女」（『異界へいざなう女』〈二〇一七年・平凡社〉）
拙論「姥皮型継子話の位相」・「継子譚に潜むもの—昔話「米埋糠埋」と「米福粟福」をめぐって」（『日本の継子話の深層』〈二〇〇五年・三弥井書店〉）

「大歳の火」・「米福粟福」・「姥皮」について語りの具体的表現を確認した資料の一覧

	伝承地（又は採録地）	資料名	編者	資料の発行年	米福粟福	姥皮	大歳の火	備考
1	青森県西津軽郡鯵ヶ沢町	津軽百話	國學院大学説話研究会	一九六七年	3＊	1	1	
2	弘前市	津軽昔話集	斎藤　正	一九七四年	1	1	1●	＊
3	岩手県二戸市	陸奥二戸の昔話	丸山久子・佐藤良裕	一九七三年	2＊＊	4	1●	
4	遠野市（旧上閉伊郡土淵村）	聴耳草紙	佐々木喜善	一九三一年		1		＊
5	遠野市遠野町	鈴木サツ全昔話集	小澤俊夫・荒木田隆子・遠藤篤	一九九三年	1			
6	遠野市綾織町	正部家ミヤ昔話集	小池ゆみ子・小林美佐子・田中浩子・丸田雅子	二〇〇二年		1		
7	遠野市新穀町	遠野の昔話	同右	二〇一六年	1＊			
8	紫波郡煙山村	岩手県紫波郡昔話集	柳田国男・小笠原謙吉	一九七三年	1	1		＊
9	宮城県中田町・志津川町	みちのくの海山の昔	佐々木徳夫	一九七五年	1＊	2	1	
10	秋田県由利郡玉米村	話の三番叟	野村純一・畠山忠男	一九七七年	1	1		
11	由利郡鳥海村・北秋田郡	羽後の昔話	今村泰子	一九七七年	1	1		
12	仙北郡角館町	角館昔話集	武藤鉄城	一九七五年	1＊	1		＊
13	山本郡山本町	昔話—研究と資料—八号	昔話研究懇話会	一九七九年	1	1		
14	山形県上山市楢下	東北に残った大坂の昔	武田　正	一九七六年			1	

15	南陽市・米沢市	羽前の昔話	武田　正	一九七三年	1*	1	1	
16	西置賜郡	飯豊山麓の昔話	武田　正	一九七三年	2**	2		
17	最上郡最上町	羽前小国昔話集	佐藤義則	一九七四年	1*			
18	最上郡真室川町	土田賢媼の昔語り	杉浦邦子	二〇〇五年	1			
19	同右	関澤幸右衛門昔話集	野村純一	一九七二年	1*	1		
20	最上郡	笛吹き聟	野村純一	一九七二年	1	1		
21	福島県耶麻郡・大沼郡・南会津郡	会津百話	國學院大学説話研究会	一九七五年	3*	1	1	
22	南会津郡舘岩村	会津舘岩村民俗誌	石川純一郎	一九七四年	1*	1	2●●	
23	南会津郡檜枝岐村	河童火やろう	石川純一郎	一九七二年	1*	1		
24	双葉郡川内村	河童火やろう	石川純一郎	一九七二年	1			
25	田村郡船引町	鬼の子小綱	山本　明	一九七四年	1*		1	
26	石川郡	石川郡のざっと昔	國學院大学説話研究会	一九九一年	1*	1	9（2女中）	嫁●女中●
27	群馬県利根郡片品村	金の瓜	柾谷　明	一九七三年	1*	1		
28	利根郡	利根昔話集	上野　勇	一九七五年	1*	2		*
29	多野郡吉井村	武蔵川越昔話集	鈴木棠三	一九七五年		1		*
30	山梨県	甲州昔話集	土橋里木	一九七五年	1*	2	1（女中）	*
31	茨城県東茨城郡美野里町	茨城の昔話	鶴尾能子	一九七二年			4	
32	栃木県芳賀郡茂木町・塩谷郡藤原町	下野の昔話	小堀修一・谷本尚史	一九七八年	1		1	
33	芳賀郡茂木町	那珂川流域の昔話	小堀修一	一九七五年		1	1	
34	東京都江戸川区	中野ミツさんの昔語り	野村敬子	二〇一二年	1*	1		
35	神奈川県津久井郡津久井町	昔話―研究と資料―9号	日本昔話学会	一九八〇年		1	1（女中）	
36	新潟県中魚沼郡川西町	かわにしの昔話	山際　博	一九九〇年	1	1		
37	新発田市	絵姿女房	佐久間惇一	一九七三年	1*	2	1●	
38	新発田市	しばたの昔話	佐久間惇一	一九八六年	4***	5	5●●●●●	
39	魚沼市大倉	雪国の女語り	花部英雄	二〇一四年		2		
40	北蒲原郡・北魚沼郡・栃尾市	越後の昔話	水沢謙一	一九七四年	1*	1	1	
41	北蒲原郡豊浦町	ばばさのトントンムカシ	水沢謙一	一九七六年	1		1●	

42	新潟県北蒲原郡赤谷村	北蒲原昔話集	佐久間惇一	一九七四年	1＊	1		
43	北蒲原郡川東村	同右	同右	一九七四年		1	1	
44	東蒲原郡津川町	新潟の昔話―長谷屋の昔語り	大東文化大学民俗学研究会	一九八一年	1	1	1	
45	上越市東本町	瞽女の語る昔話	岩瀬　博	一九七五年	1	1	1（女中）	
46	東頸城郡牧村	牧村昔話集	大谷女子大学説話文学研究会	一九七五年	1	2		
47	長岡市西蔵王町	おばばの昔ばなし	水沢謙一	一九七三年	1	1		
48	長岡市村松町	雪国のおばばの昔	同右	一九七四年	1	1		
49	長岡市・西蒲原郡・東蒲原郡	新潟県の昔話集	同右	一九七四年	2＊＊	1	1●	
50	長岡市小国町	語りによる越後小国の昔ばなし	馬場英子	二〇一六年	1	1		
51	長岡市	雪の夜に語りつぐ	中村とも子	二〇〇四年		1		
52	十日町市	つまりの民話	野本郁太郎	一九六九年	1	1		再話資料
53	栃尾市吹谷	吹谷松兵衛昔話集	野村純一	一九七五年	1＊	2		
54	柏崎市	越後黒姫の昔話	真鍋真理子	一九七三年	1	2		
55	富山県射水郡小杉町	越中射水の昔話	伊藤曙覧	一九七一年			1●	
56	石川県金沢市	加賀の昔話	加能昔話研究会	一九七九年		2	1●	
57	石川郡鳥越村	白山麓・手取川流域昔話集	立命館大学説話文学研究会	一九八〇年		1		
58	羽咋郡富来町	能登富来町昔話集	同右	一九七八年		1		
59	江沼郡西谷村	加賀昔話集	山下久男	一九七五年		1		
60	江沼郡山中町	南加賀の昔話	黄地・大森・堀内・松本・森田・山田	一九七九年		2		
61	福井県小浜市	若狭の昔話	稲田浩二	一九七二年		1		
62	長野県飯山市	信濃の昔話	岩瀬博・太田東雄・箱山貴太郎	一九八〇年	1＊	1		
63	同右	飯山市昔話集	大谷女子大学説話文学研究会	一九七五年	2＊＊	1		
64	岐阜県揖斐郡谷汲村	美濃の昔話	稲田浩二	一九七七年			2（女中）	
65	岐阜県郡上郡大和村	美濃大和村の昔話	京都女子大学説話文学研究会	一九七五年			1（女中）	
66	益田郡下呂町	下呂の民俗	藤井健夫・三原幸久	一九八八年		1	4（3女中）嫁●	
67	静岡県賀茂郡・小笠郡・浜松市	静岡県伝説昔話集	静岡県立女子師範学校 郷土研究会	一九三四年	3＊			＊一九七五年に復刻

68	庵原郡・周智郡	同右	同右	同右		2		同右
69	京都府船井郡和知町	丹波和知の昔話	稲田浩二	一九七一年		1	1 ●	
70	竹野郡丹後町	日本の民話　近畿	岡節三・笠井典子	一九七九年		1		
71	兵庫県美方郡温泉町	同右	同右	同右			1（女中）	
72	飾磨郡家島町	東瀬戸内の昔話	柴口成浩・仙田実・山内靖子	一九七五年			1（女中）●	
73	鳥取県東伯郡	大山北麓の昔話	稲田浩二・福田晃	一九七〇年		1	2	
74	西伯郡中山町	伯耆の昔話	福田晃・宮岡薫・宮岡洋子	一九七六年			1（女中）●	
75	気高郡青谷町	青谷町の伝承	関西外国語大学民俗学談話会	二〇〇一年		1		
76	島根県仁多郡仁多町	出雲の昔話	立石憲利・山根芙佐恵	一九七六年			1（女中）●	
77	仁多郡横田町	鼻きき甚兵衛	田中瑩一・酒井董美	一九七四年			1（女中）●	
78	隠岐郡知夫村	魚屋と山姥	酒井董美	一九八〇年		1		
79	岡山県勝田郡勝田町	美作の昔話	立石憲利・前田東雄	一九七六年			1（女中）●	
80	真庭郡八束村	蒜山盆地の昔話	稲田浩二・福田晃	一九六八年			1（女中）●	
81	広島県広島市	安芸国昔話集	磯貝　勇	一九七四年			1（下女）	*
82	庄原市・佐伯郡大柿町	芸備昔話集	村岡浅夫	一九七五年			2（1下女）	*
83	山県郡千代田町	千代田町昔話集	大谷女子大学説話文学研究会	一九七七年			1 ●	
84	徳島県三好郡	徳島県祖谷山地方昔話集	柳田国男・武田　明	一九七三年			1（女中）	*
85	海部郡海南町	浅川・川東昔話集	大谷女子大学説話文学研究会	一九七三年			1（女中）	
86	大分県東国東郡国東町	国東半島の昔話	宮崎一枝	一九六九年		1	1（女中）	
87	佐賀県伊万里市立花町	肥前伊万里の昔話と伝説	宮地武彦	一九八六年			1 ●	
88	鹿児島県薩摩郡鹿島村	甑島の昔話	荒木博之	一九七〇年			1（奉公人）	
89	熊毛郡屋久町	屋久島の民話　第一集	下野敏見	一九六四年		1		再話資料
90	大島郡笠利町	奄美・笠利町昔話集	立命館大学説話文学研究会	一九八六年		1		
91	曽於郡志布志町	鹿児島昔話集	有馬英子	一九七四年		1		*
				合計	60	82	67	

注・「伝承地（又は採録地）」の地名は、基本的に採録当時のものである。

備考欄に＊印を付したものは、録音機器が普及する前（主に昭和二〇年以前）に採録された話を編んだ資料である。

「米福粟福」の欄に記した＊については、本文注（8）を参照のこと。また、＊の数は話数を示す。

「大歳の火」の欄に記した●印については、本文注（3）を参照のこと。●の数は話数を示す。

第三部　記憶の中で生きる昔話

第三部トビラ写真：昔話を語る松本智恵子

資料の「まえがき」として

あの頃、昔話と知らずに昔話を聞いた

その記憶は、いつも薄暗がりの中。

仏壇のある部屋に布団が敷き詰められていて、腰の曲がった小柄な老婆が小さな声で、楽しげに、お話をしてくれる。幼い私は、お話に心踊らせ聞き入りながら、大抵いつの間にか眠りの世界に誘われて、老婆（祖母）がいつお話を終えたのかわからない。そして、そのお話の数々が「昔話」というものであることを知ったのは、ずっと後のことになる。

松本イエという語り手

祖母・松本イエは、明治三十二年（一八九九年）に奈良県生駒郡斑鳩町龍田で生まれ、大正八年（一九一九年）、二十歳の時に奈良県北葛城郡広陵町（当時は箸尾村）澤に住む従兄の松本栄太郎と結婚した。

イエは、結婚する前の三年程の間、龍田で習っていたお針（和裁）の師匠から昔話を聞いたという。[1] お針の師匠は、弟子達が単調な作業に退屈して仕事が滞らないよう話をしたのだろう、ということである。またイエは結婚後には、叔母であり姑でもあるツギからも幾つかの話を聞いている。イエはそれらの話をよく覚えて、自分の子供達に語ったのである。イエの長女・智恵子（私の母）は、イエが二人の弟を寝かそうとして毎日のように語っていた様をありありと思い出すと言っていた。

三人の子供が成長し、それぞれ結婚をして、昭和二十二年から三十年頃にかけて、イエには八人の孫ができた。イエはその孫達が幼い頃にもよく昔話を語り、内孫だけでなく、盆正月の藪入り（里帰り）に親と共にやってくる外孫達にも語って聞かせた。

私はその外孫の一人だが、母・智恵子の実家である澤の家に泊まると、祖母は、毎晩のように孫達の枕元にちょこんと座り、いろんな話を繰り返ししてくれた。夏は緑の蚊帳の中に入ってきて語った。年に何度か、ほんの数日のことであるが、姉妹やいとこ達と仏間で枕を並べ、皆が寝入るまでの間、祖母から幾つかの昔話を聞いた。それは、子どもの私にとって、他では味わう事のない嬉しさが心に染み渡るような一時であった。その時の情景、いとこ達がそろって「お婆ちゃん」の話に聞き入る様、そして祖母の語り口調や様々な歌のような定型句（決まり文句）の数々を、六十年余り後の今も思い出す。昔話を聞いて眠った翌日、私達は、祖母から聞いた話の中の楽しい決まり文句（「長い名の子」の名前など）を覚えようと、声に出して競い合って練習した。

昭和三十九年（一九六四年）、イエの昔話が世に知られることとなった。すでに孫達は小学生の高学年から高校生になり、昔話を聞く年齢ではなくなっていたが、「伝承者としての松本イエ」を初めに紹介したのは、智恵子の夫・松本俊吉であった。俊吉は、郷土史家で民俗学にも通じており、当時奈良県では伝説の伝承は各地で確かめられるものの、昔話の伝承者がほとんど知られていないことを憂えていた。しかし、灯台下暗しで、自分の妻の母親こそがその貴重な存在だと、偶然わかったのである。昭和三十九年の初め、俊吉は、一般家庭に普及し始めていたオープンリールのテープレコーダーにイエの話を録音した。その時母・智恵子や姉妹、いとこ達とともに録音の様子を見ていた私は、祖母が慣れない機械に緊張しながら語っていた様子を覚えている。

俊吉は、採録した昔話十八話について同年四月の近畿民俗学会で発表し、翌年の『近畿民俗』第三十六号（昭和四十年二月発行）にその内容を報告した。[2]その中で俊吉は、イエの昔話を評して、「その伝承は他の良き伝承者から見れば、決して満足すべきものでないが、岸田氏も述べておられる[3]ような状態の大和にあっては旱天に慈雨を得た感じである。」と述べている。

ところが、娘婿の俊吉が昔話を採録した、その翌年、昭和四十年の夏にイエは六十五歳で急逝してしまう。ただ、『近畿民俗』で報告されたイエの話は、奈良県にもまだ昔話の伝承者が存在するということの証として、県内の民俗学者や昔話の研究者に大いに刺激を与え、その後奈良県で昔話の報告が進むきっかけとなった[4]のである。また、昭和五十五年、俊吉は未来社の『日本の民話』シリーズで『奈良の民話』を上梓したが、その際に軸となったのは、イエの話と、イエやツギから受け継いだ智恵子の話であった。

今思えば、私は、そのイエから、昔話の楽しさを一〇〇パーセント素朴な形で伝えてもらったわけである。過去の無数の昔話の聞き手達がそうであったように、自分が聞いている話がどういうものであるかを知るよしもなく、ただ楽しかった、あの時間。それは、様々な意味で、この上なく幸せなことだったと言える。祖母に聞いた昔話の決まり文句の数々が脳裏に甦る度に、あの頃の自分や姉妹やいとこ達の様子、祖父母や叔父叔母、「沢の家」のあちこちが写真を見るように次々と思い出される。大きな屋根と立派な門、米などを干すための広い庭、大きな鍋や釜が鎮座していた竈、その竈で炊いたご飯で祖母が握ってくれた白くて大きなお握り、覗くと恐ろしさに足がすくんだ深い井戸、井戸水で冷やしたスイカを切ってくれた祖父の顔等々。

多くの伝承の語り手達が昔話を語る度に昔話を聞いた幼い頃の様々なことを鮮明に思い出すというが、昔話はまさに遠くに去った時間を甦らせる記憶装置と言える。昔話の記憶は、それを聞いた「聞き手」の体験に濃密につながっている。子ども時代によく目にした風景、その土地の風習、毎日聞いて話した言葉（方言）、日々の営みのあれこれ。そして何より昔話を語ってくれた人を初めとする、親族や身近な人々との関わり。そういう人生の基盤を形成する諸々の生活体験の中でこそ、昔話が息づいていたのである。そして、昔話は「聞き手」の無意識にまで届き、その底のどこかに沈殿して、多くの記憶と共に「聞き手」の意識に上る時を待っている。私が昔話に興味を持ち、やがて深く学ぶようになったのは、伝承の語りの「聞き手」であったことと関わっていると、改めて思う。出発点は、まぎれもなく祖母イエの昔話であった。

松本智恵子という語り手

母・智恵子は、大正九年（一九二〇年）、松本栄太郎・イエの長女として生を受けた。先に記したが、栄太郎の母ツギ（智恵子の祖母）とイエは叔母姪の間柄だったこともあって嫁姑の仲が良く、智恵子は祖父母・父母・伯母（栄太郎の姉）達や弟など家族や親族の愛情をいっぱいに受けて成長した。

そして、奈良の女学校の高等科を卒業後、八年間小学校で教鞭を執り、昭和二十二年（一九四七年）、二十六歳の時に奈良県桜井市（当時は桜井町）の松本俊吉（私の父）と結婚。俊吉は考古学や民俗学に通じた郷土史家であったので、昔話や伝説にも興味を持っており、義母であるイエが昔話の伝承者であることを知って、前述のように昭和三十九年にイエの話を採録したのだ。

イエはその翌年急逝したが、イエの話を智恵子が覚えていて語ることができたことから、智恵子は昔話の語り手として、俊吉の知人で奈良県の民俗・伝承等に関心のある人達や研究者、近隣の学校の教員などにも知られることとなった。五十歳前後の頃から、俊吉を通して頼まれ何度か俊吉の知人や小学校の子ども達のために語った。また、前述の『奈良の民話』でイエやツギが伝えた話として紹介されているうちの多くは、智恵子が覚えている話を文字にしたものであった。

さらに、次女である私が大学生の頃から昔話に興味を持ち、智恵子の話を採録した。それは、智恵子の五十歳頃に始まり、最初はオープンリールのテープレコーダー、次にカセットテープへの録音、七十五歳を過ぎた頃からはデジタルビデオでの撮影という具合で、再三にわたる採録は、九十四歳で亡くなる三週間ほど前まで、四十年余りに及ぶものとなった。採録できた話は、昔話と伝説・世間話も含め話型としては三十七話で、俊吉が採録したイエの話の約二倍に当たる。そして、一つの話を何度も採録することによって、智恵子の語りから多くのことを教えられたのである。もちろん智恵子は、孫達（六人）にも折に触れて語り、最晩年にはひ孫達にも語っていた。

以上のような事情から、智恵子は自分の語る昔話に自覚的で、かつ俊吉の影響もあって昔話全般に興味を持ち、それなりに学習もしていたので、昔話を記憶し語れることに一種の誇りを持っていたと思われる。そして、長年に渡った姑や夫の介護を終え二人を看取った後、九十歳前後の頃から、新しい語り手の活動をしている方や伝承の語りに興味を持っている方など何人かが、智恵子の昔話を聞かせてほしいと度々訪れるようになった。そういう人達に昔話を語る智恵子は、私が聞き手の時以上に生き生きとして見え、耳は遠くても、その声は歳を思わせないほどであった。そんな姿から、最晩年においても、語ること・話すことは智恵子を支え、時に生き甲斐となっていたのではないかと感じる。

平成二十五年（二〇一三年）、私が『九二歳の語り手　松本智恵子の昔話』と名付けた小さな昔話集（DVD付き）を編み、智恵子は自ら親族、親戚、知人等に贈った。全くの手作りでささやかなものであったが、智恵子は、語ったままが文字になった話を何度も読み返し、その昔話集を大切にしていた。智恵子は、自分の昔話が、子どもや孫達だけでなく、何人かの昔話愛好者の耳や心に残り、智恵子自身をよく知る人々の記憶に残ること、そして、次代に引き継がれることを望んでいたのではないだろうか。何より智恵子にとって、昔話を語ることは、生きた証の重要な一つであったのだろうと思う。

【注】

（1）イエの伝承事情については、智恵子から聞いたことを参考にした。

（2）本書第一部の拙稿「昔話は語り手の頭と口で生きている」を参照。

（3）「岸田氏」とは、奈良県の民俗学者「岸田定雄氏」のことで、この文の前に、岸田氏の文（『大宇陀町史』の中で、奈良県では伝説は多く報告されているが昔話の伝承を見出せていない実態を記した文章の一節）を紹介している。

（4）稲田浩二他編『日本昔話事典』〈一九七七年・弘文堂〉の「奈良県の昔話」（六七八頁）の項に詳しい。

資料　松本智恵子の昔話

一、「松本智恵子の昔話」に掲載した昔話・伝説・世間話は、筆者の母・松本智恵子から直接聞いた話を録音し翻字したものである。すべての話型について二回以上採録したため、掲載した話の採録年月と当時の智恵子の年齢を記した。また、一部を除き、基本的に智恵子が九十歳以上の時に語ったものの中から一つの話型につき一話を選んで掲載した。

二、話の配列は、智恵子が誰から聞いた話であるかを基準に分類し、配列した。

三、話の題名は、語り手が呼んでいたものに従い、それ以外は基本的に『日本昔話大成』の話型名を用いた。また一部筆者が名付けたものもある。

四、昔話・伝説・世間話に使用されている方言については、漢字表記によって意味がわかる場合は漢字で記し、それに方言のルビを付けた。漢字に置き換えての説明が無理な場合は傍線を付して注を示し、各話の後に説明を記した。

五、昔話・伝説・世間話の表現の中に、現在では差別的または不適切とされる言葉が出てくる場合があるが、語りに添うよう記録することを尊重し、そのままとした。

松本イエ（母親）から聞いた話

なまけ半助

二〇一一年三月（九十歳）採録

むかしむかし、田舎のなー、もう小さぁな村に、半助ていうなぁ怠け者（もん）の息子がおってなー、ほぃて、みんなに笑われて笑われて、朝は仕事に行かんと、ゆっくり昼間まで寝て、ほんで、

「半助起きんなあかんで。仕事せなあかんで。」

親に言われたかて、

「ねぶたい、ねぶたい。」

ちゅうて寝て、仕事もせんと、せやから、お金もたまらへんし、

「もう、なまけ半助や、お前は、怠けてばっかし。もう、お前みたいな者（もん）は、もうどっかへ行てしまえ。」

ちゅうて、お父さんとお母さんと、みんなから笑われるのいらんやって、ほんでん、

「もう、①どこへなっともう出てしもて、どっかええとこで仕事見つけて来（き）い。」

ちゅうて。ほんだら、

「もう、そう言うねやったら、出て行く。」

「せやけど、まあ手ぶらでも行からんよって、まさかの時にはお金も要るやろさかいに、家（うち）にな、この古い古い、大事な帽子がな、（シャッポンやな、昔はシャッポンちゅうたけど、）帽子がなぁ、奥に奥にしもたった帽子、だいぶに穴あいたるけどな、この帽子着て、へた、ちょっと雨②しびついたかて被ったらええねしな、せやけど、大事

に大事に、これだけは離したらあかんで。これだけは、頭へちゃんと載せて、出て行き。ほんで、しんどなったり、難儀したら、親のこと思て、またしっかり仕事しようという気になったらええわ。」

言うてな、

「もう、今日限り、もう家から放(ほ)り出す。親子の縁は切るわ。」

言うて、お父さんとお母さんと、もう腹立てて、半助を家から放(ほ)り出してしまわはってんて。ほぃだら、

「とうとうもう行くとこまで行てしもた。わしはあかんなあ。なんでー寝てばっかし、こんなことしててんやろ。」

て言うて、ぼつぼつぼつぼつと、帽子だけは頭に載せて歩いちゃったら、ぴゅーと風が吹いてきてんて。へて、頭のその古い古い帽子、頭からはずれて、ぴゅーぴゅーぴゅーと飛んでいっこってんて。

「あー、あれだけは、『これだけは離したらあかん、しっかり頭に載せて、歩いて行かなあかんねで。どこへ行っても、これだけは追いかけんなあかんねで。』て、母親が言うてたから、お母(か)ちゃんが言うてたから。」

ちゅうて、たぁーと走って、帽子の飛んで行く方へ走って行っきょったら、お寺の屋根の上にちょっと止まりょったんやて。ほんでん、あ、ほんでに、

「ちょうどうまいことお寺の屋根の上に止まってくれた。あれは失(うしの)うたらあかん、ていうて言われてる。」

一所懸命(め)にお寺の段段登って、ほぃて、

「待っててくれよー。」

て言うて、半助が、そこで、「もうちょっと」ちゅうて、手ぇのばし取れると思て、手ぇのばしゃった拍子に、ゴロリンとぉ、屋根から落っちゃってんてー。ほんだら下にお寺のことやから、芝もようけえ[3]あるし、笹も生え

のに、

たるし、怪我はせえへん④けど、帽子がまたどこか知らんけど、ぱぁーと飛ばされたらしい。ほてー、飛んで行く

〽なまけはんすけ、ここまでーござれ、

ここまでー来たら、甘酒しんじょ⑤、

鍬やろー、鋤やろー、田でも畑でも万作じゃー、はいはい。

て、なんか歌詠みしよったらしいわ。ほで、

「あらあ、今まで何にもしゃべらひんだのに、あんな、あのシャッポンが歌うとるがなー。」

て言うて、半助が、

「こら面白い、追いかけろ。『追いかけて行かなあかんで』て言われたんやから、追いかける。」

ほた、今度はなー、まあー傍にあった杉の木ぃまで引っかかりに飛んで行て、ひっかかっとったらしい。

「あの高い所に行けるやろか。せやけどな、親があない言う⑥てんから、大事な大事な宝物らしいから。」

一所懸命に、杉の木ぃよじ登って、ほいて、もうちょっと、手ぇ伸ばしたら、もうちょっと足伸ばしたら、もう

ちょっと、ていうとこで、またぴゅーと飛ぼってんてー。ほて、

〽なまけはんすけ、ここまでーござれ、

ここまでー来たら、甘酒しんじょ、

鍬やろー、鋤やろー、田でも畑でも万作じゃ。

て、また歌とんねて。

「面白いなあ。こんなもん、聞いたこともないし、見たこともない。」

言うて、半助が、

「追いかけなあかんなー、追いかけなあかんなー。」

ちゅうて、うろりうろりと追いかけて、ほぃて、なんか知らん間ぁに、ちょっと、ごろりんと寝た拍子に、うつうつ、うつうつと、もうしんどなって寝てしまやってんてー。ほんでー、それが知らん間ぁにやから、自分も⑦知りゃりゃへんねけど、やっぱり、その畑の傍に、鍬がちゃんと立ったるし、なんか鍬も、それから畑になにする、鋤、鋤とかな、そういう畑道具のようけえ置いたるとこで、

〽なまけはんすけ、ここまでーござれ、

　ここまでー来たら、甘酒しんじょ、

　鍬やろー、鋤やろー、田でも畑でも万作じゃ。

て言うとったらしいわ。ほしたら、

「もしもし、もしもし。」

ちゅうて、誰かに半助が起されたような気ぃになって、ほっと目ぇ開きゃったら、白い髭のはえたお爺さんがちょっと前に立ってはってんてー。ほんでなあ、

「もしもーし、よその田んぼへ勝手に入って、昼寝してもうてたら困りますえー。」

「ははぁー、よう寝たなー。わしはどこまで来てんやろー。」

て言うて、目ぇ開きゃってんてー。ほいたら、ちょっと、もうちょっと向この畑の隅で、また、

〽なまけはんすけ、ここまでーござれ、

　ここまでー来たら、甘酒しんじょ、

　鍬やろー、鋤やろー、田でも畑でも万作じゃ。

て言うとるらしいわ。

「あああ、あー、あの帽子、あのシャッポン、わしの大事な大事な宝もん、あれ取って⑧来(こ)んなあきまへんねん。お爺さん、すまんけど、あれ取ってってとくなはれー。」

て言うて頼んみゃってんてー。

「そんなん言うてるけど、『ここまでござれ、なまけ半助ここまでござれ』言うてんねから、お前が、取りにいかなあかんが、お前が、お前が。ここはわしの畑(はたけ)やでー。お前がー、ちゃんと取って来(こ)なあかんがなー。」

て、お爺さんが言わはってんて。ほんでん、よいそれ、よいそれ、よいそれと、畑のぐるり走って、ほぃてパッとつかまえて、まーつかまったらしいわ。

「はぁー、良かった良かった。まあ、これやったら、親に、持って帰れる。」

て言うて、なまけ半助が、やれやれと思てしとったら、お爺さんが、

「あんたはどっから来たんやー。この村にお前みたいな人間おらんでぇ。」

いうて、言わはってんてぇ。ほったら、

「わたしは、こうこうして、隣村の『なまけ半助、なまけ半助』て言われてる者(もん)で、もう、朝、目ぇ開くのが昼飯食べてからやし、ほいて仕事しようと思たかて、何にもすることあらへんし、ほんでもう家(うち)から追い出されましてな、ほして、もう『村中の笑われもんやから、お前は出て行け、』そう言うて、親もな、私(わし)にあの帽子くれましてん。『この帽子だけは、昔からの家(うち)の宝もんやから、しっかりと頭につけて、抱いて寝て、つかまらんように、つかまってんなあかん』ちゅうて言われてまんね。」

こういうて言やってん。白髪のお爺さんが、

「そうかー、お前は仕事が無うて難儀してんねなあ、うちは仕事が欲しいよって、人探してんねん。」

て、こう言わはってんて。

「あー、そうだっか。ほんだら、何でもしますわ。仕事欲しいねん、わしかて仕事欲しい、仕事欲しいねけど、するのがないよってん、こんなことして追いかけて来ましてん。」

て言うて、ほんで、そこでお爺さんが、

「うちはな、その、そこにある蔵も家も、立派な酒造りのな、家やね。酒を造ろうと思たら、まず立派な田畑を作って、米も作って、ほいてー酒をちょちょ、麹して、そぃてちゃんとせんなあかん。へたら、そうしたら甘酒ていう美味しい、そういう風なが、できんね。」

いうて、お爺さん言わはったで、

「甘酒、甘酒、わたし、甘酒大好きだんね。」

言うて、なまけ半助がいっぺんに、

「します、します、なんでもします。」

ちゅうて、

「お爺さんの家（うち）い、[9]雇とくなあれ。」

言うて、そこの家い連れて入ってもうて、まあ、ちゃんと、草履からいろいろ、襦袢（じばん）から揃えてもうて、明くる日ぃから、

「半助やー、起きたかー。」

て言わったら、

「はいはーい、今日は何の仕事ですかー。」

て言うて、⑩せいだいしょうるようになったんやてー。ほんでん、みんながなー、

「初めぇ、こうこうして『なまけ半助ここまでござれ』で連れて帰らはった半助やのに、⑪えろうせいだいしょうるようになったなー。」

言(ちゅ)うて、その前から働いてる人達の手本になりゃってんて。お爺さんも喜んで、

「明日からはな、なまけ半助じゃなくて、みんな聞いてくだはれ、働き半助になりました。」

いうて、お爺さんが言うてやらはってんて。ほんで働き半助になって、ほいて、一所懸命(め)に働いて、そこの娘さんの、旦那さんにしてもらよってんと。

注①どこへでも　②降っても　③たくさん　④しない　⑤差し上げよう　⑥あんな風に　⑦知らないのだが　⑧来ないと駄目なんです　⑨雇って下さい　⑩精を出して（一生懸命）する（働く）　⑪大層

メモ　怠け者の主人公が呪物ともいえる帽子の導きで最後に出世するという話だが、「魔法の頭巾」など不思議な力を持つ被り物のモチーフや「怠け者の出世」のモチーフは幾つかの本格昔話に見られるものの、この話と同じ展開となると、『日本昔話通観』では松本イエの話の他には一話も報告されていない。また、寡聞にて、その後の昔話集にもまだ見つけることができないでいる。

屁こき婆さん

二〇一一年三月（九十歳）採録

むかしむかしー、あるところに、お爺さんお婆さんが住んではって、ほんで、お爺さんは、山へ柴刈りに行って、一年カマドたく柴を刈って帰（か）って、そして、お婆さんはお家で、ご飯炊いたり、お爺さんの帰りゃはるの待って、ご馳走こしらえたりしたはったら、お爺ちゃんがある日のことに、おしっこしとなって、山の傍の畑（はたけ）でおしっこしたはったら、どっからかスズメが飛んできてえ、ほておしっこしたはるオチンの先い、スズメがパカンと止まったんやてー。お爺さんはパッと捕まえはったんやてえ。そしたら、そのスズメ捕まえてどうしょうかなあ思てやったら、逃がしたらあかんし、

「まあとにかく家い持って帰ろ。」

いうて、持って帰らはって、お婆さん、

「えらい早いお帰りだんなあ。」

言うて、出迎えはったら、

「おもしろいもん拾て帰ったえ。」

言うて、

「おしっこしてたらこうこうでー、スズメが来て、止まったから、捕まえて帰ったんやねやあ、ほんだらおとなしい捕まってるから、このスズメで、[1]晩にのおかずにしょうと思うねわあ、そんでお婆さん、このスズメのスズメ汁炊いといてんかー、わし、もっぺん山へ行て、柴刈ってくるから、帰ってくるまで、スズメ汁炊いといてー。」

「はいはい、そうしますわ。」

そう言うて、お爺さんはまた山へ行きゃはってんとー。

その後で、お婆ちゃんがスズメを、羽取って、ほいて、

「おとなしいしとってやー。」

言うて、鍋に味噌汁して、スズメ汁を炊かはってんとお。そんだら、だんだんだんだん匂いしてくるしー、

「いっぺん加減見たろー。」

ちゅうて、お婆さんが鍋で煮えてるスズメ汁ちょっとお椀に入れて吸うてみやはったら、美味しかったんやて。

ほんでんな、

〽一杯吸うや、うまいし、二杯(にいはい)吸うや、うまいし、
知らん間ーに、スズメ一匹小さいねもの、②そない大きな鍋でも炊かれへんし、もうお汁が無くなってしもたんやとー。そんでん、

「ああ、お爺さん帰ってきたらどうしよう、スズメ汁炊いて楽しみにして帰ってくるやろになあ。」

お婆さんがそう言うてしたはったら、なんかお腹がおかしいなって、

〽シュシュウガラガラシュシュンポン。

て、おならが出たんやとー。そんで、

「ああ、おならこくぐらいやったら、すずめの汁が効いたんかわからんなあ」

お婆ちゃん思て、しばらくしたら、また
〽シュシュウガラガラシュシュンポン。

て、また出んねとー。何遍でも何遍でも同(おんな)しように、お尻から屁えが出るんやとー。そういうてたら、もう、

「帰(か)ったでー。」

ちゅうて、夕方お爺さんが、

「スズメ汁楽しみに帰ったでー」

言うて、帰ってきゃってんと。ほして、お婆さん、どう言おうかなあ思てしたはったら、ほんだらまた、

〽シュシュウガラガラシュシュンポン。

て出てんと。ほんで、お婆さんは、

「おっかしいのぉ出るんやわー。

〽一杯吸うや、うまいし、二杯(にいはい)吸うや、うまいし、

あんまり美味しいので、みぃーんな吸うてしもてんわー。お爺ちゃん、すんませんでしたなあ。堪忍(かにん)してやー。」

て言うて、謝らはってんけど、お爺さんも、

「そら面白いなあ。」

いうて、言うたはるのに、また③尻から、

〽シュシュウガラガラシュシュンポン。

て出んねとー。もう小さいお家(うち)やから、すぐに隣の近所のお婆さん、もうその屁ぇの出ることも、話も伝わって、

「面白いなあ、面白いなあ。」

で、村中話になったんやとー。

ほんなら、だんだんだんだん広がってー、そいて、侍さんの偉い、小さなお殿さんやけど、その耳に入って、そいて、

「そんなんやったら、そのお婆さん来てもうて、その屁ぇを一ぺん聞きたいわー。」

て、殿さんが言わはってんとー。「呼んでこい」ていうようなもんで、お婆さんが、そんなん言われたら行かんなんから、お爺さんと一緒にお殿さんのお家(うち)い恐る恐る行かってんと。ほいたら、

「まあそこへ座り。そいてーそれをほんまに出るか出えへんか、聞かしてほしいんやわー」

てー言うたはったら、また、

〽シュシュウガラガラシュシュンポン。

て出てんとー。何回でも、もう、お婆さん、

「もうええ、もうええ。」

て言わはるまで出るから、困ってしまわはったんやと。ほて、④かなんがってらってんと。ほんだ、今度は、

「ええの聞かしてもうたよってんなあ、お婆ちゃんに褒美もうてもらうわー。」

て、なんか色々とご馳走やとか、色々の物(もん)いただいて、お婆ちゃんが家(うち)い、お金もいただいて帰らはったんやろけどな。

家い帰(か)ってからその話しゃったら、まあ、これもまた小さい村やから、もう、

「あそこのお婆ちゃんがスズメ汁炊いて食べて、ほいて面白い屁ぇこかはるようになったんやと。まー代官さんが一ぺんやってみーて言わはったんで、行て、えらい褒美もろて帰らはってんと。」

そんな話なって、そのお婆さんが、隣のお婆さんが、

「わしもそんなら、そういう『シュシュウガラガラシュシュンポン』そういう屁ぇが出るか出やへんか、褒美もらいに行くわ。」

そんなこと考えはったらしい。で、そんなんやったら、まー、スズメの、スズメ汁美味しいて食べてこうなったって聞いてるのに、

「どうしたらあんなんなんねやろなー。」

て言うて、ほんでん、一番先い、なんか、その昔々に盥に、夏のことに、盥に水入れて、温(ぬく)うなった中で、「ゴボゴボ、ポン、ゴボゴボポン」て、おならこいたこと思い出して、ほんでーそれをやってみよ思て、盥に水汲んでそれにじっーと自分のお尻浸けて、あの、したはってんと。

「お婆ちゃんは何を考えてんのかなー。」

言うて、隣同士やから、じっきにわかったんやけど、

「まー、⑤見とろかー。」

て言うて。ほんたら二日経って、三日目くらいに、「ゴボボー」と出てきたから、お婆さんが、⑥隣のお婆さんは、

「ああ、これやったらいけるかわからん、これやったらお殿さん褒めてくれはるかわからん。たんと宝物くれはったら、また喜んで帰って来れるわ。」

言うて、

「私も珍しい屁が出まんね。」

言うて、自分からすすんで、行きゃったらしいわ。ほいてー、

「そうか、そんなんなら、わしの前でやってみい。」

ていうて言わはって、ほて、じいっーとしちゃはったら、「ボコボコボコボコ」と出てきたらしい。

「あ、やれやれ、出てきた、出てきた。」

お婆さん思ちゃったら、屁ぇどころか、いやらしいもんまで、屁ぇの、お尻から出たんやとー。ほんなら、

「これは嘘つきや。お前は嘘ついた。こんなお婆さんは嘘つきや。尻切ってしまえ。」

て言うてお殿さん、えーらいの怒らはってんとー。ほんでん、せっかく来たのに、

「〽尻が切られて腹が立つ、尻が切られて腹が立つ。」

そう言うて、お婆さん泣き泣き帰ってきゃはってんと。

注①晩ご飯　②それほど　③その後すぐ　④いやがっていた　⑤見ていよう　⑥たくさん

メモ　この話は多くの地方で伝承されている「鳥飲み爺」型の話ながら、屁をこく主人公が「爺」ではなく「婆」である。近畿地方の伝承でも確認したものは「爺」ばかりなので珍しい例と言えるが、その伝承の事情については、本書第一部の「伝承を支えた「決まり文句」―「鳥食い婆」と「鳥呑み爺」」で考察した。

二〇一一年三月（九十歳）採録

月と日と雷の旅

お月さんと、お日ぃさんと、ほて雷さんと、三人よって

「旅しょうか、どこで泊まろど。[1]」

言うて、ほいて旅に出かけはったんやと。そいたら、日が暮れてきたら、

「この辺が、この辺の宿屋が一番ええみたいやなあ、あこで泊まろか。」

て言うて、そて、

「こんばんは。夜、一夜の宿泊めてくれますか。」

て言うて、泊めてもらはることになったんやと。ほんで、三人が喜んで、通してもうて、寝かしてもうて、ほいて朝、また、朝ご飯よばれてっていう時にい、雷さんがなかなか起きてきゃはらへんから、ほんでん、お日ぃさんとお月さんとが、

「もうこんなゆっくりしてたら行く所行かれへんし、もう私ら二人だけ先に発(た)ちましょかー。」

て言うて、宿賃払(はろ)て、

「ありがとうさん。」

て言うて出てしまわはってんと。

ほんだら、もう、お昼も、お昼のご飯も済んで、

「雷さーん、いつまで寝てますかー。」

て言うて、宿屋の亭主さんが起しに行かはってんと。

「はあー、よう寝た、よう寝た。ええ所で泊めてもろて、うれしいでした。」

て言うて、雷さんが。

「せやけど、お日いさんもお月さんもカンカン照ってんのに、どこへ行かはりましてんえー」

言うて、

「いやあー、『もう雷さんいつまでも寝てるから、②こないゆっくりしてはんねやったらほっとこう』そう言うて、もう③とうにお発(た)ちになりましたえー」

いうて、亭主さんがそう言やったんやと。そーお、

「へた、わしはえらい遅なったんやなー。えらいすんまへなんだなあ。ほた、これから朝ご飯よばれまひょか」

言うてはったんやと。

「朝ご飯こしらえましょか」

言うて、亭主さんがこしらえてはったら、雷さんが、

「あー、やっぱりなあ、月日のたつのは早いなあ。」

こう言やってんと。ほんでん、

「あーせやせや、月日のたつのは早よおまっせー、雷どんはいつたちますかー」

て、宿屋の亭主が訊ねはったら、

「あー、わしかー、わしは夕立ちに決まったるがなー」

こない言わはってんてー。


注①泊まろうか?　②こんなに　③とっくに

牛と馬と犬と鶏

二〇一一年七月（九十歳）採録

牛と馬と犬と鶏が、いっぺん遊びに行こかぁーて。

「皆、田んぼも暇やし、あのいろいろ働く仕事もないし、みんなでいっぺん遊びに行こかー。」

て言うて、な、

「行こ行こ。」

言うて、出かけやったんやて。ほぃて、もう楽しいもんやから、んー、知らん間ぁに一日が経ってしもて、そこで馬が、

「日ん（ヒン）が暮れる、日んが暮れる。」

な、言おったら、ほしたら、その次は、その次は牛か、

「モウいの①、モウいの。」

て牛が言うたんかいな。そしたら、

「いーぬ道忘れた②、いーぬ道忘れた。」

て、来ることは来たけど、犬が
「いーぬ道忘れた。」

て、こう言うたな。ほしたら、鶏が、

「わかったる、わかったる、コッからいの、コッからいの。」

て、な。ほいで、みんな仲良く帰ってきよったんやて。

注①帰ろう　②帰る

鶏と烏

二〇一一年七月（九十歳）採録

①これとよう似ぃたんでな、お爺さんが、年寄りのお爺さんが可愛がってはった鶏がおったんやて。ほんで、鶏も大事にしたはったたし、あの、あれは、烏が、
「カァー、カァー、カァー」て、「クワァ、クワァ、クワァ」て鳴いたんかな。お爺さんが帰ってきゃはったら。ほんだら、

「あー、えらいこっちゃ。田んぼへクワ置いて帰ったわー。今、クワァ、クワァ、クワァって鳴っきょったよって、思い出したわー。」

て、お爺さんが言うちゃはったら、ほしたら鶏が来て、

「トッテコーカ、トッテコーカ」

て鳴っきょったって。そんな話もあるんやわ。


注①前に話した話「牛と馬と犬と鶏」を指す。

ヒチコとハチコの伊勢参り

二〇一一年九月（九十歳）採録

そら、昔も今も、変わらへんけど、みな、今は海外へな、みな、行ったはるように、昔はな、お伊勢さんていうたら、やっぱり、若者でも、年寄りでも、お伊勢参りていうのが、あのー、な、団体ででも行けるし、歩いてでも行けるし、ていうような感じで、

「一ぺん行てこうか。」

言うて、ん～、ヒチコとハチコていう二人の青年が、相談して、へて、しかも、その二人は、あのー何て言うのかな、あのー、霊感ちゅうのか何か知らんけど、空、「一、二の三、」でポッと何したら、空へ、空へ飛べるー、なにー、なってるらしいですわ、話はな、話やけどな。ほんで、

「行こかー、一ぺんお伊勢さん参り行こかー。」

ちゅうて、ほぃて、自分考えてみたら、まあ、着てるものから履いてるもんから、ボロボロで、もう、お百姓さんもう丸出しで、

「この格好ではちょっとなあ、①みっとみないなあ。ほんだら、どっかで先い、一番先い、履物が要るなあ。」

て言うて、ほぃて、履物屋（はきものや）、昔は靴はそんなになかったし、んー、草履か下駄か、そういうふなんでな、

「こんにちはー。」

「あっ、お客さんやでー。」

ほんだ、

「これから旅に出ようと思いまんねけど、草履でも下駄でも、一番上等のなあ、あの、二足欲しいでんね。二

人で行きまんねー。」

ちゅう、

「あっ、そうだっか。そらそら、まー、お伊勢参りかなあ。」

「お伊勢参りが目的でんねけどー。」

て言うて、

「それやったら、これですわ、これ履いてみなはれ。これやったら、大丈夫でっせー。」

て言うて、下駄屋のおじさんが、えらいええお客さんついたーていうので、ほぃで、奥から出してきて、二足揃えて、出してやらはったら、桐の下駄で、なかなか鼻緒もええし、あのーヒチコが、

「ハッちゃん、これちょうどええやないか。」

「んー、そうやなー、ヒチコもそれ、②へた、それにするか。」

「ふんー、わたしもこれにしょうか。」

へた、相談がまとまって、ほんで、

「ちょっと履いて③みまっさ。」

て言うて、二人が一足ずつ、ちゃんと履いて、ほぃて、

「こんでどうだってなー。」

て言うたら、

「ああ、それよろし、よろし。それやったら行きし戻りし、なんぼ履いとくなはったかてな、めったにな、鼻緒も切れへんし、よろしでー。それ履いて行かはりまっか。」

ちゅうて、

「うん、ちょっと履いてみまっさ。」

ちゅうて、（ほて、一、二の三で、そうじゃなくて、）んー、履いてみてから、

「ちょっとすんませんねけど、（ま、今のトイレでんな、）なに、お小便しとなって、ほんでちょっと、あの貸してもらわらしませんか。」

ヒチコが言うたんや。

「あ、小便やったら、ちょっとそこ裏へ出て、ちょっと横の方に、あの、④ありまっしょってん、⑤ほんでん、⑥行てっとくなはれ。」

そない、あの、おじさんは何とも思わんと、言うてー、そんな別に案内するちゅうこともなしに、言うてやらはったら、

「ああ、ああ、そうでっか、そこへ、へたちょっと行てきまっさ。」

言うて、知らんふりして、二人が手ぇつないで、ずぅーと裏へ回って、よう昔は、もうなあ、トイレちゅうたら裏に決まってまっしゃろ。ほんでんな、そんな家の中にーて作ったらへんし、裏へ行て、ほんで、「一、二の三、」で、ぴゅーと飛び上がっりゃったら、すっーと二人がもう、羽生えたるみたいに、上へ飛びましてんとー。ほんでん、

「このくらいでええやろなあ。」

言うて、「一、二の三、」パアーと上へ飛び上がって、まるで、んー、小さな飛行機に乗ってるみたいに、

「よう見えるなー。」

ていうて言うちゃったら、おじさんが、ちょっと、ちょっとそこへ行て、こっち向いて、男のおしっこやもの、じっきに帰ってくると思て教(おせ)たげたのに、なかなか戻ってけえへんから、見んに行かはったら、もう、手ぇ広げて二人がふわふわふわふわ飛んでまんねて。ほんで、

「お客さーん、飛んで行くのもええけどー、あのー、なに、下駄のーお金まだ⑦もろてやしまへんで。そんなんして逃げて、もう逃げる気ぃやったら、もう初めから出さへんのやったのに、早よ降りて来てー、うち商売してんねから。」

「後は、尻くらい観音や。」

ちゅうて、ほいて、ぴゃーぴゃーぴゃーぴゃーと、飛んで行てしまいましてんと。

ほいて、今度は何にしょうかなーて、二人は飛びながら相談して、

「んー、着物ー、こんな着物着てたらあかん。このこんだけのええ下駄、当たってんから、こんな着物ではあかんなー。

〽呉服屋のー門(かど)へと、ほちゃらかーちゃんの、おどるいのるい。

て、あの、ヒチコが言うたら、ほたらもうじっきに呉服屋の門へちょっと二人が降りられましてんとー。んー、ほんで、

「こんにちはー。あのーちょっとな、旅に出ようと思いまんねけど。」

「んー、旅ちゅうたらお伊勢参りだっか。」

「そうだんね。せやけど、こんな着物ではみっとみないよってんな、まー、お宅で大島か紬か知らんけど、一番上等の着物と羽織と、ちょっと揃えて出しとくなあらんかー。」

て言(ちゅ)うて、そしたら、呉服屋のおばちゃんは、えらいええお客さんついたと思て、

「はあ、ええの有りまってー。もうあんたらに⑧取ってつけのええの、ありまっさあ。」

言うて、ちょっと奥へ入って、二人分出してきゃはったらしい。ほたそれも、

「ちょっと着てみまっさー、なあ、うまいこと長さも合うかどうか、ちょっとー、えらい悪いけど、ちょっとのせてもうて、着てみまっさ。」

言うて、ほいてぇ、二人が着てみて、

「どうだす。着物と羽織とよろしはんなあ。」

「んー、それやったら、⑨ええとこの⑩ボンボンに見えまっさ。」

ちゅうて、おばちゃんが褒めて、なんして、ちょっと奥へ入ってはる間に、

「ちょっと、なに、すまんけど、おしっこしとなりましてなー、ほんでちょっとなー、おしっこ、なー、小便教(おせ)とくなはらんか。」

て、な、ほんだら、そのおばちゃんも同(おんな)っしょに、

「ちょっと裏へ出て、ほんで右へ回ってもうたら、そこに『かわや』て書いてまっしょってん、そこへ入ってもうたらできます。」

言うて。ほいたら、やっぱり、下駄も履いてるし、

「あー、うまいこといたなあ。」

て言いもって、二人がトイレに入って、ほて、おしっこちゃんとして、ほいて、

「もうこの辺で、おさらばしょうか。」

て、「一、二の三、」で飛んでしまやってん。ほんだら、

「さっきん、あの若いのが、んー、おしっこやて言うて出たけど、あの着物、上と下と、二人ちゃんと着せたんやけどなー。」

ちゅうて、おばちゃんが見に行かはったら、もう厠（かわや）はからっぽで、ほて、

「あーあーあー、おばちゃーん、後は尻くらい観音やー。」

ちゅうて、飛んで行て、飛んでまんねんと。

「あらー、お客さーん、お金まだだってー。」

「お金は帰りに払うわなー。後は尻くらい観音やー。」

て、そんなんだしてんと。ほんでんな、もうな、おばちゃんもな、

「えらい目ぇに合（お）うたなあ、人にも話もできへんなー。」

て言うて。ほたら今度はな、昔のことやからな、もう着物の時にも、ちゃんと足袋までちゃんと揃えてもうて、履いちゃりまんねな。

ほぃてー今度帽子がない。んー、ほたら、ハチコが、

「そうやなあ。まあ、この際やから、二遍⑪こんでうまいこと⑫いてんさかい、今度は、上等のベルベットちゅうのか、（中折れ帽子て昔言いましたけどえー、）そんな舶来の帽子屋へ行こ。まー三遍（べん）目もうまいことい くやろで。」

て言うてな、「一、二の三、」でパッと飛んで、今度、

〽帽子屋のー門（かど）へとー、ほちゃらかーちゃんの、おどるいのるい。

て、二人がポッと、そういうて飛んでるかなーと思たら、シャッポン、シャッポン、て言いましたけどな、帽子

屋の門(かど)へちゃんと二人が飛び降りて、んー、

「こんにちはー、もうなあ、お伊勢参りもな、正月もそばになってきましたよってん、ほんでんな、なにー、二人揃ーて、行てこうと思いまんね、あのー、なー、船来のな、ええ帽子ありまっか。あんたとこやったら、あると思て来てんけどなー。」

「あ、そんな帽子⑬ありまって。奥の出してきますで。ちょっと高(たこ)つくけどなー。」

ちゅうて、おばちゃんがなんして、ほてーまた、同(おんな)っしょに、

「ちょっと着てみまっさ、⑭かぶってみまっさー。」

ちゅうて、ほいて二人がかぶって、

「どうです?」

ちゅうて、へた、

「あー、よろし、よろし。ほらもう、二人とも、ええ男になりましたえー。」

ちゅうて、おばちゃんは何もわからへんから、まだ上手言うてはったんで。

「あのーちょっとすんませんけど、(さっきみたいに)おしっこしいとなって、教(おせ)とくなはらんか。」

言うて。ほいて、これも、裏へ行て、後ろへ行て右へ行て、ていう風にして教(おせ)てもうて、ほいて、おしっこしてるような格好して、おばちゃんが、あの、こっちへ帰(か)った、入らはったとたんに、「一、二の三、」で帽子着たまま、上へ飛んでいってしもて、そいて、そないして、お金も何(なん)も、払うこともなく、飛んでやりましてん。(ほぃてーそら、今みたいな時代やったらなー、子どもらでも、「そんなん、お金も持たんと、そんなことしたらあかんわ。」て言いやるやろけど、昔はそれを、「ええこっちゃなあ、そらええわー、ただで飛んだり跳ねたりできて、お金も払わんとー。」てー思て、子ど

もの時分はそんなん思てましたんよ。）

そやけど、今度は、

「もうちょっとでお伊勢さんやなあ。もうこの辺でー降りとこかあ。」

て言うて、ほんで、

〜お伊勢さんの門へーと、ほちゃらかーちゃんの、おどるいのるい。

て、二人がポッと降りやりましてん。ほぃて、

「もうちょっと向こ行かなあかんらしいなあ。」

言うて、ぼっつら、ぼっつらと、まー、ええ着物も着て、下駄も履いて、帽子も着て、ほて歩いてやったら、

「イタチー、イタチ、イタチー、イタチ」

ちゅうて店屋がな、

「イタチー、イタチ、イタチー、イタチ」

ちゅうて店屋が、おっきな声で呼び声してやりましてんと。
⑮「にんにゃかやなー、やっぱりお伊勢さんは、年がら年中こんなんだっかー。」
ちゅうた。

「まあ、こんなこっちゃなあ。」

おっちゃんが言うちゃあって。

「ほんだ、そのイタチー、イタチーちゅう、わしら見たことないねわ。昔からな、イタチの顔、イタチの顔、
ちゅうて、あのー、ネズミによう似いた動物、見た、見た、て言う人もあるけど、わしら知らんねわー。イタチ

見せてよー。」

て言うて、

「お金も出すがなあ。」

て言うて、中い入って行きゃったら、ほたら、

「イタチーイタチ、イタチーイタチ」

て、番頭はん一人、それ喋ってはりまんねと。ほいてな、

「イタチー見せとくなはれ。」

て言やったら、板一枚と、ほて、紅の入った茶碗、ちっちゃーい茶碗一つと、持って来て、ほんで、その、板に、板の一枚の板に、上から「イタチーイタチ、イタチーイタチ」と、赤い字で、書っきゃりましてんと。そんで、

「これが板血（イタチ）だんがなー。」

「んー、こら一本やられたなー、これはあかんだわー。今までは⑯あんばいいたけど、これはちょっと、なに、下手したなあ。」

二人はそんなこと言うて、ほたら、その、だんだん、

「もうちょっと向こ行たらええ、ええもんある、売ったるやろか。」

言うて、へて、だんだんだんだん奥へ入って行きゃったら、もう、お伊勢参り、忘れてしもたようなかっこで。ほんでん、鏡屋さん、大きな鏡も小さい鏡も、鏡屋さんがずぅーと鏡並べて、ほいて、へた、

「あっ、この鏡うまいこと映るなー、あー、やっぱり、わしらかて着物ええの着て、こないしてー帽子もうま

いこと着たし、んー、も手に入ったし、ああ、シャッポンまで、ベルベットのええのー着たし、一流の青年にな
ったなあ。」
言うて、へたら、
「鏡ー、ちょっと、ええ鏡ぃな、彼女の好きそうな、ええ鏡、ちょっと見せとくなはらんか。土産にそれでも
ええかなー。」て。
「そら、土産のよろしいでえ。娘はんやったら喜ばはりまっせー。」
て言うて、ほんでー、
「その鏡、なんぼ程すっかなー。」
いろいろ二人で相談してるみたいな格好して、ほんでー、「かがみどころ」と書いたんねから、鏡の、鏡に、自
分の姿を見せる、また好きな女性が、女性に会うたら、その鏡に映して、連れて帰る、それもええなー、そんな
こと考えて、へて、
「かがみどころ、うー、かがみどころ。」
言うて歩いてやったら、お琴、お琴、ピンシャンいう琴、琴と三味線と、そんな鳴りもん入りの、大っきな店屋
がありましてんとー。ほんでん、
「ああ、ここはー、あの、お琴も売らはりまんのか、田舎にはそんな店屋あらひん。三味線も売ってんの。う
ーん、そらええなー、あー、そらええわ、まあ、帰りに、ほたらもっとゆっくりと、見せてもらいまっさー。」
お金持ってへんねからなー、そう言うて、ちょっと行きゃったら、「ことしゃみせん」と、「ことしゃみせん」と
こう書いたるのを、ヒチコとハチコは、

「ことしゃ、みせん、ことしゃ、みせん、あー、ええ娘はん見せてくれんのかなーと思たら、今年は見せん、ふん、」

そういう風に解釈しゃって、

「今年は見せよらへんだんやー、見せよらへんらしいわ。」

ええ女見せてくれんのかなーと思て、歩いてたら、「今年ゃ見せーん」と読んでしまやってなあ、ほんでん、

「ああ、あかんわ。来年来(こ)んなあかんらしい。」

て言うて、んー、

「もう帰ろか、やっぱり、お伊勢さんへ来たかてしゃないなあ、お金なかったらしゃないわー。」

そいたら、帰りがたに、おーおきな、おーおきな、何(なん)て言うのかな、うちわ、昔の、おーおきな、なに、

「四国から入ってきまんね。」

て言うて、おーきな団扇、売ってやりましてんとー。ふーん、ほんでな、「面白いー青年らーやなー、あの青年に、ちょっとつかいいてみよ、」店屋が今度は勘づかはってんな。ほんでん、

「兄ちゃん、兄ちゃん、この団扇であおってみー。もう何でも言うこと聞いてくれるで。んー、お金欲しかったら、『お金ー、お金ー、お金ー』って、こうあおったらええね。」

て言うて。

「へー、そんなええ団扇あんの。ほた、それちょっと、あのー見せてくれるかー。」

て言うて、ほて、二人が団扇出してきゃったら、それをあおってみて、ほてー、だんだんだんだんだん、だんだんだんだんだん、[17]あぶってやったら、二人とも上へ上へと、あぶるように、あぶるように、知らん間ーに、飛ん

でるような格好になってしもたらしいわ。今までそれで来たんやから。んー、ほんで、もうお伊勢はんの、「お伊勢はんの前でーほちゃらかーちゃんの、おどるいのるい」も忘れてしもて、ほいて、ふうわりふうわりとしちゃったら、ほいだら、昔は家が並んでて、ほいて、こういう、連子(れんじ)の、な、障子ちゅうのか、そういう風なもんを、家の中から眺められる、そんな、上の方を飛んでやったら、

「やあー、あんなとこ人間が飛んで行きゃるー、あのー二つも、合わせて二人も飛んでやる、飛んでやる、面白いなー、面白いなー。」

て言うて、娘さんがおーおきな声で、

「お母(か)ちゃん、見てみー。」

とか、何とか言うて、誘て、顔出してやったらしい。ほうすっと、

「やってみよ、やってみよ、何でも聞いてくれるからやってみよ。」

〽あの娘はんの鼻高なれ、あの娘はんの鼻高なれ。

鼻だけ連子からずうーと高なりましてんと、天狗さんみたいに。

「面白い、面白い、んー、低なれ、低なれ。」

て言おったら、やっぱりすうーと低なりまんねと。ほんでー、そんなん、なんちゅうのか、面白半分に、

「やっぱり言うことをきいてくれるわ、この団扇は。」

て言うて。ほいたら、娘はんが気ぃ付いて、自分、家の中へ、連子から引っこもと思いやったら、鼻が高(たこ)なりすぎて鼻がもう、連子にくっ付くようになって、鼻がもう出過ぎて、中へ、家の中へ⑱隠れよにも隠れらへんようになりましてんとー。ほんでん、

「いやあ、お母ちゃん、大変やわー、えらいこっちゃ。あこ飛んでる人らに言うて、こんなん治してもらわなあかん、あかん、お医者はんも『知らん』[19]ちゅわはったらどないするー。」

て言うて、娘はんが泣きそうに、なったったらしい。ほんでん、

「あー、今、飛んではる、何さんか知らんけど、どうぞー娘の言うこと聞いとくなはれ。その団扇が聞いてくれんねやったら、なーあんたら言うだけのお金渡すよってん、ほんでん、その団扇でな、どうぞ元に戻したっとくなはれ。」

言うて、親が一生懸命に上向いて、頼まはりましてんと。ほんだら、

「もうかわいそやなあ、もうこの辺でもう、元に戻したらなあかん。せやないと、おいらかて帰られへんわな。」

て言うて、ほんで、

〽あの娘はんの鼻低なれ、元のようになれ、なれ、なれ。

て言うて、団扇であぶち合いしゃはりましてんと。ほたら、だんだんだんだん、娘はんの鼻が低なって、元通りになったんで、親は喜んで喜んでな、ほんまにそれこそなー、お金何も持たんかて、お金もろて、

「もう帰ろかー、もうこんだけ喜んでもうて、お金までもろて、もうええかげんに帰ろやんかー。」

言うて、ほて、パアーと、なに、

「自分の家（うち）へ帰りたい。」

〽ほちゃらかーちゃんの、おどるいのるい。

て、タアーと飛んで、帰ってきてしもたんやと。おもしろい話、なー。

注①みっともない（見栄えが悪い） ②それなら ③みます ④ありますので ⑤それで ⑥行って来てください ⑦もらっていませんよ ⑧「うってつけ」の間違いか？ ⑨良家 ⑩ぼっちゃん（または若旦那） ⑪これで ⑫いったのだから ⑬ありますよ ⑭かぶってみます ⑮賑やか ⑯うまい具合にいった ⑰あおって ⑱隠れようとしても隠れることが出来ない ⑲言われたら

メモ 「ヒチコ」と「ハチコ」は、全国的に分布する「七」や「八」のつく「おどけ者話」の主人公の名を連想させる名前である。二人が前段や後段では狡猾者として行動し、中盤の伊勢での振る舞いは愚か者に近いという二面性を見せる点も、全国各地に見られる「おどけ者」やトリックスターの要素を充分備えていると言える。

なお、『昔話研究』第一巻十一号（昭和十一年三月・三元社発行）には「七公と八公」という名の二人が登場する「団子聟」の話が掲載されている。これは大阪府旧南河内郡鷹鷲村（現羽曳野市）島泉の伝承として報告されたもので、この地は生駒山脈を境にして奈良県北部と隣接しており、イエが育った斑鳩町に地理的に近いことも興味深い。また、『大和民俗昭和五〇年度調査報告』（奈良教育大学民俗研究会発行）には、奈良県吉野郡大塔村（現五條市）に伝わる「七公と八公」が泥棒に入って失敗する艶笑譚が紹介されている。これらのことから、かつて関西の伝承世界では、「おどけ者」として「ヒチコとハチコ」又は「七公と八公」という二人組の名前が知られていたということも考えられる。

長い名の子

二〇一一年九月（九十歳）採録

お爺さんとお婆さんとな、なに、二人、仲良う暮らしてはってんけど、子どもが無いのでな、それで、

「①うちにかてな、あんな子どもがいてたらなあ、孫がいてたらなあ。」

言うてな、お宮（つみや）さんへ願掛けに行て、お寺にも頼んで、ほて、やあーっと男の子が一人授かりましてんとー。ほんでん、

「ああ、これはな、私ら二人一生懸命に頼んで、お参りして頼んだなんにゃさかいに、そいで、もう一ぺん頼みに行こ、名前付けてもらお。」

ちゅうてな、ほいで、和尚（おっ）さんに頼んで、ほんで、

「もうな、長生きできるようにな、なが－い名前、②付けたっとくなはれ。」

それで、

「はいはい、わかりました。ちょっと待ってとくなはれや。」

て言うて、ほいて、考えてくれはったんが、紙に書いてな、和尚（おっ）さんが見せて、

〽ヘートクヘートク、ヘーアンジーノ、エーミシキシキ、ターワターワ、チョギノコ、チョギノコ、

「これはどやろ。」

て言うてな、んー、言わはりましてんと。ほんでん、

「チョギノコ、チョギノコがちょっと、途中で切れるよってんなー。」

て、お爺さん、言うたはってんけど、

「もう、これより、どもしゃないなー。」

て言うて、和尚さんの言わはる通りに、まあ、お婆さんと二人相談して、へて、連れて帰(か)って、初めは、何言うかて、

「〽ヘートクヘートク、ヘーアンジーノ、エーミシキシキ、ターワターワ、チョギノコ、チョギノコ。チョギノコ、チョギノコちゃん、はいはい、はいはい、はいはい、はいはい。」

て言うて、何でも、その何するかて、呼ぶかて、その名前をな、忘れんように、て和尚さんが言わはったんで、ほいで、

「〽ヘートクヘートク、ヘーアンジーノ、エーミシキシキ、ターワターワ、チョギノコ、チョギノコちゃん、遊ぼかー。」

てな、「どこそこ行こかー」とかな、そんな友だちでも、ちょっと大(お)っきなって友だちが、学校行くでも、「一緒に行こかー」とか、ただのそれじゃなくて、

「〽ヘートクヘートク、ヘーアンジーノ、エーミシキシキ、ターワターワ、チョギノコ、チョギノコ、ちゃん、どこそこ行こかー、なんにゃら、蛍取りに行こかー。」

て言うてな、そないして、そない言うてたら、昔は、田んぼの中に、③まさかの時に井戸を掘ってまんねさ、んー、そしたら、その辺の田んぼの水が無くなったら、その④井戸かい出してまた水を足すわけやんな。ほたら、そこで遊んでやったら、

「〽ヘートクヘートク、ヘーアンジーノ、エーミシキシキ、ターワターワ、チョギノコ、チョギノコちゃんと遊んでたらなー、おばちゃん、エーミシキシキ、ターワターワ、チョギノコ、チョギノコちゃん、井戸へ⑤はま

りゃってんがなー。」

て、な、言うてきゃりましてんと。ほんで、

「えっ、うちの、〳〵ヘートクヘートク、ヘーアンジーノ、エーミシキシキ、ターワターワ、チョギノコ、チョギノコちゃん、はまりゃったん、そら大変や、大変や。」

言うて、⑥傍(そば)たしの人呼びに行て、出してもらやったら、もう、その子、あかんかったんやて。そんでん、名前が勝って、出世ができなかったんやて。

注①我が家にも　②付けてあげてください　③思いがけない事が起こった時に備えて　④水をかき出して　⑤落ちてしまったのだよー　⑥近く（近所）

米埋め籾埋め

二〇一二年六月（九十一歳）採録

やっぱりなー、あのー百姓家(や)は、昔は、田んぼから、米、田んぼでーこうちゃんと、機械あるかないかにかかわらず、田んぼでーちゃんとこう稲を乾かして、ほてーもう、田んぼでころころころして、あの籾にして、持って帰(か)って、今度は家のその、空(あ)いたとこ、空いたとこで、また乾かして、そんなんしてましたんやんか。そしたら、きれいな、もう皮ぬいでしもた、お米が出来た、玄米が出来た、そんな米と、ほて、それを皮脱いだ皮、籾殻(もみ)でっさな、籾殻と、どっちがどっちー。ほたら、

「忙し、忙しい、こんなんやったらな、もうな、本子は、わしの子ぉは、この、きれいなお米の中のこの袋へ入れとこ、袋で遊ばしとこ、座らしとこ。もう継子はな、この籾殻でええわ。」ちゅうて、籾殻の袋に、フゴ、フゴちゅう、言いましたけどな、おっきな袋に入れて、籾殻の中いちょんと座らして、遊ばしとこ。

そないして、本子と継子と、やっぱり母親が別々に守りしたはったら、今度見んに行かはったら、もう本子は、自分の子ぉは、お米の中でちょんと座らしたったよってん、冷ゃこうなってしもて、なー、もう動からへんようなって、冷ゃこうなってしもて、ほんで、こっちぃ来たら、籾殻で、「もうこの子は籾殻でええわ、」て言うて座らしたったら、籾殻はほこほこ、ほこほこして、その子は元気に、座ってやってんと。せやからなー、やっぱりなー、差別したらあかんねでーちゅうて、そんな話をな、やっぱり聞いてきて教てくれましたわな。そんなんは我々の時代にはなかったけどなあ。

注①遊ばせておこう、座らせておこう

二〇一二年十一月（九十二歳）採録

ノミとシラミの伊勢参り

ノミとシラミと相談して、

「一ぺん伊勢参りしょうやんか。」

ちゅうて、ほんだ、まー、どっちが速いかなー、競争、まあ、亀と兎とみたいなんでな、ほんだら、ノミは、ピョンピョンピョンとこう、跳ねて、跳んで跳んで跳んで、ちゅうようにして、シラミはゴソゴソゴソゴソ這うてるくらいやから、なかなか向こへ行かれへん。へた、

「早よ、早よ、早よ早よ。」

ちゅうて、ノミが向こうへ行てから、

「早よ、早よ、早よ早よ。」

て言うて、それが、シラミは、

「どうしたら早よ行けるかなー。」

と思て、しちゃったら、そこへ旅の草履履いた人が、とっとっとっと、やって来やって、

「あ、この人の足袋のとこへ、①へばいついたらええねなー、速いなー。」

と思たんで、そこへちょっとへばいつきゃったでー、ほいたら、その旅のおっちゃんが、たったったっと歩かはんのにつらされて、どうも伊勢参りらしい方に、つらされて、ほてやっぱり、シラミの方が先着きゃってんと。

ほて、もう向こで、

「着いたー。」

ちゅうて、

「ああ、お伊勢さんに着いたー。」

てら声かかったんで、ポコッと降りて待っちゃってんやて。ふーん、シラミはピョコピョコピョコ、いや、ノミが、ピョンピョンピョンピョンと行っきゃったら、もうちゃんとシラミが向こで待っとって、

「わたし、先やったでー。」

ちゅうてな、

「やっぱり、わたしほど勝ちやわ。」

ちゅうて、な。

注①ぴったりくっついたら

ポイトコナ・その1

二〇一二年十一月（九十二歳）採録

うちで、お店屋さんの奥さんが、な、おばちゃんが、

「ちょっと、店屋へちょっと、買い物に行てってんかー。」

言うてな、ほいて、あのお金渡さはったら、坊主がそれ握って、ところーで、ちょっとした小ちゃあい、溝があって、それをピョッと跳んで、①行かんなんとこやったから、橋渡らへんけど、

「ポイトコナー。」

と、跳んだ拍子に、

「ポイトコナ、ポイトコナ。」

言いもって、向こ行て、店屋さんで、

「ポイトコナ買いに来た。」

言うて、お金渡しゃったら、

「そんなん、あらへん。」

言われやった、ちゅうて、な。

注①行かなければならないところだった

ポイトコナ・その2

二〇一〇年十一月（九十歳）採録

小さい時から、店屋さんの丁稚奉公に行て、ほて、小さい時から働いて、アルバイトして、昔の子供は皆そうやって、親から小遣いもらわんかて、暮らしちゃったんや。

「太郎べえよ、ちょっと、使いに行てってんか。」て。

「はあい」、（「へえ」やな、）「へえ、どこへ行きまんね。」

「そうやなー、ちょっと、こんだけお金出すよってん、一升瓶持って、向こうの醤油屋まで、醤油買うてってんか。瓶しっかり持って行て、お金しっかり払て、帰ってくんねんでー。」

「はい。」

言うて、抱かえて、ちょっとお金握って、太郎べえは行っこってんと。へた、途中で道が割れて、かわいらしい

川ができたってん。その川をポンと飛び越えた時に、

「ポイトコナ！」

自分で言おったらしい。それが、やーっとお使いの醤油の店い行て、

「太郎べえがお使いに来ました。」

ちゅうて言やったら、

「そうか、そうか、一升瓶持って来たんか、はあー、ほんだら、太郎べえちゃん、そこへ醤油入れたるわな、①なんぼほど入れたらええんかなあー、なんぼほど買うてこい言わはったんかなー」

いうて、旦那さんが、醤油屋の旦那さんが聞っきゃってんと。へたら、

「そうやなー、うちの旦那さん、『これ持って、これ握って行てこい。』ていうて言わはったよってん、そうやそうや、途中で道に小川が出来たってなあ、その小川、『ポイトコナ』言うて僕これな跳んだだん、跳び越えてきたから、『ポイトコナ』らしいわ。」

言おってんて。ほんでんな、

「ポイトコナの太郎べえの醤油やってんか、一升瓶に入れたってんか。」

旦那さんが言わはってんけど、なんぼ入れてええのやら、店の人はわからへんよってん、

「また②もっぺん来るわ。」

ちゅうて、またその小川のとこ来たら、

「ポイトコナ、ポイトコナ」

て跳び越えて、帰って来て、ほてうちの旦那さんに、

「なんぼ買(こ)うてええかわからへんよって、ポイトコナて言うて買うてきました。」
て言おったら、一升瓶の中は空やってんと。

注①どれくらい　②もう一度

白い雀

二〇一四年四月（九十三歳）採録

むかしむかしー、片田舎の、村に、おーおきな、おーおきな、藏のある、おーきな、おーきな家があってー、そして、そこにー、お爺さんが、たんと[①]の財産を持ってー、ほしてー暮らしたはったらー、そのーお爺さんがーもう年取ってぇ、しんどなって、死んでしまはったらしいねー。ほんで、そのお爺さんの息子がなあ、もうちっちゃい時から、お父さんまかせでな、ほて、自分が急に跡継いでー、おっきなおっきな家の跡継ぎになったんでー、ほんでんもうな、朝もゆっくり寝やしてもうて、また好きなことして、ほて、暮らしてはったんやと。そうするとなー、まあ、年が、一年経ってー、二年経ってー、て、いうようになってきたらー、家の中の、財産も減ってきたしー、ほいて、だんだん、だんだんと、もう、減っていくしー、みんなから、「貧乏になった、貧乏になった。」て言われるようになりゃってんやとー。そこで、気ぃがついて、息子かて、

「どうしたらええかなあー」

と思て、

「これは、いつも来てくだはる、お寺の和尚さんに聞いてみんとわからん。」

そう思て、和尚さんのとこへ行て、いろいろ話して、

「一番難儀してんのは私やさかいに、どうしたらええかあ。」

と思て、訊ねに行きゃってんとー。ほしたら、和尚さんがー、息子からいろいろの話聞いててー、ほて、

「あんたなあ、話してんの聞いたけどー、んー、そうやなあ、朝なあ、もう朝寝ゆっくりとせんとー、ほいてな、お日ぃさんが出てきゃはったら、朝になんねさかいに、その時分に起きてー、ほて、ああ今日は気持ちのええ朝やなあ、ていうように、早う起きる癖つけたらどうえー。そうするとな、白ーい、チュンチュンチュンチュン雀が鳴いてるけど、朝は雀が一番先に起きて、チュンチュンチュンチュン言うけどなあ、白ーい雀見たことあるかー。」

て、お爺さんが、和尚さんが問わはってんとー。

「いえいえ、そんな雀も、白い、まして白い雀みたいな見たことあらしまへんわー。」

て。

「せやろなあー。そういう風な、今までそういう風なことで生活してきたよってんやなあ。」

て、勝手に頷かはってんとー。ほいてな、

「あんたなー、わしに相談しんにきたけど、わしかて白い雀そんなん見たこともないけど、まあ一ぺん、明日から朝早う起きて、白い雀を探すようにしなはれ。」

そう言うて、

「まあ今日はそのくらいにして帰ってもらおー。」

言うて、ほいて、そのー息子は、

「白い雀ぇ、白い雀ぇ。」

て言うて、帰ってきゃってんとー。

ほてなー、明くる日ぃ朝早う起きて、なあ、

「今日は白い雀来ょるかなあ。」

と思て、家の外へ出てみやったら、チュンチュン、チュンチュン言うとるけどー、やっぱり白い雀みたいな、③おらひんだらしい、飛んできやへんだらしいわー。そないして一日経ってー、二日経ってー、三日経ってー、みたかて、そんな白い雀みたいなぁ、なかなかー、飛んできよらへんだみたい。そこでまた、和尚さんのとこ行て、

「あれからなあ、白い雀見よう見よう思て、朝早う起きて、ほいて考えて、見てましてんけど、白い雀、普通の雀は見たけど、白い雀は見やひんだー。」

「そうかー、ほんだらなあ、そんなん④言うたいかんけど、あんたの朝早い早いて言うてんのが、まだ早いなかったんかわからんなあ。もうちょっと早いのに起きてー、白い雀探したらどうでえ。」

そない言うてくれはったらしい。ほんでんなー、また、

「はいはい。」

ちゅうて帰ってきて、明くる日ぃの朝も、また明くる日ぃの朝も、ちょっとずつ早う起きて、ほいて白い雀探しやってんけど、なかなかー白い雀は見られへんだらしい。

「そうやなあ、和尚さんのとこ行て、もう一ぺん聞いてみてこう。」

ちゅうて。ほたら、今度行きゃったら、和尚さんが言わはんのにはー、

「んー、何時頃に起きて白い雀探してんのでー。」

ちゃったら、

「こないこないやねー。お日さん出て、みんなだあだあしてー、仕事したはったなあ。」

て言やってんてー。ほんでんな、

「ああ、それやったらな、もう一時間でも早う起きて、せんなあかんでえ。だんだんだんだんな、あの早う早う、お日ぃさんより早う起きよ、って思て、探してみてらどうえー。」

和尚（おっ）さんが教（おせ）てやらはったらしい。

「そうかー、そんな早う起きたら、しんどいなあ、寒（さぶ）いなあ。」

て思て、息子が帰ってきて、ほて、明くる日ぃの朝、

「まあこのくらいやったら、まだ暗がりやさかいにぃ、朝⑤になったらいんけど、和尚（おっしょう）さんの言わはるように早よ起きてみたろ。」

思て、たあーと起きて、ほて、「ああおはよう、おはよう」て言う人を探してあったー、

「白い雀もきょるかなー、きょるかなー。」

と思て見てやってんけどー、白い雀は見つからへんでんけど、あっちからもこっちからも、なんか、「お前はどこの人やー。」ていうような人が、入ったり出たり入ったり出たりーして、ほいてー、いろいろと家ん中へ入ってきては、また出て行て、朝早うから来て、また出て行てー、そんな人に出くわして、

「ああ、お前はなにやなあ。」

名前も言う、わかったるし、

「はいはい、はいはいはい。」

ちゅうて、えらい荷物持って出ていきゃんねてー。あっちの藏、こっちの藏、ああ、あっちの部屋からなー、いろいろのもんをな、一人一人、⑥背たろうて、出ていきゃんねてー。ほいたらなー、米蔵からは米も担いで行っきゃる人もあるしー、醤油作った、醤油にちゃんと入れたるとこからは、醤油樽担いで出やる人もあるしー、いろいろの人が、「お前もかー、お前もかー、」て言わんなんほど、家ん中へ入っては出て、入っては出てーて、そんなん見つかったんやてー。ほんでん、「あ、これは、これは、」思て、すぐにお寺へ駆け込んで、和尚さんにその話(はなし)しゃってんてー。ほたらなあ、和尚さんがな、

「それがー、白い雀やがなー。お前偉かったなあ、やっぱり白い雀に会(お)うてんがなー。な、今までその人達は、お父さんが死なはった後、家(うち)ん中のこと良うわかったるよって、お前が朝ゆっくり寝てるよってー、ほんでえ、大事な物、次から次から食べるもんも含めて、持って出とってんがなー。そんなんしてやったから、⑦あんたとん家は、なんぼでもなんぼでも減っていくやろう。貧乏になっていくやろう。そういう⑧こっちゃってんがなー。」

和尚(おっしょう)さんが教(おせ)てくれはってんとー。

「明日(あした)からはな、今日の朝みたいに、もうお日ぃさん出やはるまでに起きて、ほて、見張ってたらええわ。ほてなー、みんな寄せてな、こうやで、ああやでーちゅうてな、もうそんなんしゃあへんように言うてきかさんなあかんでー。そしたら、あんたとこは、また元のな、おっきーな財産家にしてくれるわー。」

言わはってんてー。

「はいはい、はいはい、明日からそうします。」

ちゅうてなー、ほて、明くる日ぃ朝からは、早う起きて、来る人来る人に
「集まってくれー、集まってくれー。」

言うて、

「いろいろなー、わしが悪かった、わしがぼんやりしてました。」

みんなに、

「頼んます、頼んますー。」

て言やるようになったんやと。

注①たくさん　②なるのだから　③いなかった　④言ってはいけないだろうが　⑤なっていない　⑥背負って　⑦あんたの家
⑧ことだったのだ

ヒバリの宿替え

二〇一五年一月（九十四歳）採録

むかしー昔はな、あー、田植えのな、取り入れが済んで、ほぃて米もちゃんとできて、ほいてな、俵につんで、そのあとの田んぼはな、麦畑にしゃはってん。ほんでんな、またな耕してな、ほいて今度春きたらな麦がちゃんとー麦畑になって、麦の穂ぉが出て、ほいて、大きな大きな麦の田んぼがあっちもこっちもでけて、その時にな、ちょうどな、ヒバリのお父さんやお母さんはな、その麦畑のな、茂ったる中でな、卵を孵(かえ)しやんね。ほん

でな、ヒバリがな、しばらーくしたらな、その卵からヒバリが生まれてな、ほいでな、チッチッ、チッチッ、チッチッなってな、ほいてな、麦畑の中でな、ヒバリがこう降りてきては、子どもー、卵から孵った子どもにエサやって、ほんで、ヒバリのお母ちゃんとお父さんとな、一生懸命ヒバリできた、卵から生まれたヒバリを①大(お)っきなしゃってんとー。

ほいてなー、だんだんだんだんとな、もうな、日が経ってな、その麦もな、今度はまた麦の、田ぁを、田んぼの麦の、大きな麦の、林を、今度はまたちゃんと切って、今度は田植えせんなんようになってきたから、ほんでー、その、麦のな、田んぼのな、中の、そのヒバリの卵の、孵ったる可愛らしい赤ちゃんが生まれてることもわからんと、田んぼの人たちは、麦畑をな、かじって、刈って、ほいてーまた、麦の穂ぉは穂ぉで、今度は小麦粉ぉにせんなんよって、ほんで、

「もうぼつぼつ、こんだけ大(お)っきなって、おっきな麦がたくさんできたよって、ほんでもうな、ちょん切ってしまおかー。」

ちゅうてな、麦畑持ってやる人達がな、お父さんもお母さんも寄ってな、相談しちゃってんとー。ほんだらな、その相談をな、麦畑でヒバリの子どもがな、そのおっちゃんやおばちゃんの話、聞いとってんと。ほいてな、お父ちゃんとお母ちゃんにな、

「お父ちゃん、お母ちゃん、もうな、ここにおったらあかんで。もうどっかへ引っ越しせんとな、この麦畑な、もうじっきにな、取ってしまやるらしいわ。ほんでんな、あの、もうそのつもりしてな、引っ越しの②まありしょう。」

て、子ども達が言いよってんと。ほたらな、ヒバリのお父さんとお母さんとな、

「うーん、そりゃあそれは考えてんね、毎年毎年同し繰り返しやさかいな。ほんで心配しな。まだな、あの麦畑の、この麦持ったはる田んぼのおっちゃんとおばちゃんと、話したはっただけやさかい、まだな、一週間くらいはな、ここに③おれんね、心配しな。」

こう言うちゃってんと。

「そうかあ、そんなんやったら、まーもうちょっとおれんねなー。」

て言うてヒバリの子ども達は仲良う暮らしとってんと。ほんでんな、四、五日経ったらな、雨が降ってきてんとー。ほいてな、もう麦の穂ぉもな、くにゃくにゃーとなってきたよってな、

「こらもうな、明日にでもな、この麦畑倒さんなあかんわ。」

て言うてあんのを、また、

「せやけどな、大っきな田んぼやさかいな、もうちょっとな、誰か来てもらわんなあかんなー。」

て言うてやったて。またこれもな、④麦の子ども達がな、お父さんお母さんに言おってんとー。ほんだら、お父さんとお母さんとな、

「んー、そない言うちゃったんか。そやけど、誰か来てもうて、⑤手っとてもうて、ほて麦畑倒そうーて言うちゃったんやったらな、まあ、三日か四日かぐらいはな、まだちょっと先のこっちゃなあ。」

て言うて、

「心配しな。」

て言やってんと。ほいてな、しばらくしたらな、もうな、コトッコトッとな、根っこの方からな、麦が倒れてきよってんと。ほんだらな、麦畑の人達はな、

「もうこんなんやったらな、もう人頼んでってもあかん、もうみんなよって⑥、みんなよって、明日はもうここもう、倒さんなあかん。」

て言うてあんのを、麦の子ども達が聞いて、

「もう明日は倒さなあかん、て言うて帰りゃったでー。」

て言うてな、麦の、ヒバリの親たちに言よってんと。そんだら、やっぱしな、

「あ、それやったら、自分らででも倒しにきゃるから、明日は朝早よから、他の麦畑と違うとこの、蕎麦の畑でもええし、な、みんな引っ越ししょ。」

て言うて、ヒバリの親子がな、もう、チュンチュン、チュンチュンとな、そこをな引っ越ししょってんと。

「人頼みの間はあかんで。」言うてな、「もう人に頼んでららえん⑦。」て言やったんで、引っ越しになってんと。

注①大きく育てた　②準備（用意）　③居ることが出来る　④「ヒバリ」の言い間違い　⑤手伝ってもらって　⑥全員で　⑦頼んでいられない

雪ん子・その1

二〇一五年二月（九十四歳）採録

お父さんお母さんがやはってんけどー、なかなか経（た）っても経（た）っても子供ができへんので、

「これはこれは、どっかへお願いせんとあかんなあ。」

て言うて、へて、月参りて言うか、お宮さんへ参ってやったんやてー。ほいて、お宮さんへ行くと、参る時に、
いつもちゃんと手ぇたたいて拝んでー、

「どうか二人にぃ、私たちに、どんなお子でもええから、助けて下さい、授けて下さい。」

言うて。そしたら、それから何日か経って、ん～、

「もう寝よかあ。」

言うて、

「おとしてこんなあかんなあ。①」

て言うて、ほいて、夜遅うちょっと外へ行ってみやったら、ほたらなんか、

「ほぎゃあ、ほぎゃあ、ふぎゃあ。」

て、赤ちゃんの泣き声がするんやて。ほんでぇ、

「やあー、こんなんなあ、夜のことにぃ。」

言うて、戸ぉ開けて見やはったら、そこに、可愛らしい女の子ぉが、赤ちゃんが、ちゃんと着物着せて。ねんねしちゃあったんやてー。子供ちょっと預け、あのー、なに授けてもろたどっかの家のが、この子達者に大っきなるように、いうて、誰かに拾てもろたらええ、いうことも、その当時はあったらしいでっさ。

「そういう風な赤ちゃんかもわからんなあ、」言うて、

「しばらく見とろか。②」

言うてたら、誰も、しばらく見てても、「うちの赤ちゃんや、うちの赤ちゃんやー」言うて、「子どもや」言うて来ゃはる人もあらへんだし、

「これはきっと、毎月毎月毎月参ってる、お宮さんの神さんが授けてくれはってんでー。」

ちょうど雪の降るちょっと寒そうな夜やったんでー、

「かわいそに、かわいそに。」言うて、

「まあとにかく預かっとこう。」

て言うて、ほて、一日経っても、二日経っても、「うちの赤ちゃん知りまへんかー」言うてくる人あらへんだから、

「これはぁあの神さん、お宮さん授けてくれはってんでー。」

言うて、ほて、雪の降る、ちょっと散らつく時やったから、「ゆきちゃん」ていう、「雪子」、「雪ちゃん」ていう名前にして、大事に大事に③大っきなしゃってんてー。ほんで、その子、だんだんだんだんと、うまいこと大っきなって、歩くようにもなって、お友だちもできたしぃ、ほたら、おっ宮さんのお祭りが近づいてきて、

「雪ちゃあん、お祭りやでー、もうじっきお祭りやからな、みんなでな、おっ宮さんへ参ろなー。」

言うて、友だちが誘いに来てくれたんやてぇ。ほんでー、

「雪ちゃん、行てき、行てきー。着物も着替えて、な、きれいにしてな、おっ宮さんへ、みんなと一緒に行てきー。」

言うてな、ほいて送ってやらはったらー、喜んで、

「行てきますー。」

言うて、おっ宮さんへみんなと一緒に参りゃったら、ちょっとおっ宮さんで、寒かったからぁかぁ、焚き火を焚いて、ほいて温もるように温もるように、いうて、みんなが遊んだはって、ほいてその内、だあーと走って行

て、パッとその焚き火の上の方跳んで、ほいて向こうへ飛び抜ける、そんなことをする子供もあったんやてー。

ほんだら、雪ちゃんは
「そんなことなかなか出来へん、出来へん。」

て言うて、

「そうか、いやあ、してみい。これなあ、こんなん、お宮さんのお祭りやしなあ、こういう時になあ、たあーと走ってな、パアーと跳んだらなー、いっぺんに体な、達者になるんやてー。ほんでん、それしてみー。」

いうて、みんなに言われて、もう一生懸命断ってやってんけどー、

「④ようせん、ようせん。」

言うちゃってんけど、

「やってみよー。」

言うて、ほいて自分もタアーと走って来て、パアと跳び、飛び乗ろうと思て、その焚き火の上の方、パアと跳んでしゃったら、その拍子にパアと、二つ三つ、雪降ったみたいになって、雪ちゃん、どこにも⑤おらひんようになったんやて。

「やあー、雪ちゃーん、雪ちゃんどこ行ったん、跳んだ、跳べたやん。」

言うて、みんな探しゃったんけど、「ここにいる。」て言うて雪ちゃん出てけえへんから、

「やあ、⑥おっかしい。」

言うて、ほいて帰ってきてから、

「おばちゃーん、こういうやってんがなあ。おっ宮(みや)さんでなあ、焚き火を跳ぶ稽古してな、ほて、⑦みんなかて

跳んだりはねたりしてな、喜んでしてるから、雪ちゃんも、達者になるように、ちゅうて跳んでみやったら、ほんだら、もうやーらひん⑧ようになってん。」

て。そうすっと、

「そうかあ、そうかあ、やっぱしなあ、おっ宮(みや)さんのお祭りの晩にぃ、そんなこと起ってんなあ。やっぱり、おっ宮(みや)さんに授けてもうた子ぉやーなあ。雪の降る日ぃに授けてもうた子ぉやあ、ちゅうて大事に大(お)っきなしてんけど、ゆき、雪ん子は、もう拍子に溶けてしもてんなあ。かわいそなことしたなあ。」

「かわいそなことしたなあ。」

て、みんながそう言やったんやと。まあ、そういう、雪ん子あるわな。

注①戸締まりをしてこなければいけないね　②見ておこうか　③育てたという　④できない　⑤いない　⑥変だ（不思議だ）
⑦みんなも　⑧いない

二〇一五年二月（九十四歳）採録

雪ん子・その２

その次はさ、それは、あ～ん、あれも、えー、神さんに頼んで頼んで、

「どうぞどうぞお願いします。私達にどんな子供でもええで、授けて下さい。」

言うて、

「どこかお参りせんなあかんなー。」

て言うて、お父さんとお母さんと、一生懸命に、神さんにお願いしやあったら、してやったら、それも、寒い寒い時の、自分家の裏の入り口に赤ちゃんが、かいらしい赤ちゃんが置いたったんやてー。

「やあー、こんな所になあ、こんな可愛らしい子ぉなあ、ちゃんとべべ[1]も着せて、んー、これはなあ、きっと、私ら一生懸命にお参りしてた神さんが、授けてくれはってんわ。」

お母さんもお父さんもそういう風に解釈して、ほぃて、それも女の子ぉでー、ほんで、だんだんだん、親にも馴れてきて、ほいて大きなってきゃったから、「雪ちゃん、雪ちゃん」て、これも雪ん子で、大事におっきなしてはってんて。ほったら、雪ちゃんが、もうぼつぼつ学校へも行っきゃるし、元気になって、大っきなりゃったから、

「良かったなあ。」

て言うて、ほんでんしてたら、なんか、そのーお風呂入んのが嫌いな人でぇ、嫌いな子ぉやって、

「おお、雪ちゃん、もうなあ、あの女の子やからな、一人で風呂入って、ほて、綺麗にして、ほてまたな、あのー、着物も着替えてしいやあ。ちゃんとここへ置いとくでえ。」

ちゅうて、親がお風呂に入れたはったんやてぇ。ある日ぃのことに、これも、寒い寒い雪の散らつくような日ぃがきたんで、お母さんは、

「ああ、このくらいやろか、このくらいやろか、もうちょっと燃やしてやって、お湯を熱いのにせんなあかんやろかー、風邪ひいたらあかんなあ。」

と思て、

「雪ちゃーん、もうええかー。お風呂温（ぬく）なったかなー。」

言うて、ほして、昔はさ、焚き火で風呂の下から燃やしてお湯湧かすから、ほんで、

「しっかり洗いやあ。もう温もったかなー。」

て言うて、

「いや、まだまだ、まだまだ。」

て言うて、お風呂入っちゃっあてんけど、どこやほどから、

「雪ちゃあん、雪ちゃあん。」

て言うてんのに、返事②しゃあらへんようになったんやて。

「雪ちゃん、もうなあ、ようなー熱なったからな、あの、しっかりとなー、小（ちい）ちょうなってなあ、温もって出ましょう。」

ちゅうて、お母さんがお風呂のとこ、戸ぉ開けて、ほてお風呂の中見やはってんけど、もうそこには、雪ちゃんが③おらへんだんやてー。ほして、ボコボコ、ボコボコ、ボコボコてぇ、

「雪ちゃあん。」

て言うたかて、そんなんが三つ四つ泡立っただけで、雪ちゃんはそれっきり、おらへんようなったんやてー。ほんでに、

「ああ、なんぼでもなんぼでも燃やして、温（ぬく）めたろ、温めたろ、思て、お湯湧かしたよってん、溶④けてしもてんなあー、かわいそなことしたなあ。やっぱし、神さんに授けてもうた子ぉやと思てしたけど、もうあないせんと、もっとやっぱし、小（ちっ）ちゃい時からのぬるーいお湯でお風呂入っちゃったあ良かってんなあ。」

親二人は、そういう風に解釈して謝らはったんやて。

注①着物　②しない　③いなかったという　④あんなふうにせずに

メモ　「雪ん子」二話は、いずれも神様に祈願して雪の日に授かった女の子が成長後消えてしまうというもので、『日本昔話通観』で「しがま女房」と名付けられた話型にあたる。『日本昔話事典』の「しがま女房」の項では「寒冷地に分布する世間話」とあり、あまり雪の降らない奈良盆地に、しかも違う展開で二話も伝承されていたことに注目したい。ただ、『日本昔話通観　第十五巻』には温暖な和歌山県に伝わる、「雪ん子・その2」と同じモチーフの話が掲載されており、この話型の話が寒冷地に生まれたものだとすると、どのように紀伊半島に伝わったのだろうかと興味深い。

松本イエ（母親）と松本ツギ（祖母）の両方から聞いた話

もるぞ恐ろし

二〇一〇年十一月（九十歳）採録

むかしむかし、山奥に一人のおばあさんが住んではってんと。
その年はな、雨がザーザーザーザーと降って、ちっとも止まんと、幾日（いっか）たっても幾日（いっか）たっても、雨漏りがすんねと。ほんで、おばあちゃんは、

「難儀やなあ、雨早よ止まんかなー」

て言うて、釜持って来たり、鍋持って来たり、バケツも持って来たり、あっちこっちポトン、ポトン、ポトンと落ちんのを受けて回ってやってんと。ほいて、

「とらおーかみより、もるぞ恐ろし、とらおーかみより、もるぞ恐ろし。」

自分は、隅っこで①ちっちょなって、そない言うて雨の止むの待っちゃってんと。

その傍の山に、一匹の狼がおってな、

「こういう雨の多い日ぃには、あのお婆(ばあ)はきっと、家の隅っこでじぃーとしとるで。あのお婆ひとつとっちめて、食べてしまおか。こんな山の中でじいっと②してたかて食べるもんも無いようなったし、あのお婆のとこ行てこう。」

思て、狼が山から出てきょってんて。そいて、そぉーと、お婆の家の傍で中覗いて、じぃーと考えとったら、

「とらおーかみより、もるぞ恐ろし、とらおーかみより、もるぞ恐ろし。」

て言うちゃある、お婆ちゃんの声が聞こえてきてんと。家の中は、あっちもこっちも、ポットンポットンと、雨漏りをして、お婆ちゃんは漏る、雨が漏ってる家の中の隅っこで、

「とらおーかみより、もるぞ恐ろし、とらおーかみより、もるぞ恐ろし。」

て言うちゃってんと。それを狼が聞いて、

「あああ、虎も狼も、モルゾちゅう奴がおんねな。そんなんやったら、モルゾ恐ろしいうことは、モルゾちゅう奴は虎狼よりもっとまた、怖い奴やねなあー、お婆さんは、そいつが来(き)ょったらかなんよってん、あないして、横いよけて、すっこんで……」

「とらおーかみより、もるぞ恐ろし、とらおーかみより、もるぞ恐ろし。」

言うちゃってんと。それを聞いて、狼は、

「モルゾ来ょったらあかんよって、俺もこの辺で山へ逃げよ。」

言うて、お婆さんをやっつけたろと思て来たの忘れて、逃げて帰りょってんと。

注①小さく　②していても

狼の金の玉

二〇一一年七月（九十歳）採録

「金の玉」ていう話だんね。それはな、一人の若い青年いうたらおかしいけど、あのー、それこそなまけ半助やないけどー、ちっとも仕事がないし、ま、失業者やな、

「難儀やなあ、こんなことしてたら難儀やなあ。」

そう言いながらも、もう自分には合うた仕事もないし、

「もういっそのことな、山へ行て、もう狼にでも狐にでも、もうなんして、もう俺も死んで、死んだつもりで、山へ寝んに行くわ。」

言うてな、村のおっちゃん、兄ちゃんが、そんなん山を見つけてきて、ほいで昼の間にな、自分の寝るとこの穴掘って、ほいでー、日ぃが暮れてきたら、まーなちょっと見えるとこやけど、

「これやったら知らん間ぁに人が通っても、そんなに目につかへんやろなー」

て言うてやったら、夜、だんだん夜になって、ほてザァーザァーという、まあ風の音やら、何の音やらわからへんような、もう辺りは暗いし、昔のことやからな。ほいで、そうすると、コト、コト、コト、と足音がしてきたから、ひょっとしたら狼かわからん、ひょっとしたら狐かわからん。じぃーと細い目ぇ開いて、

「食べてくれよったら、もうな、もう死んでもええんやから。」

いうてしちゃったら、狐が、その兄ちゃんの傍へ来て、

「今にも食べよんねなあ、食べよるかなあ、わしも食べてもらいたいのに。」

兄ちゃんが思てたら、じぃーとぐるぐるぐるぐる回って、ほいて、へて、たったたったたっと、知らん顔して、通り過ぎて行ってしもたんやて。ほんで、

「はあ、おかしいなあ。あんだけ大(お)っきな狐やったら一かぶりしょったら、もうなあ、犬よりも怖いと思てたのになあ、どないなってんやろ。はあ、今晩はこうやけど、明日はまた狼でも来てくれるかなあー。」

そう思て、明くる日ぃも

「そんなじきにうまいこと来て食べてくれたら、わしも一足(いっそく)飛びにあの世へ行けるし、もうここで寝とろ。」

と思て、へたら、ことっ、ことっ、ことっと音鳴って、ほいでその、狼が、のような動物がごろりんと横になりょったんやて。ほんでぇ、じぃーと寝た振りしてやったら、それも傍でぐるりぐるりぐるりっと回って、ほて、くっくっくっとな、匂い嗅ぐようなことして、犬やら狼やらわからへんでんやけど、「わあー」と鳴いて、ほいて、その兄ちゃんの傍を離れて行くような感じで、行てしもたんやて。そうやって、二晩(ふた)たっても三晩(み)たっても、まあよう似ぃた動物は①来よん、来てくれんねけど、食べてくれへんと。

「おかしいなあ。」

と思てやったら、五日目か六日目か知らんけど、大きな動物が来たらしいわ。それが虎やら狼やらわからへん怖い動物が。

「ああー、やれやれ、あいつやったら、もう一(ひと)かぶりやなあ。」

と思て待っちゃったら、ほたら、またくるくると回って、ほんで、今度は一番しまいに、カッカッとこう咳して、②ほんそばで咳して、ほんで自分もごろんと寝よったらしいわ。ほんでん、

「おっかしいなあ。」

と思て、兄ちゃんがほっと目ぇ開けてみやったら、そこに、キンキンと輝いた金の玉がころんだったんやて。ほんで、

「はあー、えらい物(もん)ころんだんなあ。あれやったら、仕事どころか、あれやったら、もう拾(ひろ)て帰ったら、えらい値打ちで売れるでー。」

とそう思て、もう自分死ぬ気で行てんのに、それも忘れてしもて、ほで懐へパッと入れて、ほいで山をごそっ、ごそっ、ごそっと下りてきて、

「まあなあ、こういう事情やったんだんね。とにかくわしは、面白い、面白い夢見たんやろか、③どやろか。」

ちゅうて、お寺へ駆け込まはってんて。ほて、お寺の和尚(おっ)さんにな、一部始終、その兄ちゃん、話(はなし)しやってんて。ほったらな、お寺の和尚(おっ)さんが
「その金の玉、お前今持ってんのかー。」

「うん、もうな、やっぱりキンキンして、喉からパッと放(ほ)り出っしょったからな、ほんなん置いとくわけにい

かへん。わし、これな、銭儲(ぜんも)けのために持って帰りましてん。」

言やったんて。ほんだらな、和尚(おっ)さんが、

「ああー、えらいもん拾て帰(か)ったなあ。ちょっと見せてみ。」

和尚さんは、

「別にわしはどないも、取りも売りもしゃあひんでー④。ちょっと見たろ。」

言うてな、見て、ほいてな、

「今度はお前が見てみ。お前が見たら、よーぉわかるでー。」

て言うて、ほんでー、ほたら、

「何が分かりまんの。」

「向こうからちょっとこっち向いて歩いてきゃある人の顔つき見たら、わかる、な。んー。」

こう言うて、和尚(おっ)さんが教えてくれはったんやて。ほんでん、だんだん夜ぉも明けて、

「誰かに言うたらあかんで。黙って、黙って、見とらなあかんで。」

いうて、和尚(おっ)さんが言わはったんで、通りゃる人待ってて、ほて、その玉ですぅーと見てみやったら、

「偉い侍さん来ゃったなー、ほて、通り過ぎて行きゃったなあ、今度は、ん〜、なに、あんー、あれやったら
どっかで働いちゃある人やなー。」

いろいろな人間が自分の前や横を通り過ぎて行きゃんのが、ようわかるんやて。ほんだらその中に、

「あっ、今来ゃったんが人間や思てたのに、あの人、人間通り過ぎやったら牛になっちゃったなあ。うーん、
おっかし⑤、おっかし。」

ほで、しばらぁく見て、いて、その玉とにらめっこしちゃったら、その次に来ゃった人は何か、あーん、狐に見えたみたいなあ。

「ん～、おっかしなあ。」

へて、和尚さんのとこへ来て、

「わかりました。いろいろの人見ましたけどなあ、人間の顔した人は少のうて、来る人来る人なぁ、いろいろの、あのー格好してはりまんねわ。」

て言うて、一部始終を和尚さんに話しゃってんて。ほたらな、そこで、和尚さんが、

「せやろ。⑥お前はでやろなあ。お前をわしが見たら、お前はわしをどういう風に見えるかなあ、んー、わしがまたお前が見たらどういう風に見えるかなあ。」

言うて、和尚さんと見ぃ比べ、な、しょうか、て言うて、そしたら、その兄ちゃんが、和尚さんをこう、その金の玉を通して見やったら、ちゃんとお座りした立派な和尚さんに見えたんやて。ほんで、和尚さんがその兄ちゃんを金の玉通して見やったら、これも、一人前の立派な青年に、まだまだ働ける、そういう風な青年に見えたんやて。ほんで、和尚さんは、

「良かった、良かった。お前も人間、わしも人間、人間同士やさかいな、ほんでんな、あんなやつはな、もう人間はこわい、人間は何しよるかわからん、ていうので、もうみんなな、食べんのも、食らいつくのも忘れてな、通り過ぎて行っきょってん。ほんでん、お前も人間やから、これからな、そんな死ぬこと考えてんと、一生懸命働きや。」

て言うて、和尚さんがうまいこと教えてやらはってんてー。ほんでに、その青年はそれから、よー働いて、それ

こそ働き半助になりゃったんやてー。

注①来る、来てくれるが　②すぐ近く　③どうなのか　④しないよ　⑤変だ（ふしぎだ）　⑥どうだろうな

メモ　『日本昔話大成』では「狼の眉毛」、『日本昔話通観』では「狼のまつ毛」とされる話と同型だが、智恵子はツギが寺の報恩講で聞いてきた話だと言っていた。ストーリー展開において「和尚さん」が重要な働きを示す点や、智恵子の話には珍しく教訓的な雰囲気で終わるところ等、報恩講の講話にふさわしい内容になっていると言える。なお、全国的にはそんなに報告例が多くないが、奈良県では吉野郡旧大塔村（現五條市）にも同じ話型の話が伝わっている（宮本常一編著『吉野西奥民俗採訪録』〈一九四二年・日本常民文化研究所発行〉より）ことから、かつては県内に広く伝承されていたとも考えられる。

和尚と小僧（初雪の歌）

二〇一一年七月（九十歳）採録

むかしむかし、珍しく朝起きたら、まあー、まっ白けに雪積もってな、ほて、お寺も村もみーんな雪に埋もるぐらい、雪が積もってましてんと。ほんでなー、お寺でも一番親坊（おやぼん）さんちゅうのかな、お上人（しょうにん）ちゅうのかな、そんな方が、

「みんな、早よ起きやー。今日は初雪やでー。」

言うて、起しに回らはったくらいな、珍しく雪が積もりましたんやと。ほんでんな、もう、

「和尚さんが、お上人が①あない言わはってんさかい、早よ起きんなんあかん。」

言うて、習いに行てる習い子の小坊主さん達、みんな、ずうーと大きなお寺の雨縁（あまえん）へ並びゃったらしいわ。ほて、お上人が、

「まあなあ、見ててもええけど、なんか勉強してもええなあ。」

て言うてはってんて。ほんだらな、

「なんか言うことあらへんやろかー、なあ。」

考えたら、考えたはったら、トコトコトコトコっと、隣から、隣の家から犬が、犬は雪が好っきゃから、寒いのが好っきゃから、ほんでん、犬がタッタッタッタッと雪の上、嬉しそうに走りょうたんやと。ほんでん、お上人が、

「初雪に、犬の足跡、梅の花」

と、こう言わはったらしい。

「どうや、これは、ええ俳句やろ。」

てお上人が言わってな、

「そうでんなあ。」

ちゅうて、みんな感心しちゃったらな、それこそ感心しちゃる時に、隣のまた鶏が、

「コケコッ、コケコッ、コケコッ。」

て出てきて、またこれも、雪の上の方、タッタッタッタッタッタッと、歩っきょったらしいわ。ほたら、それもうまいこと足跡付いてんと。ほんだら、ちょっと②年のいた小坊主さんが、

「初雪に、鶏（とり）の足跡、もみじかな。」

てこう言やってんと。

「あー、そらよろしい、そらよろしい。んー、もう紅葉の旬済んだけどなー、ええ俳句や。」

て言うて、お上人に褒められやってんと。ほんでんな、

「誰か誰か、他にないのか、もうないのか。」

てお上人がおっしゃるから、

「お前いつでも作ってる俳句から言（ゆ）えさ。」

て、みんなでいろいろ言い合いしてやる間に、一番小坊主さんが、

「お前や、お前はまだやで、まだやで。もう俺はすんだで。」

って言うて、なんやら、ごろごろごろっと雪の上の方でつかみ合いになったんやて。ほんだら、ごろりんと転びやって、横にやった小坊主さんが、

「初雪に、大坊主小坊主（おおぼずこぼず）が　③つるみょてこけて　頭の足跡　瓢箪かな。」

て、こう詠みゃってんてー。

へっへっへっへっ、「頭の足跡」いうの、おかしなあ。せやけど、「初雪に、大坊主小坊主（おおぼずこぼず）が　つるみょてこけて」な、組み合いしてこけてるのな、それを、つるんでるっていうふうに、な、こう珍しく、なかなか面白い俳句やなあ、俳句ていうのか、川柳ちゅうのか、いうて、ものすごう和尚さんが褒めはったんやて。

注①あんな風に　②年上の　③つるんで（一緒になって）

和尚と小僧（りんの歌・牡丹餅は阿弥陀さん）　二〇一四年三月（九十三歳）採録

大きな大きなお寺の、あってー、ほて、和尚さんは、小坊主さんを連れて、うろうろしゃはるような、大きなお寺やったんやてー。ほて、あっちい行たり、こっちい行たりしたはったら、ほたら、あれは、雪の、これも、雪の散らつく時やったかなー、小坊主さんが、道歩いてて、ふうーっとええ匂いしてきたんでー、ほんでに、ちょっと見やったら、よその垣根のとこに梅の花が、二つ三つ咲いたったんやて。

「やあー、もう梅の花咲いたるがなー。正月済んだだけやのにぃ、なー、りんりんと　りんと咲いたる梅の花
一枝欲しや　怖やちりりん。」

て、こういう風に、歌詠みしゃったんやて。ほた、和尚さんが、

「それはええ、それはええ、立派な歌詠みできましたなあー。」

て言うて、連れて歩いたはったら、ずうーっと、村の中、なんか、匂いがしてくるんやてー。ほて、じいーと考えてみやったら、なんか、お魚焼いたあるよな匂いやねて。まあ、そんな時分は、お魚いうたかて、鰯の焼いたぐらいやから、思てやったら、ほた次の小坊さんが、小坊主さんが、

「じんじんと　じんと焼いたる塩イワシ　麦飯三杯　腹はぼてりん」

と、こう詠みゃってんてー。ほんでんな、

「もうお昼近なったよってん、ほんでん、そんなとこへ気ぃが行たんやなあ、ああ、それもええ、それもええ。」

言うて、和尚さんが小坊主さん連れて帰ってきゃはったら、お寺で留守番したはったおばちゃんが、

「さっきんな、よその、隣のおばちゃんから、あのー、餡の付いた、ええお餅もらったんやわー。ほんでんな、まあまずな、お寺やからな、沢山もろたんやけど、阿弥陀さんにお供えしてまんね。ほんでまたな、あれ②たばってな、またなー小僧さんにな、③あげとくなはれ、言うて帰らはったよってんな、ほんでん、またーな、お昼過ぎに、楽しみにしてとくなはれ。」

ちゅわはったんでー、ほんでん、和尚さんが、

「そうか、そうか、そら美味しい④のもろてんなー。」

て言うて、見んに行かはったら、

「隣村のその家の数より、なんか、一つ二つ少ないでー。」

て、和尚(おしょう)さんが言わはってんてー。ほんでんな、

「いつもくれはんの、数ちょっと少ないでー。」

て。

「あー、さっきんなー、小坊主さんがうろうろしてやったんでな、訊(た)ねてみるわー。」

ほんだらな、小坊主さんはな、

「んー、私も、あのおばちゃん帰らはってからな、しか、わからんけどなー、せやけどな、ひょっとしたら阿弥陀さん食べはったかわからいんわー。」

こない言やりましてんて。ほんでんな、

「そうかー、ほんだらな、阿弥陀さん、食べはったか、食べはらへんだかな、ちょっと試してみるわー。」

て言うて、おおしょうさんが、「カーン」と鳴らさはったら、阿弥陀さんは、

「くわん、くわん、くわん。」

て、こうな、言わはったらしいねて。ほんでんな、

「くわん、くわん、て言うたはんがな、お、小坊主ー、ちょっとここへ座り。」

ちゅうてな、和尚さんがな、

「正直に言いなさい。」

て、こう言う。ほんだら、

「ちゃんと、和尚さん、阿弥陀さんは食べはってな、口にもちゃんと餡ついてます。」

て、こう言やってんてー。ほんだらなー、

「そんなん、お前つけてんやろー。」

て、こう言わったらなー、

「そう、その通りです。」

ちゅうて、謝りゃってんと。

注①焼いているような　②お下げして　③あげてください　④もらったんだね

メモ　「りんの歌」について、小林幸夫氏が「こういう例話を示して、阿弥陀仏への帰依を勧めるのである。（中略）説教僧はこうしてたくみに歌を活用する。」（小林幸夫著『説話と俳諧連歌の室町　歌と雑談の伝承世界』〈二〇一六年・三弥井書店〉三四頁）と述べ、中世の説教の場での「和尚と小僧」譚の姿を活写している。昭和時代においても、「和尚と小僧」型の話

は寺での法話の後によく語られていたようで、ツギはそれら寺で聞いてきた話を智恵子に伝えたという。

狐の恩返し

二〇一一年九月（九十歳）採録

河内の、あの、大阪ちゅうた河内て昔言いましたんえ。そこのな、大きな大きな、立派なお家で、お爺さんと書生さんと二人しかやはらしまへんね①、え。そのお爺さんがな、毎朝な、ちゃんと着物着替えて、ほで、「自分の先祖さんのおかげで、こうして立派なお家で、暮らさしてもろてます」意味の、そういうふな意味でやろな、ほんで袴はいて、ほいで自分の氏神さんへ参らはりまんねえー。そういうことでんねやんか。そんな話、お婆ちゃんに聞いて、聞きましてんけどさ。

ほんだら、ある日のことに、お宮さんこう拝んで、ほて「もう帰ろかなー」と思て、何したはったら、ダダダダー、ダダダダァーと、ちょっといつもと違う騒がしーい足音が聞こえたらしいですわ。ほんで、お爺さんが、あの、「今日は何事かなあ」と思て、ちょっと振り向かはったら、この一匹の狐がな、ちょうど、まあ、えらい年寄りでもない、若ーい一匹の狐がな、タァーとお爺さんの方向いて、逃げて来たらしいですわ。ほいでな、もうこの自分のぐるりをな、あの、なに、回って回って、「頼みます、頼みます」ていうようにしたらしいですわ。ほんだら、その、ずうーと、

「こっちや、こっちや、こっちの方へ行っきょった。」

て言うて、鉄砲撃ち、四、五人がな、その狐追いかけて来た。ほた、狐を鉄砲で撃って殺して持って帰って売

る、それが、そのまあ言うたら昔の鉄砲撃ちの、仕事でっさな②。熊をしとめたり、猪をしとめたり、そんな猟師が、奈良県やったら、なにやし、そういう河内の国で、そういうふな、仕事してる若者がな、

「お爺さん、お爺さん、今、あのー、なに、ここへ、あのー、狐一匹来たやろ。」

ちゅうて、ダアーと来たらしいでっさ。へた、お爺さんはな、その前にな、ハッと感づいて、狐を目当てに追いかけてきょったなと思て、ほて、自分が長い袴はいてるから、

「ここへ入れ、ここへ入れ。」

ちゅうて、袴の中へ狐を入れてやりゃはりましてんな。ほで
「ああ来た、来たけどな、ああ狐やなーと思てる間に、私の前通ってな、タアーと山へ逃げて行っきょったわ。あんたら追いかけててんな。」

て言うて、お爺さんがな。

「うん、追いかけてましてん。せやけど、おっかしなー。もう今さっき追いかけて、こっち向いて逃げよったから、必ずこのおっ宮(みや)はんのどっかによるはずやねわ。捜せ、捜せ。」

ちゅうて捜しにかかりゃってんけど、誰一人わからへんでんけど、鉄砲撃ちいうのは必ず、猟犬いうて犬連れてまっしゃろ。ほんで、犬がさ、「ワンワン、ワンワン」て吠えて、ほて、お爺さんのぐるりをこう、ぐるぐるぐる回って、中に狐がおるから、臭いまんねな。ほんで、どこへも行かんようにして、ほて、

「犬がー吠えとる、犬吠えとる、どこに犬〜、あっ、ほんだら、その袴の下かな、袴の下かな。」

て言う、鉄砲撃ちもおったらしい。ほで、しばらくして、

「見つからへん、見つからへん、おっかし、こっち向いて来て、犬まで鳴いとんのに、おっかしー。あーあ、

あ、なんにゃな、こら、狐が、お爺さん、お前が狐ーやろ、狐が化けとんね、えー、化けてんねやろ。」

て言うてな、

「化けてんのなら、化けてるて言え。」

言うてな、そないして、お爺さんを向けて、鉄砲撃とうとしょったらしい。

「このお爺さんが、きっと狐の化けたんやわ。」

て言うて。ほいたら、お爺さん、自分の命に関わることやさかい、な、

「あっ、ちょっと待って、ちょっと待って。うん、あの、犬にな、わしは負けた。犬に負けたけど、な、お前達はな、その狐を捕らえてどうするつもりで？　わしはな、逃げも隠れもせえへん。言葉も言える。これ、狐にできるか。わしはちゃんとした人間やで。せやからな、訳を聞こう。」

ほうたら、

「こうこうして、今日の狐はなかなか③はしかいし、年頃もちょうどやし、あれを売ったら高う売れる、こうこうこうこんだけの金出せ。」

言うてな、あのー、鉄砲撃ちの親方が言うてん。ほんだら、

「そうか、そのくらいやったら今でも持ってるわ。」

ちゅうて、財布パッと親方に出さはったらしい。ほたら中見てな、

「こんだけあったらええわ。もう引き上げや。引き上げよう。今日はええ、もう逃がしたれ、逃がしたれ。」

て言うてな、ほいて、自分らもう山の方へ行たらしいです。ほぃたら狐がな、「ありがとう、ありがとう、ありがとう」て、お爺さんに何遍も頭下げて、ほて、賢い狐やったんで、その逃げた鉄砲撃ちの後ろを、ずぅーと何

処へ行くんかなーと思て、その時は百姓屋に化けて、そぉーと付いて行たらしいでっさ。

ほんで、それからしばらくして、お爺さんが家でよう寝てはったら、

「もう夜もふけてくるしなー。」

て言うて、書生さんもう表おとしに行かはったら、「トントン、トントン」てな、戸ぉたたいて、ほて開けはったら、門の戸ぉ開けはったら、そこにはきれーな振り袖姿の、女の、な、娘さんが立って、こうして、こうしてしたはったらしいでっさ。ほんでん、

「どなたですか、お名前教えて下さい。」

て。その時は言葉言わはったんか、言わはらへんだんか知らんけど、

「わたしは、（まあ、身振り素振りから、）私はこのお宮さんのぐるりに、棲んでる、あのー、狐です。先だっては、お爺さんに命からがら助けていただきました。そのお礼に今日は、よせていただきました。」

ほで、聞くところによると、

「私は、その、やっぱしなんかして、その鉄砲撃ちの居所を、な、つかみたいと思て、ほんで付いて行きました。ほぃたら、この月の何月何日に、あの河内の五右衛門ちゅうたら、えらい家らしいから、もっいっぺん行こやないか。足らんかったらまた来い、て言わはったで、言うて、そんな相談してました。それをな、今日はな、お知らせにあがりました。」

て言うてな、そういうような意味のことを、身振り素振りで書生さんに言うたらしい。ほぃでな、書生さんも、

「まー、中へ入んなはれ。お爺さんもな、まだ寝たはらへんやろし。」

へてお爺さんにその話したら、お爺さんがな、

「そうか、そうか、良かったな。あんたがそのくらいに思てくれんねやったら、まあな、あんたの考えで、⑥どうせー、こうせーて言うてくれることは私もさしてもらう。」

言うて、その時はそれで別れはってん。

へた、狐は、何か、「あのお爺さんは財産家やから、お金はあるし、米もあるし、いろいろちゃんとあるお家やから、どうしたらええか、まあな、あの五人の、四、五人の鉄砲撃ちがうらめしい、あれをやっつけんとあかん、」と、自分では思たらしい。ほんでー朝、四、五日してから、朝、川のふちを狐が出たり入ったり、出たり入ったりして、川の土手から顔出したり沈めたりしてんのを、あの、剣の持った、えらい強そうな侍さんが、

「あっ、今朝はえらい妙なものが私についてくるなー。」

と思てな、見たはったら、ほいたら、それがパッと今度は消えたなーと思たら、ほんまに綺麗(きれえ)な、また娘さんになって、その侍さんのぐるりを、後をずうーとついて来て、ほぃて、お爺さんの家い案内して、ほんで、

「こうこうで、こういうふうやて、後はお爺さんに聞いて下さい。」

ちゅうて、もう帰ってしもたらしい。そんで、お爺さん、お爺さんがその一部始終を侍さんに話(はなし)しゃはったら、

「私に任せて下さい。私に任せて下さい。」

て言うて、侍さんがちゃんと、その日にちがちゃんと狐から聞いたるから、そいで、

「その日ぃの夕方に来ます。もう、家の門を開けときなさい。あの、藏も開けときなさい。ほぃで、火鉢は藏の、三つほど藏の中に、ちゃんと炭火を入れて、そいて置いといて下さい。縄も用意しといて下さい。そのあとは、私がちゃんとします。」

て言うて、その侍さん帰らはりましてんと。ほて、その日ぃ来んのを待ってはったら、ほたら、

「あっ、ここやここや、ここが河内の五右衛門さんの家や。金足らん、足らんよってん、もっと出せて言うたら、なんぼでも出すて言やってんさかい。」ちゅうて、悪者が入って行ったら、ずうーとロウソクが、夜の明かりのつくように並べてまんねとー[7]、ついてまんねと。ほて、

「どうぞどうぞ、ご馳走もしてます。酒も出してます。」

て書生さんがな、言うて、ほんで、ご馳走から酒飲まして、ほてそうして、ちょうど、みんなお酒に酔うて、へて、ごろりんと横になって、ちょっとぐーぐう、ぐーぐう、ちょっと寝かけたなあ、いう時に侍さんが出てきて、ほて、その火鉢の中の火い、炭火の中へごそっーと、あの、すり糠ちゅうのありますやろ、米のなんしたな、皮な、それをごそっ、ごそっ、ごそっと、入れ込まはって、へた、そこ、それがブスブスブスブスブス〜、煙出て、そで、向こうが気いついて、コンコンコン、コンコン、もう酒飲んでるもんやから、何が何にゃらわからへんし、ほてもう、ベタアーとなってしもたとこへ、侍さんがちゃんと役人に頼んどかはったもん、そんでん、役人さんも、見んに来て、へて、縄で縛って、五人とも連れて行かれましてんと。それはみな、やっぱり、狐がちゃんと、あのお爺さんの、していただいた恩返しや、いうことになってまんねがな、ちゅうてな。お坊さんの話だっしゃろな。

注①おられないのですよ　②ですよね　③すばしこい　④玄関の戸締まりをしに　⑤（語り手が頭を下げて礼をするような身振りをしながら話しているところ）　⑥どうしろ、こうしろと　⑦並べているんですって

メモ　『日本昔話通観』では「狐と盗賊」とされる話型で、全国で採録されているものの報告例の少ない話と言える。ただ、狐を助ける長者が「河内」の人と語られることに注目したい。ツギとイエの育った斑鳩町からは奈良県と大阪府の県境の山地を越えると昔の河内の国に至るため、かつてこの話が伝承されていた地域を想像させられるのである。

良弁杉の話

二〇一四年四月（九十三歳）採録

昔々ー、んー、蚕飼うてやってー、ほいてー、蚕飼うについては、お蚕さん飼うについては、おっきな田んぼも要るしー、ほて、その田んぼに、桑の木を植えんなかったから、桑の木を何本も植えて、その桑の木ぃが大っきなって、おっきな葉っぱを付けたら、ほぃたら、それがまた、蚕さんの食べはる葉っぱになってー、ほんでんそれが要るよってに、ほんで田舎では、桑の木ぃを畑一杯植えてー、育ててやってん。ほて、おっきなおっきな籠を背中へ背たろうて、お父さんとお母さんがー、桑の葉っぱを摘みに、蚕に食べさすようにー、畑へ行て、ほいて、プチ、プチ、プチ、プチと、桑の葉っぱを摘んでは、箱に入れて、籠へ入れて、ほいて、籠いっぱいになったら、また次の箱、籠にまた葉っぱを摘んでー、きれいな葉っぱを摘んで、ほて、籠いっぱいになってー、てういう風にしてはってん。ほて、お乳飲まさんなんよってん、ちいちゃい子ども、その赤ちゃんが、お乳飲みゃった後、もうすやすやと寝てしまやったんでー、ほんでに、その子ぉ、ちょうど桑の葉っぱでいっぱいになった籠に、籠の上の方へ、もうぬいぐるみ①のままで、ちょっと寝かさはってん。ほて、その子ぉが、すやすやすやと、寝てやった間に、せいだい②、お父さんとお母さんが、また桑の葉っぱを摘んでやったん。ところが、ひょっとし

た時に、

「ファーファーファー」

と、赤ちゃんが大(お)っきな声で泣きゃってん。「ええっ」と思て、その桑の葉っぱ入れたる籠の方見やったら、大(お)っーきな、鷲か、鷹か、わからんような、あのー鳥が、パタ、パタ、パタと飛んで出よって、見んに行かったら、

「ファーファーファー」

て泣きながら、その上の方見やったら、その鳥が、二本の足で、ぬいぐるみの赤ちゃんそのまま、抱かえたようにして、飛んで行きょったんやてー。

「やあーえらいこっちゃあ、子ども取られたー。」

言うて、ほいて、

「みんな手っととくなはれー。③」

て言やってんけど、その時にはもう、その鷲か鷹か知らんけど。遠い遠いとこ、高い高いとこ飛んどったよってに、どこへ行てしまよってんやら、どの辺で降りよってんやら、わからんようになってしもたんやとー。

「えらいこっちゃなあ。」

て言うて、

「どないしてんねやろなあ、うちのあの子どないしてんねやろなあ、男の子ぉ、可愛らしい赤ちゃんやったのになあ。」

て言うて、毎日毎日その子のこと思て、暮らしてやってんとー。

ほて、何年も何年も経ったかて、

「そんなものどこにも、④やあらえん。そんな話も聞かえん。」

いうてー、村の人らかてー、言やるし、

「そんなんやったらもう、どっかでもう⑤ほかされて、もうあかんようになったんやろか、誰も拾てくれやらへんだんやろか。」

思て暮らしてやってんとー。ほんだら、ある日ぃのことに、そのー、昔は、売薬のー、大和の売薬いうてー、薬の袋入れ替えに来ゃはる、おっちゃんが、大ーきな薬の行李背たろうて来たおっちゃんが、

「あのなーあ、奈良になー、奈良の方行て来たらー、ほいたらなー、こんなこんな話聞いてきたんやわあ。奈良に、お水取りの時になる、あのー大っきな二月堂ちゅうお寺あっりゃろ。あのお寺のな横の方にな、おっきな杉の木ぃがあってな、そこでなー、いつか知らんけど、フギァーフギァーフギァーってなあ、赤ちゃんの泣き声したんやとー。お寺の小坊主さんがそれを見てな、聞いてなー、『ええっ、あんな木ぃの上で赤ちゃん泣いてるがなあ。』朝早よう起きて掃除したはる和尚さん達がな、『あっ、そうやそうや、あれは、なあー、なんか、おっきな山鳥の、巣ぅやなあ。山鳥の巣ぅに赤ちゃんが泣いてる、おっかしなー。』て言うて、もうみんなー、せやけど、『和尚さんに、御和尚に⑥言うてこんなんあかん。』言うて、二月ったはんの、おっきなお寺の大仏つぁんの傍の和尚さんに、『こうこうでんねー。』『それやったら⑦下ろしたらなあかん、山鳥が自分の巣ぅのとこへ、どっからか赤ちゃんをさろうて来て、ほいて育てとったんかわからいんなあ。』て言うて、その子ぉをみんなよってなあ、杉の木ぃ登ってな、下ろしてなー、育てはってんとー。ほんだらなー、お乳もまあ誰かからかもらいに行てやったんか知らんけど、だんだん、だんだんと、その子ぉがな、大っきなってな、ほいて、自分の親わからへ

んし、なあ、同っしょうにお坊さんに大っきなしてもらはったよってん、もうこの頃では、一人前の坊さんになったはんねとー、そんな話聞きましてんがなー。」

言うて、そのな、薬持ってきゃあるおっちゃんが、そこの、ほんまのー親の傍で話しゃはったんでー、お父さんとお母さんと、びぃーくりしてなー、

「やあー、それやったら、うちの子ぉに間違いないでー。なあ、もう何十年か前の⑧こっちゃさかいに、そら大っきなってるやろでえ、せやけどなあ、そないして、和尚さんにでも拾われてー、うまいこと大っきなしてもうてやんねやったら、一ぺん会いたいなあ。」

て言うて、

「一ぺん行てみやんな、わからいんなあ。」

て言うて、ほて、一所懸命、

「どこ行たら二月ったはんあんのかなあ、二月ったはんへ参ったら、教てくれはっりゃろかー。」

言うて、早速弁当こしらえて、奈良へ行きゃってんとー。ほてなー、

「奈良の二月堂、どこだっとー。」

言うて、教てもろてぇ、

「ここなあ、大仏っつぁんのとこ、まっすぐ行て、ちょっと山へ登んなはれー。ほたら、お水取りになったら賑やかになりまんねでー。」

て言うて、教てくれはる人もあってなー、ほてー、傍へ行て、二月っとはんの下の方の店屋でいろいろと聞かはってんとー。ほたらなぁ、聞く話、聞く話が、ほんまにうちの、あの時の子どもの話そっくりになってんとー。

ほんでんな、

「その和尚（おっ）さんに会わしてもらうことできやんやろかー。」

言うて、そのー店屋のおっちゃんも協力して、ほて、大仏（だいぶ）っつぁんの方の偉い和尚（おっ）さんに聞かはったら、

「それやったらな、もうじっきにな、この辺の、お祭りがあんので、その時にはな、ひょっとしたらなー、また偉い和尚（おっ）さんに問うてみて、それやったら、あの子ぉかもわからんて、いうような子ぉを、調べてもらいたい。」

て言うて、店屋のおっちゃんも頼んでくれはってんとー。ほんでに、それ楽しみにな、そこで、

「まあここで、その日ぃ待ってたら、⑨どないかなりまっしゃろ。」

て言うて、店屋のおっちゃんも協力してくれはって、その祭、な、来（く）んの待っちゃったら、ほたら、お輿に乗った偉いお坊さんが、長い長い行列のとこに、一緒になって、来ゃはって、ほて、行列の中にやはった、立派な和尚（おっ）さんが、

「あっ、あんなぁ二月堂の傍まで来て、あんなとこに二人が、二人ちょっと座ってこっち向いてはる人、あら、どこの衆かなあー。ちょっと止めてくれ。」

て言わはって、ほて、店屋のおっちゃんが、

「こうこうでんねがな。今日はなあ、どうぞ何とかしてな、そんな子ぉがもし、伝えに伝わって、ここに勤めてやんねやったら、会わしてほしい、て言うてやりまんね。」

言（ちゅ）うて。調べてみやはったら、ほんまにその通りになってんとー。ほてなあ、

「やあー、そんなんやったら、親子の対面やあ。」

言うて、その偉い和尚(おっ)さんも協力してくれはって、ほて、そこでな、もう、二月堂は、お寺、大仏さんの傍のお寺やし、そこでな、だんだんだんだんとまた、修行さしてもうて、終(しま)いにはな、良弁さん、ていうな、立派な和尚さんにならはったんやとー。

ほてな、そのな、その赤ちゃんがな、寝かしてもうてやった杉の木ぃもな、良弁杉ていう名ぁになってな、ほいてその杉の木ぃがな。もうお父さんお母さん、良うならはったんで、偉(えろ)ならはったんで、奈良に引っ越ししてな、良弁僧正になった、自分の我が子と一緒にな、⑩しまい、年寄りまでな、大事にしてもうて。

その杉の木ぃな、もう、他の杉の木と違(ちご)て特別に扱われて、もう和尚(おっ)さん代わるたんびに、また植え替えてー、杉の木ぃも年寄りになったら、また新しい芽ぇを摘んで、それに植え替えて、ちゅうて、もう何十年目ぇの杉の木ぃでも、良弁杉て言うて、今でもあんねーと。

注①赤ちゃんの「おくるみ」を言い間違えた。②精を出して（一生懸命）③手伝って下さいよー ④いやらへん（いない）⑤捨てられて ⑥言ってこないと駄目だ ⑦下ろしてあげないと駄目だ ⑧ことだから ⑨どうにかなるでしょう ⑩最後は

メモ 奈良県内で伝えられている典型的な「良弁杉」伝説と幾分違う点のある話だが、ツギが売薬の商人から聞いたのだという。奈良県は古くから「大和の売薬」が有名で、薬売りが多い土地であった。また、薬売りが昔話の伝承伝播に関与したことは多くの地域で報告されているが、ツギから伝えられた「良弁杉」には、薬売りが良弁と父母との再会に大きな働きをする存在として登場する点が興味深いと言える。話を持ち歩いた薬売りが、自らを話の中に登場させたのだろうか、と考えさ

せられる。ちなみに、奈良県内に伝わる「良弁」伝説では、良弁を探す母が淀川の渡し舟の中で耳にした噂話がきっかけで再会を果たす、という展開になるものが多い（丸山顕徳編『奈良伝説探訪』〈二〇一〇年・三弥井書店〉所収の「良弁伝説の東西」等による）。

丸太が蛇になった話・狐に化かされた話

二〇一四年五月（九十三歳）採録

山へ行て、ほて冬の間に、もうな薪を、一年の薪を作って、冬の間に、持って帰って、屋根裏へ載せたりしてな、乾かしましてんわ。ほたら、自分一人やのうて、①近所はたの年寄りが、まあ二人も三人も寄って、ほて、ボチボチして帰って来んのに、そういう生活してやってんけど、ある日のことに、

「まあ一服しょや、この辺でな、一服してから、またなー、この木ぃ持って帰ろ。」

て言うて、ほてー、

「よいしょ。」

ちゅうて、そこで座って、ほいて煙草吸うてやったんやてー。ほったら、その木ぃがグァグァグァと動いたんで、「やぁー」と思て、

「動いた、動いた。」

ちゅうて、一人が言うし、みんな見やったら、それがえらい蛇やったんやと。ほんでんな、

「あの山へ行たら、気ぃつけなあかんでー。」

ていうてな、言われた山があったんやわ。特に、

「松茸の、出る時分になったらな、みんな、そのー話があっちこっちでしゃんねわー。」て、おばあちゃん、言うてましたわえー。

母は母でさ、お針子(はりこ)から帰りにな、んー、その担いだもんな、な、仕事終わって、担いだ物(もん)を担いで、ほいてなー、

「あのおっちゃん、②何しちゃんのどいなー、今あっち向いて行て、またこっち向いて帰ってきゃったなー、ほいて、またあっち向いて行きゃんねなー、どこへ帰りゃんのかなー。」

て、あのまあ、二、三人の友だちが話(はなし)してたら、終(しま)いで、もう途中で、バタァーンと、その荷物を置いて、③へたばってしまやりましてんてー。ほんでんな、そこへ行てー、な、一人の友だちが、

「おじいさん、どうしなはったん。」

ていうて言うてやらはったら、

「わしな、④往(い)の往の、と思て、同じ(おんなじ)道、何遍も何遍も、帰ってるつもりやのに、家が見えへんしまへんね。ほんで、どないなりましてん。」

あれな、今で言うたら痴呆症にならはってんな。せやけど、昔はな、

「それはな、狐がな、ちょっとちょっとしばらーく、離れたとこの高いとっから尻尾振っりょったらな、そうなんねー。」

て言うて、母がな、そんなん、教(おせ)てくれましたな。

そんでんな、明くる日ぃ行たら、そのおじいさんが、こうこうこうしてはったとこの、とこに、葉っぱが一杯

落ちてましたんやと。あれ、狐ちゅうのはな、その葉っぱをな、お金の代わりにーしょる時あんね、ちゅうて。

昔はそれでも、話聞いて、通りましてんな、なー。

注①近所で近く　②何をしているのだろうか　③座り込んでしまったんだって　④帰ろう

松本ツギ（祖母）から聞いた話

狩人の話

二〇一一年七月（九十歳）採録

熊の恩返しやな。恩返しちゅうことないけどな。

鉄砲持ってな、毎晩毎晩夕方になったら、山へ入って行く、男の、お爺さんて言うてええねやら、おっちゃんて言うてええねやら[①]、鉄砲撃ち、鉄砲撃ちていうて、ほいて狐をバンと撃ったり熊をドンと撃ったり、ほてそれ大きの撃ったら、ゴロンところんだり、もうそれをクルクルッと縄で縛ってエッサエッサとな、持って帰って、ほいて、

「今日はえらいもん持って帰った、あー、良かった良かった。なかなかええ仕事できた。」

言うて、ほいて家へ帰って、酒一杯飲んで横になってやったらしいわ。これはまあ、吉野の方の人の昔話やけどな。ほしたら、夜、その風呂入って寝やあったのに、えらい風呂の音もしゃーへんし、静かーやなあ、ザァーザ

ァーと風呂の音さして、いつでも「今日の疲れを出すねん」言うて、お爺さんが、お爺さんかおっちゃんか言うてんのに、それが、

「今日は静かやなー。」

て言うてたら、嫁さんがそおーとふすま開けて、ふすまか戸か開けて、そぉーと見やはったら、コトコト、コトコトという音がしたので、じぃーと今度は、ちょっとロウソク立てたり、提灯に灯ぃとぼしたりして、じぃーと見てはったら、ああ、なんのことやあらへん、おーおきな熊が、ぞろぞろ、ぞろぞろぞろと、小さい熊に引きずられて、へて、そのー昼に、焚き火を温めて、夕飯食べてた所の焚き火のぐるりを回って、ほて、ぐるぐるぐるぐる、してたらしいですわ。ほて、ちょっとしたら、いつでも入る風呂へぇ、その熊の子ぉが、ごそごそ、ごそごそと入って、ほして手ぇを湯ぅにつけて、チャブチャブ、チャブチャブといわして、へて今度はまた次の子熊も、そういう風に、チャブチャブ、チャブチャブとして、傍にあった座布団もぬらして、ほて今度は、その昼に倒れた親熊のとこへ来てそれを当てて、へてトントン、トントンといわして、これでも、これで治るやろか、まあいうたら鉄砲撃ちやから、鉄砲の弾の痛んだとこ、当たったとこ、こう温めて、ほて交代ごうたいで、子熊が運んでたらしいですわ。それをその嫁さんが見て、

「ちょっとちょっと、ちょっとちょっと、あんた起きて見てごらん。えらいもの見つけた。」

て言うて、ほぃて、その鉄砲撃ちが、もう

「そぉーと、そぉーと。」

ていうて見んに行きゃったら、子熊が三匹ぐらい交代ごうたいで、風呂、お風呂の湯ぅから座布団の②ぬれたん持って来て、ほて、親熊のとこい持って来て親の寝てるとこで、トントン、トントンといわして、ほんでまあ言う

たら、傷口を治すつもりで、当ててたらしいですわ、なあー。ほんでー、「見てみなはれ。あんなかわいらしい子熊でさえ、親のことは一生懸命になって、あないしてんねからな、お父さん、もう鉄砲撃ちはやめなはれ。」ていうてな、母親が、嫁さんが言うたらしい。ほんだら、「そうやのー。いつまでたっても、こんなんやめられん、やめられん、一つ大きな獲ったら、おっきに売れるもんなあ。もうやめよ、やめよ思てたけど、③これきっしょにやめなあかんなあ。」て言うて、そのおっちゃんもやめて、ほんで明くる日は、もう子熊のおらん間に、親熊を、まあ葬式やな、親熊を穴掘って、してやらはった、いうて。吉野行たら、そんな熊の塚ちゅうのがあるらしいでんな。それは実際の話かもわからへんしな。

注①良いのだろうか　②濡れたものを　③これを機会に

石子詰め

二〇一四年十月（九十三歳）採録

むかーし、むかし、奈良の町にもー、やっぱり、習字教(おせ)たるとこがあったんやと。寺子屋から、その習字の紙を買いに、行てやった子ぉが、その紙をぶらんぶらんして帰って来ゃんのに、奈良の鹿が目につけて、ほして、習字の紙をバアとかぶりょったんやと。ほでー、紙が割れて、破れて、で、その子どもは腹立ったついでに、傍にあった、んー、ちょっと大きめの石を、パッと投げよってんとー。鹿をめがけて投げよったら、ちょうど鹿の鼻にコツンと当たって、ほて、パタッと鹿が倒れよってんと。ほて、それを見たはった奈良の町の人が、

「えらいこっちゃ、鹿にあんなん当てやって、鹿死っにょったがなー。」

て言うて、やいやい言やったら、皆寄って来て、よってたかって、その男の子ぉを代官所へ連れて行きゃったんやと。そんだら、代官所の役人さんも、

「これは奈良の鹿の、鹿は神さんのお使いや、ていうことになったんの、そういう風なことで来てんねさかいに、それに従うて、その子どもぉを、ちゃんと調べて、ほんで罰を①せんなあかんなー。」

ていうことになったんやと。

ほんだら、鼻に石当たって鹿が死にょったんやから、ほんでん、もう、その子どもかて、かわいそやけど、石当てて死んでもらうよりしゃないなーていうことになって、ほんでん、それが昔のことやから、誰も知らんことやけど、役所で決めて、ほんでに、まあ習字の先生にも言うて行きゃってんやろけど、

「それは決まったことやから。」

て言うて、ほんで、日ぃも決めて、ほて穴掘って、ほてー、

「ここへお前もはまって、石子詰めにして、死んでもらわな、しゃない。」

ていうて、役所から来て言わはったんでー、その男の子ぉは、②ちっちゃあい時に奈良へ連れてこられやったんか、どうか知らんけど、

「わしは、備前の奥山育ち、米の成る木はまだ知らん。」

て言うて、そんだけのこと言うて、その穴の中へポコーンとはまりゃってんと。ほんで、みんなよって、難儀難

儀してやるのもわからんどきに、上からとっとことっとこと石投げて、ほて、ここに石子詰めの男の子ぉが埋まってやんねと。

それがまあ昔から、寺小屋へ行たりしたら、その先生が、奈良の鹿についての話のついでに、そんなことも教えてくれはったーちゅうて、おばあちゃんが教えてくれました。

注①しなければいけない　②幼い

メモ　幕末の文久三年生まれであるツギは寺子屋に通った経験があり、その寺子屋の師匠から聞いたのだという。奈良市を中心に県内では今でも多くの人に知られた伝説であるが、石子詰めにあった子どもが寺子屋に通っていて、鹿がそこで使う紙を食べたのが事件の発端であると語る例も幾つかある。（仲川明著『子供のための大和の伝説』〈一九七〇年・大和タイムス社〉所収「十三鐘の石子詰め」、乾健治著『奈良ふるさとのはなし』〈一九八五年・奈良新聞出版センター〉所収「十三鐘の石子詰め」など。）寺子屋が伝承の一つの場であったことも想像される話である。

長良の人柱

二〇一五年一月（九十四歳）採録

昔々の話やけどな、昔かて、雨ふったらなー、大っきな川でもな、橋が流されたんやとー。ほて、そのな、川の水はな、引いてしもたら、まあ一本、架けやった橋ももう流れてしまうんやと。ほんでな、

「どうしたらええねやろなー、まあ、こんなこと、三年に一ぺんも、四年に一ぺんも、こないして、大(お)っきな雨降って、流れて、川の水増えてきたらまた、こないして橋の架け替えせんなんがなー。」

ちゅうて、みんなな―、

「どないしたらええねやろなー、おっきなおっきな、もう流されやんような川の橋、欲しなあー。」

て、いうてな、言うてやったんやと。ほて、村中の人がな、んー、川の水の引いた時にな、橋の架け替え、とっとことっとことと、みんなよって、しちゃったんやとー。

ほんでんな、ほたらな、そこへな、行商の人がな、何か①背たろうてな、通りかかりゃってんとー。ほんでな、その人がな、

「そんなんな、わしかて、そういう風なな、村々歩いたらな、そんな話も聞いてます。そういう時にはな、もう流されやんような橋作ろうと思たら、誰かが人柱になって、そして、んー、そこの橋の杭に、杭の打つとこへ、人柱として、入ってしもて、ほて、そこで、また新しい橋架けたら、その橋は、その人の心意気のええ心を、いつまでもな、伝えるようにな、もう流されやん橋になったーていうようなことな、聞いてまっさ。せやからな、②お宅らかてな、ちょこちょこちょこちょことな、流される橋ばっかりこしらえてたらあきまへんで。誰ぞな、人柱になる人あったら、それにしてもうたら、よろしはんね。」

言うてな、その行商の人が教(おせ)てくれたんやと。

「ああ、そうだっか、そんなこと、やっぱしあっちの村にも、こっちの村にもありましてんなー。んー、せやけどな、なかなかな、そんな人柱になってくれる人がないもんなー。みんなどない思う?」

ちゅうてな、庄屋、

「それはどない思うでー?」

て言うてな、あの庄屋さんが言わはったら、

「わしはいらん。」

「わしもそんなんいらん。」

ちゅう人ばっかしやってんと。ほんだらな、その中の若い衆の一人がな、

「んー、そんなんやったらな、やっぱしな、今そない言うて教(おせ)てくれはった人がな、そのどっかで人柱になりゃった橋通ってきゃはったんやろー、そんなんやったらな、今教てくれはった人、人柱になってもうたらええがなー。」

ほた、

「せやせやせやせや、あの人、口すべらしゃってんから、あの人、人柱になったらええねがな、なってもうたらええねがな。」

言う人がな、二人三人、とっとことっとこと、村中の人がそねんなってしもてんとー。ほたらその人な、「いや、わしはいらん。」て③言わらんしな、「もう逃げて帰ろかな」と思てやったらな、そしたらな、みんなよってな、

「あんた言うてんさかい、あんたがそない言うてんさかい。」

ちゅうてな、もう無理矢理にな、人柱にこしらえて、ほしてー、その川の、橋の、杭を打つとこの、穴ん中い放(ほ)り込まってんとー。ほんだらな、その人な、わしは長良の人柱、その時にな、なんにゃら言やってん、ああ、

「ものは言うまい、もの言うた故に、わしは長良の人柱、わしは長良の人柱。」

ちゅうてな、ほしてもうそこへ放り込まれて人柱になってしまやってんとー。ほんでんな、長良川ていうのがな、今でもな、その人柱のな、橋架かったんねと。

注①背負って　②あなた達も　③言うことが出来ないので

永観和尚の話

一九九七年（七十六歳）採録

京都の永観堂の話でもな、永観和尚が、あのー、毎日毎日仏はん、あのーお寺に、お寺の和尚さん、小僧で行てる時でも、毎日毎日

「南無阿弥陀仏、南無阿弥陀仏、南無阿弥陀仏」

言うて、お勤めの間手を合わせて、お堂の周り、阿弥陀さんの周りを、あのーぐるぐるぐるぐる回ったはってん。あんまりお勤めが毎日毎日しゃはるで、草鞋のひもが弛んできて、ほんで、永観和尚が草鞋のひもを、こう結び変えたはってん、一服してな。ほたらぁ、

「永観、遅いな」

って、後ろから、阿弥陀さんが声かけはって、ほっと見やはったら、阿弥陀さんの顔が永観さんの方に傾いたってん。ほんでん、京都の永観堂の仏さんは横向いたはんねと。

松本徳蔵（祖父）から聞いた話

岩見重太郎（猿神退治）

二〇一二年三月（九十一歳）採録

むかしむかーし、の、ことやったけどー、剣術の達者な、強い、岩見重太郎という人が、全国歩いて、弱い人を助けることで、うろうろしたはったんやとー。あーそうすっと、或る、にぎやかーな、お祭りのある村へ、入らはってんけど、そこの村は静かーに静まり返って、ほんでん、会う人会う人に、

「なんでこない、お祭りやのに、①喜ばんと、静かな村ですのかな。」

ちゅうて、訊(た)ねやってんと。そうすっと、

「夜になったら②わかりまんね、夜になったら、わかりまんね。」

言わはる人ばっかしで、さっぱりわからへんだから、ほんでん、「庄屋さんの家(うち)い行て、聞いてみたらわかる、」そう思て、重太郎は庄屋さんの家(うち)い、

「こんにちは。明日は、お祭りで賑やかだんなー。んー、どこの村でも皆、えっさえっさて、どんちゃん騒ぎしたはんでー、なんでこの村だけ、静かでー、みんなー戸を閉めて中い入ってじいーとしたはんのかなあ、教えておくんなはらんかー。私は、こういう、こういう、岩見重太郎ちゅう剣術の達人で、ほんでん、方々の村歩いて、んー、こんな、お祭りやのにぃ、喜びもせんと、じいーとしたはるよな、今初めてだす。」

いうて、庄屋さんに言わはってんとー。ほんだら、

「よう訊ねておくんなはった。んー、それはこういう、こういうことで、ここの村は代々、きれいな娘さんが

生まれると、喜び喜びして、みんな大きなった、大きなった、言うて、大きなったらー、人身御供ていうて、おっ宮さんに娘を差し出さんなんことになってまんね。それが、ちょうどうちの娘に当たりまして、ほいてー、明日の晩は人身御供で、おっ宮さんへ、えっさえっさと担いで行て、ほして、娘をお宮さんに差し出すことになってまんね。せやから、もう、今晩一晩で、うちは、かわいい娘とも別れんなんですねやー。そういうしきたりがあってー、おっ宮さんの神さんはどうしゃはんのか知らんけど、もう娘をおっ宮さんへ差し出さんなんですねー。」

庄屋さんが泣き泣き話しゃはってんやと。そこで、岩見重太郎は、

「そんなこと③言うてたあきまへん。わしは日本一の剣術使いで、そんなー面白い話、今聞き初めや。せやから、それはどうして、おっ宮さんへ、」

「ちゃんとしたきれいな長持ちへ、きれいな着物着せて、ちゃんとおっ宮さんへ差し出しますねわ。」

て、親が泣き泣き言わはったんで、

「そうですか、そうですか、それでは、私にええ考えがあります。なー、可愛い娘さんの代わりに、私が娘さんになって、娘さんの着物も着せてもうて、ほしてー、明日の晩は、私が娘さんになって、おっ宮さんに差し出してもらいまひょ。引き受けました。」

いうて、そう言うて、

「安心してて下さい。娘さんは普通の着物着て、どっか、奥の藏にでも据えときなはれ。私が引き受けました。」

で、岩見重太郎がそう言うて、お父さんとお母さんに、こんこんと、

「そんな面白い話聞き初めですー。大事、大事な娘さんを、神さんが喜ぶ道理がありませぇん。」

言うて、

「せやから、私が代わりになりますから、安心してて下さい。」

言うてー。そうすっと、お父さんもお母さんも、

「狐につままれたようなって、このことかなあ、もっと早う、あのお侍さん来てくれはった良かったのになー。」

そう言いもって、娘にそう言い聞かして、そして、その晩が来たんやとー。

そうすっと、ちょうど丑三つ時に、みんなー村の人達が、わあわあ、わあわあ騒いでする時分やのに、静かーな中を、家の長持ちの中へ、娘さんの着物着て、化粧もして、岩見重太郎がどんと座って、ほいてー、えっさえっさと、んー、そんなん、言わはった通りに、神さんの、氏神さんの前へ、その長持ちを据えて、ほいてー、

「一、二、三、」

ちゅうて、みんな、タッタッタッタッタッタッタッタッ降りて、

「もう帰ろ帰ろ。帰って戸ぉ閉めんなあかん。戸ぉ閉めて、もう、侍さん、なんぼ侍さんでも、神さんが来て、連れて行かはんねから。」

て言うて、みんなそう言うてー、家へ帰（か）ってしまやってんと。そしたら、だんだん夜も更けて、もう真っ暗けのおっ宮（みや）さんの中に、ちょんと、長持ちに入った岩見重太郎がどんと座って、しちゃったら、

「ひい〜、ひい〜、い〜、い〜、じ〜、ぎゃっ、ぎゃっ、ぎゃっ、ぎゃっ、」

ちゅう、そういう風な声が聞こえてきたんやとー。んー、ぎゃっぎっぎっ、「来たな。」思て、ほて、まだそおーっと蓋開けて見てはったくらいやってんと。ほいたら、二匹も三匹も、毛ぇの生えた、古そうなヒヒ猿、ヒヒ猿ちゅう、猿、年のいた猿どもがやってきて、ずうーっと開けて、そーっと見て、そばたし見て、ほて、その長持

ちを開けようとしよったところーを、岩見重太郎は、

「昔からーきたことは、みんな嘘で、嘘やでー。もう今日限りと思え。」

ちゅうて、ほしてーバッサバッサと、んー、剣を抜いて、つっかかってくる、向こう、必死にやってくる、こっちは一人やけど、退治しゃはってんとー。ほんでー、ほてその長持ちん中い、

「一匹、二匹、三匹、四匹。」

ちゅうて、放り込んで、ほて自分はもうどこへ行かはってんやら、④やあらひんねやと。

明くる日ぃの朝、

「やっぱりやられはったやろなあ、えらいこっちゃったでやろなあ、怖かったやろなあ、んー、娘はんの⑤ふうしちゃはるもんなー、やっぱり娘や娘や、ちゅうて担いで行っきょったんやなー。」

言うて、見んに行かはったら、長持ちの蓋が開いて、みんなが、

「わあーっ。」

て、言わはったら、みんなびっくりして、たあーっと逃げて帰ろと思やったら、

「ああ、俺や、俺や、俺や。何も、心配要らん。みんな集まれ、集まれ。もう、言うてた話はみな嘘やで。ここ、ここ、ここに三匹、四匹、ヒヒ猿がやられてるよ。みんなこれ見てー、見てごらん。」

ちゅうて、重太郎が言うたんで、そおーとみんな見んに行きゃったら、そこに、ゆうべ、切られて、突かれて、殺されたヒヒ猿がー、ごろごろ、ごろごろしとったんやとー。ほんでん、長持ちん中で、入れられて、もう死んどったんやて。それからというものは、もう、

「このー、これー、これやってんが、これやってん。昔の話ほんまに受けて、可愛い娘をもう神さんにあげ

た、神さんにあげた、て、そんな阿呆(あほ)なことな、あった道理なかったのに。」ちゅうて、みんな、もう岩見重太郎に礼言うて、もう喜んで喜んで、それからは、ほんまーのお祭りができるようになったんやと。ほんでー、岩見重太郎ていう人の名ぁも、残ったんやと。

注①喜ばずに　②わかりますよ　③言っていたら駄目だ　④いらっしゃらないのだと　⑤格好をしておられる

メモ　祖父・徳蔵からの唯一の話で、徳蔵が何度も弟達に話して聞かせたのを横で聞いていて、自ずと覚えたものである。明治時代の終り頃から昭和の初めだろうか、智恵子の生まれ育った広陵町澤では、近くの家に時々浪花節語りが来ることがあり、徳蔵など近在の家の者が皆聞きに行ったという。その際に「岩見重太郎」や「八岐大蛇退治」の話等が語られたと言い、徳蔵が「岩見重太郎」を孫たちに語ることができたのは、浪花節語りの影響であったわけである。「猿神退治」の話型の話は全国各地に様々な形で伝承されており、主人公の名を「岩見重太郎」とするものも各地に見られる。その伝承に浪花節（浪曲）が一役買っていた興味深い例と言えよう。

子ども時代に友だちなどから聞いた話

大根と人参とゴボウ

一九九七年（七十六歳）採録

大根と人参とゴボと風呂へ来ょってんて。ほいたらぁ大根はぁ一生懸命にごしごしごし、洗やってんて。洗やったんで、美し、美しなってんて。せやけど、ゴンボはえろ洗わんと①、どぼーんとつかって、ひゅーと出よったんで、ゴボウはちっとも美しなっりょらへん。人参は、

「ああーえー風呂や、ああーええ風呂や」

て長いことつかっとったで、真っ赤っ赤になっりょってん。

注①そんなに洗わずに

狐にだまされた話

二〇一一年七月（九十歳）採録

狐にだまされてな、あっち行たりこっち行たりなー、帰ってくる道忘れて、あっち行たりこっち行たりして、ほって帰ってったら、

「今なー、もうあっちにもこっちにも小判がいっぱいこうあって、それ拾うの大変で大変で、一杯一杯んなっ

たら、重とうて重とうて、やいそれ、やいそれ、これ帰ってきてんわー。」

言うて、自分が持って来た、なんちゅうのかなあ、担いでいた木いのその入れ物やな、それを見せやったら、中には柿の葉とか、いろいろの葉っぱが山ほど積んでましてんと。

ほたら、

「あの人な、ゆうべな、帰りにな、狐にだまされてな、あっち行たりこっち行たり、あっち行たりこっち行たりして、あのあれを小判や思て拾て帰りゃってんてー。」

ちゅうて、人の話でも自分の見てきた話みたいに教えてくれまんねさ。ほんだら、自分かて、それをほんまみたいに思てしました。

二〇一一年七月（九十歳）採録

しまいの話

山道歩いてて、なに、

「きれいな水やなあー。」

て言うてしてやったら、上から紙が一枚流れてきて、ほんで、

「上で誰か落としゃった紙かなあー」

て思てやったら、ほいたら、

「いやー、そんなことないでー。」

「いや、そんなことないて言うたかて、こんなきれいな水流れたるとこで、おしっこする人もうんこする人もないやろうで。」

言うちゃったら、

「いやー、そらあるかもわからんで、数えてみよ。」

て言うて、ある一人が、

「一まい、それみい、二ぃまい、それみい、三まぁい、それみい、ほで、四（し）まぁい、あー、もうしまいやわー。」

言おってんて。

二〇一二年六月（九十一歳）採録

土瓶と茶瓶

土瓶と茶瓶が、これも伊勢参りかなんかで、

「行こかー。」

言うて、大きな川になったら、やっぱり、水かさも増えるし、

「どうして帰ろかなー、どうして行こかなー。」

土瓶と茶瓶と相談しやったら、

「もう川を、そんな、せき止めたり色々することいらへんがな、『どびん、ちゃびん、どびん、ちゃびん』と、

渡ったらええやん。」
言うて、それで解決しましたんやと。

結婚後、桜井で聞いた世間話

子育て幽霊

二〇〇八年（八十七歳）採録

どこやらの、あの辺に、①オウバラの墓かなー、オウバラの墓から抜け出てー、ほて、毎晩毎晩、餅買いに、そのー峠の茶屋へ、あの、食べ物を買いに行く人がおったんやて。ほんでー、あの、一ぺん、あの人の後ついて、て。来やるけども、どこの人やらわからひんねて。ま、そんな時分な。ほて、買うたら、すーっと消えたように、どこやらへ、もう帰ってしまやる。「おもしろい女やなー」て、もうみんな、②近所はた評判になって、「それやったら、一ぺん、誰ど、あの、その女が来やったら教てよ。俺、その、あの人の後ろ、密かに付いて、行くわ。」

一ぺんめーは、やっぱり、どっかで見失やったらしいわ。あのー

「ゆうべ、どやったでー」て。

「いや、来るのは来やったけどー、餅も売ったけどー、せやけど、後は知らんでー。」

て、餅屋の峠のおっちゃんか、おばちゃんか、それ言やったらしいけど。ま、それ繰り返してやったらな、やっ

ぱりなー、オーバラに、大きな郷墓[3](ごうばか)があんねわ、その辺のな。お寺だけじゃなくて。そこへすーっと入っていきゃったて。ほんでん、ずーっとその辺聞いてみやったら、あのー最近身ごもった母親が死にゃった、死んで埋ずめたる、ていう所を、なんして、みんな、

「ほんだら、どやろう、そんなんやったら、まだ子どもだけ生きてやんねやろか。」

言うて、掘っりゃったら、ほんまに子どもだけ産まれてー、まあ言うたら、あんな時分はーそのまま土葬しゃるから、桶ん中に子ども産まれちゃってんとー。


注①粟原（奈良県桜井市にある地名）　②近所中　③複数の村（大字）が共同で営んだ入会墓地

みより峠の幽霊（消えたタクシーの女）

二〇〇八年（八十七歳）採録

みより峠[1]は、あら、みー、ほんまに、もうタクシーそのものもできたったやん。タクシーの運ちゃんが、乗せやって、ほてー、こっちー来て、「どこやらまで」ちゅうて言やったら、後ろ向きゃったら、もう誰もやーらんだ、言うて。

ほいて、その人乗せて、後ろへ座らしゃったやろ。座りゃった所にえーらい、あの水がな、ずーっとシートがな、水で濡れたったて。そんでん、まー言うたら、どっか川へでも、池でも、はまって死んにょった奴かもわからいん。それが幽霊になってー（笑）言うて、えらい有名になったたな。

注①女寄峠（奈良県桜井市と宇陀市の境にある峠）

メモ　この話は、昭和三十九年（一九六四年）に「女寄峠の幽霊」として、奈良県桜井市周辺で大変噂になったもので、筆者も直接聞いたことがある。当時は峠の所に夜中大勢の見物人が押しかけ、屋台まで出たが、もちろん幽霊は二度と現れることはなかったという。今野圓輔編著『日本怪談集―幽霊編―』〈現代教養文庫666〉〈一九六九年・社会思想社〉にも、「毎日新聞」からの情報として、この話とそれに関わる近在の騒ぎのことが紹介されている。世界的に分布する都市伝説の代表的モチーフの世間話であるが、「峠」という境界の地に異界のものが出現することは古くからの昔話や伝説と同様で、興味深い。

本などで知った話

牛と蛙

二〇一一年三月（九十歳）採録

この間な、ひとつ思い出したんや。それはな、「牛と蛙」や、ふん。

もう、①とおに田植えも済んでしもて、ほいて、蛙だけが「ガアーガアーガアー」て鳴いとったんやて。ほて、あっちでもこっちでも「ガアガアガア、ガアガアガア」て蛙が鳴っきょるのは、自分がこの田んぼでは偉い、あの、あら何にゃらガエル、言うねな、ヒキガエルか、ヒキガエルの王さんや、そういう風なんを他の蛙に自慢するために、大(お)っきな声で鳴っこんのやて。

ほんだら、ゴロゴロ、ゴロゴロて車曳いて、大きな、牛、牛に引っぱられて、牛が引っぱって、牛がゾロゾロゾロゾロと、田植えの旬やから田んぼを、ゴソ、ゴソ、ゴソ、と歩いて来ょってんて。ほんで、しんどそうに、しんどそうに動きょんのを、百姓屋はんは、

「スイーチョ、スイーチョ。」

言うて、

「もっとしっかりせー。」

て言うて、牛を追いかけてやってんて。それを子供の蛙が見つけて、

「お父さん、お父さん、お父さん、俺は一番この田んぼの王さんやろ？　ヒキガエルで一番大っきやろ？」

ちゅうて言やったん。お父さんの所へそう言うて行きゃったら、

「こんな体か？」

て、ちょっと腹を膨らませて、

「こんなやつか？」

て見せやってんて。ほんだら、

「そんなどころやないない、もっと大(お)っきな柄(から)してるでえ。俺が見てきたんは、もっともっと大っきなやっちゃでえ。」

いうて、

「見たこともないような、田んぼの王さんやな、あれこそ。」

いうて、子供が言おるよってん、親っさんは、親父の蛙は、

「こんなんかー」

ちゅうて、また腹膨らまして、いばりゃってんて。ほんだら息子は、

「なかなかそんなどころやない、もっともっと今まで見たこともない大っきな腹しとるし、ほいで、手も広げて足も突っ張って、ゴソ、ゴソ、ゴソと、どこでも歩いて行っこんでえ。」

て、子供が言うたんで、親っさんは、

「こんでええか、こんでええか、」

ちゅうて、なんぼでもなんぼでも自分の腹膨らまして自慢しようと思やったら、ポーンと破裂してんてー。ほんだら、親っさんは、いっぺんにゴソンと倒れよってん。もう子供もびっくりしょってん。もう、そんでしまい。

こんな話、こないだ、ほっと思い出してな。

注①早くに

二〇一二年十一月（九十二歳）採録

鼠の嫁入り

鼠の夫婦、お父さんとお母さんとな、鼠に、可愛らしい子ぉができたんでー、この子ぉは、もう女の子やった

けど、もう、鼠のお父さんとお母さんと、もう、日本中、世界中で一番お金持ちで、一番ええ、その、家いお嫁に行けるように、ちゅうて、へて、一番初めが、

「誰に聞いたらええやろなあ、せやなあ、そらやっぱりお日ぃさんが朝から出てきゃはるし、パッパッパッパッ照らしてくれはるし、お日ぃさんが一番偉いと思うわー。」

ちゅうて、

「せやなー、お日ぃさんのとこ行こかー。」

ちゅうて、ほて、

「うちに可愛らしい娘ができました。どうぞな、お嫁さんにしてやっとくなはれ。」

ちゅうてな、

「世界一、一番、なに、ええ相手や思て頼みに来ました。」

言うてな、ほんだらな、

「いやいや、ありがたい、ありがたい、ありがたいけどなー、わしが一番な、世界中で一番偉いことないでー。わしもな、やっぱりな、難儀難儀する人あんねでー。わしよりもっと偉い人おるわー。」

ちゅうて。ほんだらな、

「それは誰ですかー。」

ちゅうて、お父さんが聞かはったら、

「うーん、それはー、んー、風さんか、雲さんか、雲さんやがなー。雲さんやでー。雲さんな、なんぼ照らしたかて、な、」

（あのー、初めはお月さんのとこ、行きゃったんかなー、あれ。ほんだら、）

「それは雲さんやがな。雲さんはな、わしが一生懸命になー、十五夜で、一生懸命に照らしてんのにな、雲さんが来たらな、隠されてしまうんやわー。ほんでんな、やっぱり雲さんの方い行た方がええの違うかー。」

「ああ、そうだっか、それやったら雲さんに頼みに行こかなあ。」

言うて、また雲さんのとこ行て、

「あのー、すんませんけどなー、うちになー可愛らしい可愛らしい、立派な、きれいな娘ができましたんやわ。ほんでな、世界中で一番偉い、力のある人にな、とこへな、お嫁にやりたいと思いますんやわ。ほんだら、雲さんやなーて、お日さんがおっしゃったんで、あの、お月さんがおっしゃったんですね。ほんで、雲さんどうぞお願いします。」

ちゅうて言やったら、ほんだら雲さんは、

「うーん、そやなー、私もそらそう思うけど、いややっぱり、わしより偉い人やるわ。偉いとこあるでー。」

いうて、雲さんがそう言やったよってん、

「それはそれは誰ですかー。」

ちゅうて、

「雲さん教えて下さい。」

ちゅうて言やったらな、

「それは風さんやがなー、な。なんぼな、雲張ってたかてな、真っ暗けにもならへんしな、風さんが出てきてビューと吹いたらなあ、雲さんみたいな、じぃーとじっきに散ってしもてな、それーな、やっぱりな、風さんには、かないませーん。」

て、こう、雲さんが言うた。

「ほんでんな、やっぱりな、風さんとこ行き。」

ちゅうて、な。ほんで、

「風さんのとこ行かんなんなー、それやったら。やっぱり雲さんもあかんかったがな。」

て言うて、夫婦が、鼠の夫婦が帰ってって、

「へたら、やっぱり風さんに頼みに行こう。」

言うて、風さんのとこい、な、

「風さん、風さん、うちにこんな、可愛い娘ができました。あなたのとこいお嫁にもらって下さい。あんたは一番世界中で一番賢うて、力があるて、んー、風さんに聞きましたがなー。」

「はー、そうか、そうやなあ。」

じぃーと考えてて、風さんは、

「やっぱりーせやけどなー、やっぱりなー、うーん、壁さんがな、わしよりなー、ドカーンとしててー、もう①へばいついちゃあるからな、なんぼ吹いたかて吹いたかて、壁の塗った土蔵とかはな、びくともせえへんでー。やっぱり壁さんが一番やわー。」

ちゅうてな、そういうて言うたんで、

「はあー、そうだっか。やっぱり、壁さんが偉いていうことになった、今度は。どうしょうど。ほんだらやっぱり一番偉いのは壁さんやさかい、壁さんのとこい行て頼まんなしゃないなー。」

言うて、二人がまた、壁さんのとこ行て、

「壁さん、壁さん、世界中で一番強い、偉い壁さんやて聞きましたよってん、ほんでんな、どうぞな、うちの娘、お嫁に、嫁さんにさしとくなはれ。」

ちゅうて言わったら、

「せやけど、やっぱし、わしより、まだ強いし、偉いし、びくともせんのがあるでー。」

ちゅやったん。それはな、壁さんやったな、そーで、

「鼠さんやねがな。鼠さん出てったらな、どのくらい偉い壁でもな、ブツブツ、ブツブツってな、もう何十匹、何百匹よったらな、どんなおっきな壁でもな、穴開いてしまうで、やっぱり鼠さんが一番世界中で一番偉いと思うわ。もう鼠さんに決めときー。」

て言いやってんて。いうて、そんな話。ほんでん、もう娘さんをまた隣の鼠さんのお嫁さんに、しよったんやて、ちゅうて、なー。

あれはな、小学校の本か教科書にも出たと思うよ。もっとうまいこと書いたったけどな、んー。

注①ぴったりくっついている

松本智恵子の昔話・話型一覧

（備考欄に記入があるのは『近畿民俗』三十六号で報告された松本イエの話との共通話であり、その際の題名を示した。）

（「ATU番号」は、ハンス＝イェルク・ウター著『国際昔話話型カタログ』によったものである。）

題　名	『日本昔話通観』番号・タイトル	『日本昔話大成』番号	ATU番号	備考（イエの話）
本格昔話				
1、なまけ半助			675（参考）	なまけ半助
2、屁こき婆さん	一二一一「鳥食い婆」 九一「鳥飲み爺」	一八八	1373B	すずめの汁
3、米埋め籾埋め	一九五「米埋め籾埋め」	二〇五B		まま子話
4、白い雀				
5、雪ん子1	二三三「しがま女房」	補遺三七、笑話新五		雪ん子A
6、雪ん子2	二三三「しがま女房」	補遺三七、笑話新五		雪ん子B
7、狼の金の玉	一〇九「狼のまつ毛」	一七二		オオカミの玉
8、狐の恩返し	三七二「狐と盗賊」			狐の恩返し
9、長良の人柱	四〇七「長良の人柱」	本格新四六		
10、良弁杉の話	三五「鷲のさらい子」	一四八		
11、岩見重太郎	二七五B「猿神退治」	二五七	300／312A	
12、子育て幽霊	二五六「子育て幽霊」	一四七A		
動物昔話				
13、ノミとシラミの伊勢参り	五四五A「しらみとのみの競争」	一三	275	ノミとシラミ
14、ヒバリの宿替え				
15、大根と人参とゴボウ	五二〇「大根とにんじんとごぼう」	（『日本昔話名彙』にある）		
16、もるぞ恐ろし	五八三「古屋の漏り」	三三A	177	もるぞおそろし
17、牛と蛙	五九一「蛙の失敗」	動物新一八	277A	
18、鼠の嫁入り	五六八「鼠の婿選び」	三八〇	2031C	

笑話				
19、牛と馬と犬と鶏	一一五四「芝居見」			伊勢まいり
20、鶏と烏	九四七「鳴き声と人―嘉兵衛鍬」	四二〇		カラスとにわとり
21、ヒチコとハチコの伊勢参り〈鼻高団扇のモチーフ〉〈嬶見所のモチーフ〉	一一一三「鼻高扇」 一〇八〇「かかみどころ」	四六九 三一一	566（参照）	ヒチコとハチコの伊勢まいり
22、長い名の子	八五七「長い名の子」	六三八	1562A	長い名前
23、ポイトコナ1	一〇四七C「物の名忘れ―買い物型」	三六二B	1204／1687	ポイトコナ
24、ポイトコナ2	一〇四七C「物の名忘れ―買い物型」	三六二B	1204／1687	
25、月と日と雷の旅	一一六五「月日のたつのは早い」			
26、和尚と小僧1（初雪の歌）				うたよみ
27、和尚と小僧2（りんの歌）	八二九「歌くらべ―りんの歌」	五〇〇		うめの花と塩イワシ
28、（牡丹餅は阿弥陀様）	五九八「和尚と小僧―餅は本尊」	五三五	1567	ぼた餅は阿弥陀さん
29、狐にだまされた話	一〇〇二「銭は木の葉」	二七四		
30、土瓶と茶瓶				
31、しまいの話	一二〇五「半紙が四枚」			
伝説				
32、石子詰め				
33、永観和尚の話				
世間話				
34、丸太が蛇になった話				
35、狐に化かされた話				
36、狩人の話				
37、みより峠の幽霊（消えたタクシーの女）				

初出一覧

（既発表の論稿については、修正を施したものがある）

受け継がれる「声」の記憶―「屁こき婆さん」
初出・『昔話―研究と資料―38号』〈二〇一〇年・日本昔話学会〉
原題・「奈良県の語り手、松本イエ・智恵子の昔話―「声の記憶」について考える―」

伝承を支えた「決まり文句」―「鳥食い婆」と「鳥呑み爺」
未発表稿（アジア民間説話学会日本支部２０１８年度研究大会での発表内容）

昔話伝承における会話表現の働き―「ヒチコとハチコの伊勢参り」
初出・『口承文芸研究　第三十五号』〈二〇一二年・日本口承文芸学会〉
原題・「昔話伝承における会話表現の働き」

昔話を聞くこと、語ること―「もるぞおそろし」
初出・『昔話―研究と資料―44号』〈二〇一六年・日本昔話学会〉
原題・「昔話を聞くこと、語ること」

昔話は語り手の頭と口で生きている―松本智恵子の語りを聴き取って

未発表稿

「阿曽津婆」と水没村の伝説―滋賀県湖北の千軒伝承

初出・『昔話―研究と資料―41号』〈二〇一三年・日本昔話学会〉

原題・「滋賀県湖北の千軒伝承―阿曽津婆の伝説を中心として―」

少女の成長を語る継子譚

初出・花部英雄、松本孝三編『語りの講座　昔話入門』〈二〇一四年・三弥井書店〉

語り手が語る昔話の女性イメージ―「大歳の火」「米福粟福」「姥皮」

初出・『昔話―研究と資料―47号』〈二〇一九年・日本昔話学会〉

原題・「昔話に登場する女性像」

あの頃、昔話と知らずに昔話を聞いた

未発表稿

資料　松本智恵子の昔話　　未発表稿

あとがき

私は、祖母や母から受け継いだ話や、昔話について学ぶうちに覚えた話を、孫たちに折に触れ話してきた。そして、二年ほど前からは、時々近くの小学校や中学校の子供たちにも語ることができるようになった。近所の読み語りボランティアの方に誘われてのことで、まだまだ初心者だが、話を聞く子供たちの集中した眼差しや楽しげな様子が、語る心を支えてくれる。生の声の語りが現代の子供達にしっかり伝わることを実感し、新しい語り手の方々が長い間活動を続けておられる訳が少しわかるような気がしている。

また、そのような経験を通して感じるのは、家で孫たちが相手の時と、学校という、いわば公共の場で話す場合との違いである。どちらもテキストは私の記憶の中の話だが、口に出して語り始めると、その違いは様々なところに現れる。例えば、孫たちには話のほぼ全てを方言（普段の言葉）で語るが、小中学生には標準語で語り始めて途中から方言が混ざってくる。声の調子や高さ・大きさは当然ながら、表現の細部、語っている間の心境も随分違う。もちろん、声の語りが聞き手やその場に大きく左右されるからであろうが、昔ながらの語りの姿と現代の語りとの違いにも、関係しているのだろうと思う。そしてそれは、声の語りについて考える上で貴重な体験だと感じている。

それにつけても、「昔話の伝承」はこの先どうなるのだろう。最近の半世紀余りは、昔話の長い歴史の中で最も大きな変化のあった時期に違いない。もちろん、それは昔話に限らず、世の中全体の変化と関わることである。だからこそ、囲炉裏端の語りを懐かしんでいるだけでは、伝承はつながらないと思える。

昔話のストーリーが作り出す世界は、これからも多くの人の心を惹きつけ続けるだろう。それは、単に伝統的な文化遺産としてではなく、それぞれの時代に生きる人間の意識と無意識の両方に訴える力を内包しているからだと思う。最近話題になった『天気の子』というアニメ映画がある。私も映画館に足を運んで鑑賞したが、映像・内容共に素晴らしく、時間を忘れて引き込まれた。その監督・新海誠氏は、ストーリーを考える際に昔話を題材にしたと某テレビ番組で話しておられたのである。その他にも、人気のアニメや漫画・ゲームなどで、ストーリー構成のどこかが昔話を下敷きにしていると思われるものが幾つもある。それらは当然現代の表現なのだが、かつて、説話集や御伽草子や草双紙などの作者達が、昔話を素材にして様々な話・物語等を描いたことに通じるように思える。昔話のストーリーや世界観は、常に人々の想像力を刺激し、人間にとって大切なものを、時代を超えて、人の心の深いところに届けるということであろう。その意味で、昔話が消えてしまうことはないかも知れない。

その一方、昔話が人間の想像力を最も生き生きと動かすのは、すぐ目の前の人が生の声で語る（話す）時だということも忘れてはならないと思う。「声の語り」こそが、昔話が長らく人から人へと伝えられてきたことの最も重要な点である。それゆえ、昔ながらの語り手が激減した今、現代の語り手の方々の活動は、昔話伝承の未来に繋がるものだと感じる。それは、伝統的な口伝えの姿と全く同じというわけではないが、語り手が「声のことば」によって聞き手に昔話を届け、その世界を同じ空間で楽しむという、肝心要のところで共通しているからである。

現代は、急速な情報技術の進歩が、人々のつながり、特に言葉によるコミュニケーションの形を大きく変貌させている。そんな中で、昔話を語る「声のことば」は、語る人聞く人双方の想像力を育み、人と人をつなぐ。それは、「言葉の力」の大切な原点ではないだろうか。そして、その「声のことば」にこそ昔話の伝承と創造の源泉もある、と強く思う。本書の拙文を読んでくださった方に、その思いが少しでも伝われば幸いである。

ただ、昔話の「声のことば」の泉は次々と湧き続け、まだまだわからないことが多く興味が尽きない。これまで伝承の語り手達や多くの先達・仲間から様々なことを教えていただいたが、これからは現代の語り手の方々にも、今まで以上に教えていただき、学びたいと思う。そして、昔話の語りが次の時代にも繋がってゆくように、新しい伝承の形に僅かでも関わっていくことができれば、何より嬉しいことである。

有難いことに今回も三弥井書店が出版をお引き受けくださり、さらに吉田智恵さんには何度も適切なアドバイスをしていただき、そのおかげで何とか一冊の書物にまとめることができた。感謝の念でいっぱいである。

最後に、本書が世に出るに当たっては、学生時代からの恩師・福田晃先生の大きなお力添えがあったことを記さなければならない。福田先生は、語り手としての母・松本智恵子に早くから注目してくださり、智恵子の語りについて考察した拙論をまとめるようにと、私を励まし続けてくださった。先生への感謝の気持ちは、どれだけ言葉を尽くしても足りない程である。改めて、心よりお礼を申し上げたい。

黄地百合子

著者紹介

黄地百合子（おうち　ゆりこ）

1951年奈良県生まれ。立命館大学文学部卒業。同大学院博士過程単位取得退学。1976年～2004年滋賀県の県立高校教員。滋賀県東近江市在住。

編著書
『御伽草子と昔話　日本の継子話の深層』（2005年・三弥井書店）、『日本伝説大系第八巻　北近畿』共著（1988年・みずうみ書房）、『南加賀の昔話』共編（1979年・三弥井書店）、『加賀の昔話』共編（1979年・日本放送出版協会）。

伝承の語り手から現代の語り手へ

2020年7月25日　初版発行
定価はカバーに表示してあります。

発行者　　吉田敬弥
発行所　　株式会社　三弥井書店
〒108-0073　東京都港区三田3－2－39
電話03-3452-8069
振替00190-8-21125

ISBN978-4-8382-3367-0 C0039　　製版・印刷　㈱エーヴィスシステムズ